U0462826

安徽省高校学科（专业）拔尖人才学术资助项目（gxbjZD2022002）
安徽省哲学社会科学规划一般项目（AHSKYY2023D065）

# 数字经济
## 赋能产业高质量发展

DIGITAL ECONOMY'S EMPOWERING
THE HIGH-QUALITY DEVELOPMENT OF
INDUSTRIES

杨仁发　郑媛媛　等　著

社会科学文献出版社
SOCIAL SCIENCES ACADEMIC PRESS (CHINA)

# 前　言

　　数字经济成为继农业经济、工业经济后的主要经济形态，成为推动全球经济增长的新引擎，是全球新一轮产业竞争的制高点，各国竞相制定数字经济发展战略，数字经济已经成为国际竞争的主赛道。党的十八大以来，党中央高度重视发展数字经济，围绕加快数字经济发展做出全面部署，推动数字技术和实体经济深度融合，不断做强做优做大数字经济，中国数字经济展现出强而有力的发展势能，加快推动形成新质生产力，为高质量发展赋能蓄力。

　　中国经济进入新发展阶段，一方面前期经济发展已为高质量发展奠定坚实的物质基础，另一方面世界经济政治格局持续变化，过去的传统发展方式难以为继，推动高质量发展成为实现中国经济可持续发展的必由之路。中央和地方政府围绕"高质量发展"做出一系列的规划部署，经济高质量发展也成为当前和今后中国确定发展思路、制定发展政策的根本遵循。实现产业高质量发展更是重中之重，产业高质量发展要实现发展质量、结构、规模、速度、效益和安全的统一。数字经济成为引领未来发展的新型经济形态，对形成创新驱动的产业发展模式、推动产业结构转型升级、推进绿色可持续发展、打造兼具效率与安全的产业链等具有积极作用，是实现产业高质量发展的重要抓手。

　　实现高质量发展是中国式现代化的本质要求之一，也是加快构建以国内大循环为主体、国内国际双循环相互促进的新发展格局的重要路径。在数字经济蓬勃发展和中国产业高质量发展稳步推进的交汇点，探究数字经济对中国产业高质量发展的赋能效应和作用机制，对推动新质生产力加快发展、推进中国式现代化具有重大意义。基于此，本书在深度刻画数字经济发展和产业高质量发展现状的基础上，从理论和实证两个层面深入探讨数字经济赋能产业高质量发展，并提出相应对策建议，以期为相关政策制定和实践部门提供决策参考和智力支持。

本书重点探讨数字经济对中国产业高质量发展的赋能效应，遵循着"提出问题—现状分析—理论和实证分析—结论与对策建议"的思路，采用统计测度法、比较分析法、定性与定量分析法等多种方法对问题展开讨论。首先，从高质量发展的提出、产业高质量发展的必然逻辑以及数字经济赋能产业发展的基本逻辑等方面提出问题。其次，通过构建指标体系和测度模型，计算农业、制造业、商贸流通业和服务业高质量发展水平以及制造业韧性水平，测算国内价值链循环发展水平以及全球主要国家主要行业价值链长度。再次，对数字经济赋能产业高质量发展的各维度进行深入的理论分析，并实证检验数字经济对产业高质量发展各维度的赋能效应。最后，根据现状分析和实证分析结论，提出数字经济赋能中国产业高质量发展的对策建议。

本书研究的主要理论意义和实践价值体现在以下方面。第一，有利于明确产业高质量发展的重点和方向。从产业高质量发展的深刻内涵出发，将产业高质量发展细分成农业、制造业、商贸流通业和服务业高质量发展，以及制造业韧性，并进一步从价值链视角拓展出全球价值链演进和国内价值链循环，从而对产业高质量发展各个维度进行测算，并清晰刻画中国产业发展现状，有助于更好地剖析中国现阶段各产业发展水平以及存在的问题，从而确定推动产业高质量发展的着力点。

第二，有利于增强发展新动能，加快推动产业高质量发展。深入分析数字经济影响产业高质量发展的理论机制，实证检验数字经济对产业高质量发展的赋能效应和作用路径，考察数字经济对各细分行业高质量发展的影响差异，以及数字经济对制造业韧性的增强作用，进一步从价值链视角探讨数字经济对全球价值链演进和国内价值链循环的影响，有助于根据结论总结数字经济推动各产业高质量发展的实践路径。

第三，有利于深刻揭示产业高质量发展的内部机制。从技术创新、人力资本水平和资源配置效率等要素层面，从消费结构升级、市场分割、贸易成本、产业关联和产业集聚等内外部环境层面选取合适的机制变量，实证检验数字经济通过哪些中间机制赋能产业高质量发展，以揭开数字经济赋能产业高质量发展的"机制黑箱"，为数字经济赋能产业高质量发展的相关政策制定提供可行参考。

总的来看，本书为数字经济与产业高质量发展研究提供借鉴，但仍有一些问题需在后续研究中进一步拓展。例如，应从微观层面深入分析产业数字化、数字产业化、数字技术创新等数字经济发展不同维度对高质量发展的作用，构建数字经济赋能产业高质量发展的统一理论框架以及分析它对企业新质生产力的影响。

本书由安徽大学经济学院杨仁发教授、江西财经大学应用经济学院（数字经济学院）郑媛媛博士以及团队成员共同完成，具体分工如下：绪论，郑媛媛、杨仁发；第一章，郑媛媛、薛颢珺等；第二章，杨仁发、李佳乐；第三章，杨仁发、胡玉婷；第四章，杨仁发、胡玉婷；第五章，杨仁发、徐晓夏；第六章，杨仁发、罗汪玲；第七章，郑媛媛、杨仁发；第八章，郑媛媛。最后，由杨仁发、郑媛媛进行全书统稿。

感谢安徽大学创新发展战略研究院创新团队建设项目的支持。

本书尚存在诸多不足，敬请各位读者批评指正，我们将继续努力。

# 目　录

# 绪　论

中国经济进入新的发展阶段，国内外发展环境的复杂性、严峻性和不确定性增强，效率和可持续性成为经济发展的内在要求，经济发展形态要更高级、分工要更优化、结构要更合理。这些都要求将高质量发展摆在更加突出的位置，着力提升发展质量和效益。产业发展是经济建设的核心，产业高质量发展更是实现经济高质量发展的重要支撑，应当加快建设现代化的产业体系，打造具有国际竞争力的产业集群，以更高效率、更高质量和更可持续的产业发展，来更好建设高水平全面小康社会，实现国家的长治久安。

## 第一节　高质量发展的提出

改革开放以来，中国经济发展取得一系列举世瞩目的成就，国内生产总值从 1978 年的 3678.7 亿元上升到 2023 年的 126.06 万亿元，经济总量占世界经济总量的比重约为 17%[①]，对全球经济增长的贡献率居世界首位。同时，构建完备的工业体系，成为全球第一大工业国和货物贸易国，在世界经济格局中的影响力不断提升。党的十九大报告提出："中国特色社会主义进入新时代，我国社会主要矛盾已经转化为人民日益增长的美好生活需要和不平衡不充分的发展之间的矛盾。"主要矛盾的变化要求摒弃"三高两低"的

---

[①] 数据来源：世界银行数据库（https：//data.worldbank.org.cn/indicator/NY.GDP.MKTP.CD？view＝chart）。

粗放式发展模式，转变发展方式、优化经济结构、转换增长动力，走一条经济高质量发展之路。同时，党的十九大报告首次提出"高质量发展"这一论述，并做出"我国经济已由高速增长阶段转向高质量发展阶段"这一重大论断。习近平总书记在党的二十大报告中明确指出"高质量发展是全面建设社会主义现代化国家的首要任务"，"十四五"规划和2035年远景目标纲要强调"以推动高质量发展为主题"，可见高质量发展是在"十四五"时期乃至更长时期内我国经济社会发展的主旋律。

习近平总书记指出"高质量发展不只是一个经济要求，而是对经济社会发展方方面面的总要求"，并明确"高质量发展，就是能够很好满足人民日益增长的美好生活需要的发展，是体现新发展理念的发展，是创新成为第一动力、协调成为内生特点、绿色成为普遍形态、开放成为必由之路、共享成为根本目的的发展"。① 五大发展理念是高质量发展的重要引领和内在要求，高质量发展就是体现创新、协调、绿色、开放、共享的发展，要强调创新能力的提高，经济文化的互动合作、人和自然的和谐共生、高水平对外开放以及城乡差距、区域差距和收入差距的缩小。党中央对如何推动经济高质量发展提出核心主张："必须坚持质量第一、效益优先……推动经济发展质量变革、效率变革、动力变革……不断增强经济创新力和竞争力。"② 可见，质量变革、效率变革和动力变革是高质量发展的实现路径。一是要促进经济发展从"量变"走向"质变"，推动产品质量和服务质量的不断提升，实现各产业从价值链中低端向价值链高端位置的攀升。二是要促进全要素生产率的提高，优化各类生产要素的投入结构以提升配置效率，培育先进生产力以提高产业生产率。三是要以创新驱动引领产业发展，推动产业链创新链人才链深度融合，在重点科技领域实现由跟跑者向领跑者的转变。

产业高质量发展是经济高质量发展的关键，构建现代化产业体系，提升

---

① 习近平：《开创我国高质量发展新局面》，人民网，http://jhsjk.people.cn/article/40257236，2024年6月15日。

② 参见：《决胜全面建成小康社会 夺取新时代中国特色社会主义伟大胜利——在中国共产党第十九次全国代表大会上的报告》。

产业链供应链现代化水平，是实现高质量发展的首要任务之一。产业高质量发展既蕴含经济高质量发展的内涵、满足经济高质量发展的一般要求，还要体现产业自身的发展特征。从三次产业来看，农业高质量发展以实现农业农村现代化为目标，推动智能化和规模化生产，推动产业多元融合，推动经营决策的科学高效，最终实现农产品国际竞争力的提升（夏显力等，2019）。工业高质量发展具备创新能力增强、结构优化升级、要素效率提升、质量效益增长、品质品牌优化、融合发展水平提高、绿色制造加快推进等特征。服务业高质量发展则表现为服务业对经济发展的引领支撑和带动能力提高，服务业发展效率和可持续发展能力提升，有效地使用、创造和引领市场需求（姜长云，2019）。

## 第二节　产业高质量发展的必然逻辑

中国经济从高速增长阶段转向高质量发展阶段，追求"发展速度和规模"的粗放式发展模式难以为继，党中央在准确把握我国基本国情的同时，深刻分析我国经济社会发展规律。在此基础上，产业高质量发展应运而生，并具备丰富的理论逻辑和现实逻辑。

### 一　理论逻辑

马克思主义政治经济学的生产力理论中，生产力能决定生产活动在一定时间内的效率，而劳动效率与劳动中的价值创造相关，即随着劳动效率的提升，由劳动带来的价值相应提高。另外，产品质量是由劳动的质量决定的，这就意味着生产率的提升将推动产品质量提升。社会再生产理论提出了外延扩大的再生产和内涵扩大的再生产，其中外延扩大的再生产代表着生产规模扩大实现的再生产，而内涵扩大的再生产则是指生产要素效率提升带来的再生产。科技创新理论则明确了技术进步在促进生产力发展中的重要作用。随着大工业的发展，现实财富的创造较少地取决于劳动时间，而是更多地取决于单位劳动时间内因科技进步或使用科学技术而产生的巨大效率。基于此，应注重以创新为第一生产力，推动生产力质量和效率提升，这与产业高质量发展的内涵相吻合。新结构经济学主张经济发展本质上是产业、技术结构不断变迁的过程，而促进要素禀赋结构升级是实现技术、产业结构升级的前提，经济体实现可持续发展需要遵循比较优势，即要将国内具有比较优势的产业打造成为具有国际竞争力的产业（林毅夫，2011），而这主要有赖于产业技术的不断创新。基于此，要推进生产要素禀赋的使用效率与配置效率的提升，推动产业结构合理化和高级化转型，这也是产业高质量发展的重要体现。

## 二　现实逻辑

一是前期发展积累的物质条件为产业高质量发展奠定了坚实基础。新中国成立以来，我国产业发展从"生产能力低下，供给不足，产业生产体系不健全，主要工业消费品和生产资料严重依赖进口"，逐步转变为现阶段的"世界第一制造大国"，实现的巨大飞跃主要依赖于相关产业政策的正确指引、支撑产业发展的基础设施不断完善、各类生产要素配置不断优化。从推动高质量发展的相关产业政策来看，早期政策主要侧重于推动高质量发展的产业结构转型、技术创新、绿色可持续发展、扩大对外开放、推动区域协调发展等诸多方面，比如颁布《促进产业结构调整暂行规定》《国务院关于进一步加强淘汰落后产能工作的通知》《国务院关于加快培育和发展战略性新兴产业的决定》《国务院关于印发新一代人工智能发展规划的通知》等一系列产业政策，强化对各行业发展的指导并重点培育和发展战略性新兴产业，推动产业结构转型升级。随着中国经济进入新发展阶段，围绕推动高质量发展的相关政策更加明确，2017年发布的《中共中央　国务院关于开展质量提升行动的指导意见》明确提出"以提高发展质量和效益为中心，将质量强国战略放在更加突出的位置"，旨在提升产品和服务质量。随后，党的十九大首次提出"高质量发展"。之后，党中央和各级政府为推动高质量发展制定了一系列政策，比如《中共中央　国务院关于推动高质量发展的意见》《中共中央　国务院关于新时代推动中部地区高质量发展的意见》等，为经济和产业高质量发展提供了正确的政策指引。

从支撑产业发展的基础设施来看，截至 2022 年底，中国构建了全球最大的高速铁路网、高速公路网、邮政快递网和世界级港口群，综合交通网超过 600 万千米，客货运输量和周转量、港口货物吞吐量、快递业务量等连续多年位居世界前列①，构建了现代化综合立体交通网。中国已成为世界能源生产第一大国，35 千伏以上输电线路长度达到 226 万千米，其中 220 千伏及以上输电线路长度突破 80 万千米，油气全国网管规模超过 18 万千米，能源自给率长期稳定在 80%以上。② 在网络强国战略的推动下，新型基础设施不断升级。截至 2023 年底，中国光缆线路长度超 6000 万千米，光纤接入端口为 10.9 亿个，5G 基站数达 337.7 万个③，网络基础设施的规模化部署助推产业发展的提质增效。算力发展水平稳步提升，2022 年基础设施算力规模位居世界第二，在用数据中心机架规模超过 650 万标准机架，已投运智能计算中心达 25 个④，国家算力枢纽节点有序建设，"东数西算"工程不断推进。

从各类生产要素来看，科技创新要素培育取得长足发展。科技创新规模不断扩大，2013~2023 年全年研究与试验发展经费支出从 11906 亿元上升到 33278 亿元，占国内生产总值的比重从 2.1%上升到 2.6%，有效发明专利数由 103.4 万件上升到 499.1 万件，其中 2023 年每万人口高价值发明专利拥有量为 11.8 件，高技术制造业增加值占规模以上工业增加值的比重为 15.7%。我国创新能力综合排名从 2000 年的全球第 38 位快速上升为全球第 10 位。⑤ 人力资本要素数量优势依旧，质量大幅提升。中国劳动力资源依然

① 《以交通运输高质量发展支撑中国式现代化》，交通运输部网站，https://www.mot.gov.cn/jiaotongyaowen/202310/t20231008_3924590.html，2023 年 10 月 8 日。

② 《国家能源局：我国已建成全球规模最大电力系统，超过 G7 国家发电装机规模总和》，红星新闻（百度百家号），https://baijiahao.baidu.com/s?id=1745004581758069181&wfr=spider&for=pc，2022 年 9 月 26 日。

③ 《2023 年通信业统计公报》，中央人民政府网站，https://www.gov.cn/lianbo/bumen/202401/content_6928019.htm，2024 年 1 月 24 日。

④ 《中国算力发展指数白皮书（2023）》，中国信息通信研究院网站，http://www.caict.ac.cn/kxyj/qwfb/bps/202309/t20230914_461823.htm。

⑤ 《国家创新指数报告（2022—2023）》，中国科学技术发展战略研究院网站，http://www.casted.org.cn/channel/newsinfo/9678。

较为充沛，2021 年全国劳动力人数约 8 亿人，全国劳动力的平均年龄为 39.4 岁，25~45 岁劳动力占总劳动力的比重为 52.0%。劳动力身体素质持续改善，全国人口的预期寿命不断提高，平均预期寿命从 1981 年的 67.77 岁上升到 2020 年的 77.93 岁。中国劳动力质量大幅提升，1985~2021 年，全国劳动力的平均受教育年限从 6.1 年上升到 10.7 年，全国劳动力中高中及以上受教育程度人口占比从 14% 上升到 44.0%，其中大专及以上受教育程度人口占比从 2% 上升到 23.2%，中国人力资本存量由 39.9 万亿元上升到 660.0 万亿元。[①]

二是产业高质量发展是推动中国经济可持续发展的必由之路。从国内发展来看，改革开放后，我国经济发展实现巨大飞跃。1978~2017 年，中国国内生产总值按不变价格计算年均实际增长 9.5%，综合实力跃居世界第一方阵，成为世界经济发展的主引擎和稳定器。但也应清晰地认识到，过去"两头在外，大进大出"和投资驱动的外向型经济发展模式存在一些弊端，通过承接"来料加工、贴牌生产"等低附加值环节的方式嵌入全球价值链存在被锁定在低端环节的风险，长期发展加工贸易还会加剧国内企业的技术依赖和市场依赖，落入追求低端技术创新的陷阱。关键核心技术突破仍有不足，尽管在人才强国战略、创新驱动发展战略的引领下，我国科技创新能力实现长足进步，但基础研究投入与发达国家相比仍有一定差距，关键技术核心领域受制于人的格局没有根本改变，科技成果转化还不顺畅（李玉花和简泽，2021）。党的十九大报告提出，我国现阶段社会的主要矛盾已经转化为"人民日益增长的美好生活需要和不平衡不充分的发展之间的矛盾"，只有推动产业高质量发展才能更好满足人民在经济、政治、文化、社会、生态等方面日益增长的需要。

从国际竞争来看，近年来国际政治格局不断变化，国际经贸环境日趋复杂，地缘政治冲突持续升温，世界处于百年未有之大变局。一方面，国际环

---

① 《中国人力资本报告（2023）》，中央财经大学人力资本与劳动经济研究中心网站，https：//humancapital. cufe. edu. cn/rlzbzsxm/zgrlzbzsxm2023/zgrlzbzsbgqw_zw_. htm。

境和经济增长不稳定性和不确定性凸显，各类"黑天鹅""灰犀牛"事件造成国际产业链供应链断裂或收缩，给中国经济社会发展带来挑战。另一方面，全球经济重心正在向东迁移，新兴经济体和发展中国家实力不断增强，全球治理中发展中国家的话语权不断增强，为中国发展带来新机遇。同时，新一轮产业革命和科技革命正在重构全球经济结构，产业高质量发展成为赢得国际竞争的重要途径，发达经济体纷纷制定一系列政策，以保持自身在产业竞争中的领先地位。例如，美国先后推出《先进制造业国家战略计划》《美国将主导未来产业》《振兴美国制造业和确保关键供应链安全计划》；欧盟推出《加强面向未来欧盟产业战略价值链报告》等。越来越多的发展中国家也意识到高质量发展的重要性，积极参与"南南合作""一带一路""RECP 经济一体化"等各类合作，寻求走上以技术创新为支撑的高质量发展之路。在产业各环节竞争日益激烈的今天，产业高质量发展也是中国适应国际竞争新格局的战略遵循。

## 第三节　数字经济赋能产业发展的基本逻辑

中国数字经济发展水平不断提升。作为一种全新的经济形态，数字经济构建"生产要素—技术基础—数字生态场景—数字治理环境"的全新技术经济范式，为产业发展提供强力支撑。

微观层面，数字经济的网络外部性、规模经济和范围经济能够有效降低企业成本。数字技术的应用加快多边市场的构建，消费者和生产者的距离被拉近，产业信息以几近零成本的方式被传递到消费端，激发更多消费潜力，互联网平台打破了服务的不可分割性，极大地促进了国内和跨国服务贸易。数字经济不仅能推动产品产量增长，还促进了多样化生产，企业能够准确获得消费者对产品的偏好，通过小批量定制生产推出更多种类的产品或提供更加多样的服务，分工的细化也实现了长尾产品的有效供给。数字经济也有利于降低企业的交易成本，互联网平台成为交易撮合的组织平台，对交易信息进行汇集、加工和传播，将全球的需求方和供应方聚集在一起，需求方根据所需产品的信息快速寻找供应商；它还为交易提供金融、物流等支撑，降低企业的搜寻成本、谈判成本、监督成本等（荆文君和孙宝文，2019）。

数据要素成为核心要素，为企业高质量发展提供动能。企业高质量发展主要体现为全要素生产率的提升，伴随数据要素投入生产中，数据要素的强创新性、强渗透性和强覆盖性能够对劳动、创新、资本等传统生产要素产生替代和优化效应，从而重构传统生产函数，提高传统生产要素配置和生产流程优化的协作效率。研发环节中，以大数据、云计算等数字技术为依托的创新服务平台，为企业创新提供算力支撑，人工智能还可以在创新过程中根据企业创新场景和需求，辅助选择更优的创新路线，提高创新效率。数据作为创新要素的载体，有助于打破地理距离对创新要素的桎梏，扩大创新资源的空间配置范围，推动跨领域合作和协同创新。生产环节中，数据流贯穿全过程，企业可以通过大数据等数字技术对消费者需求变化进行精准监测，快速分配生产任务，智能机器人替代传统劳动力，实现高精度、高效率和稳定性产出，大数据平台会根据消费者对产品的使用反馈制定工艺升级方案，还会根据消费者需求预测消费者行为，从而提供差异化产品和服务。服务环节中，在数字技术的支撑下，企业进一步拓展产业链，通过对客户的数字画像提供围绕核心产品的增值服务，实现更多的价值共创。

宏观层面，数字经济赋能催生新质生产力。2023 年的中央经济工作会议强调："要以科技创新推动产业创新，特别是以颠覆性技术和前沿技术催生新产业、新模式和新动能，发展新质生产力。"新质生产力是具有高科技、高效能和高质量特征，符合新发展理念的先进生产力质态[①]，是促进高质量发展的核心驱动。数字经济极大赋能新质生产力发展，数据成为新质生产力发展的核心要素，与传统生产要素不同，数据具备以下两种特性。第一，数据具有要素报酬递增、低成本复用性质。数据边际成本几乎为零，且伴随着数据市场和用户规模的扩大，还能积累更多优质的数据资源。数据的

---

① 《习近平在中共中央政治局第十一次集体学习时强调：加快发展新质生产力　扎实推进高质量发展》，中央人民政府网站，https://www.gov.cn/yaowen/liebiao/202402/content_6929446.htm，2024 年 2 月 1 日。

使用具有非竞争性，同一组数据可以被不同的人使用，并且也不会因他人的使用而丧失原有价值，还会因他人的使用而不断衍生新数据，带来数据的自我增值。第二，数据具有依附倍增性和集约替代性。数据可以融合或替代其他生产要素，提升其他生产要素的生产效率。例如，数据要素与劳动要素相融合，辅助劳动者处理大量的信息和数据，代替劳动者从事单一、重复性的工作，且还有利于推动劳动者技能升级（欧阳日辉，2024）。可见，数据具备的特性会推动持续性和颠覆性创新，打造创新驱动的发展模式，削弱生产要素的不对称性，推动区域优质资源的集聚，提升资源配置效率，从而促进新质生产力发展。

数字技术成为新质生产力发展的重要驱动，数字技术支撑下实体经济与数字经济深度融合，新产业、新模式、新业态不断发展。人工智能、大数据等数字技术的快速发展以及多场景深度应用推动数字产业化和产业数字化。一方面，计算机制造、智能设备制造、电子元器件及设备制造等数字产品制造业和相配套的数字产品服务业的创新发展，能够提供多样化的数字产品和服务，高技术的数字产品投入生产中会推动产业的优化升级，加快战略性新兴产业和未来产业集群的发展。另一方面，软件开发、互联网相关服务以及信息技术服务等数字技术应用业的深度发展下，"数据+算法+算力"驱动传统产业技术升级并革新管理模式，与传统产业融合推动智慧农业、数字商贸、数字医疗等新业态不断发展。产业的数字化转型推动效率提升，数字技术对产业组织、管理和决策的重构推动产业集成创新能力的提升，为新质生产力发展奠定组织基础。

数字经济有利于构建现代化产业体系。党的十七大报告首次提出"现代产业体系"的概念，随后党中央和国务院围绕构建现代产业体系做出一系列论述。党的二十大报告进一步明确提出要"建设现代化产业体系"，并对推进现代化产业体系建设提出相应部署。现代化产业体系是构建新发展格局、实现高质量发展的重要一环。数字基础设施成为构建现代化产业体系的支撑平台，数字基础设施既包括移动通信、计算机等硬件，还包括云计算、物联网以及数字平台等软件。硬件设备的不断完善有利于提升高端设计制造能力和服务供给质量。例如，智能制造能够实现人、设备、产品和服务等资源互联互通，衍生出远程管理控制和柔性化生产，提高产品和服务质量，带动产业链的智能化改造。同时，数字平台下供应商、制造商和消费者的互动交流有利于促进产业内知识和资源的共享，推动生产技术的持续性创新。在数字经济推动下，产业间壁垒逐渐消融，产业组织向复杂、多元且互联方向转变，传统产业链从链状向网状转变，资源配置效率高的行业越来越成为产业链网络的核心节点，加速新旧产业的更替。实体经济和数字经济深度融合成为构建现代化产业体系的重要手段，有助于提升和保障产业体系的效率与安全。实体经济的"智改数转"能激发创新链动能，形成对重点产业及关键环节的攻关机制，形成多主体跨边界的协同分布式创新，突破核心技术瓶颈，增强产业体系的完整性和先进性。数字技术对全产业链的渗透还会引导传统产业由地理空间集聚向虚拟网络集聚转变，推动创新链与产业链的融合发展，打造自主可控的产业体系。

# 第一章　数字经济发展与中国产业高质量发展现状

## 第一节　数字经济的发展历程与测度分析

近年来，数字经济已经成为世界经济发展的新动力，各国均高度重视数字经济的发展，将促进数字经济发展提升到战略高度。我国在数字经济上起步较晚，尽管取得了较快发展，尤其是数字经济总量跃升至世界第二，但在数字底层技术创新等方面与发达国家间还存在较大差距。要厘清数字经济对产业高质量发展的影响，先要对各地区数字经济的发展水平进行测度。本节将介绍数字经济的发展历程，并对世界主要国家以及我国分维度的数字经济发展水平进行测度。

### 一　数字经济的发展历程

#### （一）国外数字经济发展历程

数字经济是以数字化的知识和信息作为关键生产要素，以数字技术为核心驱动力量，以现代信息网络为重要载体，通过数字技术与实体经济深度融合，不断提高经济社会的数字化、网络化、智能化水平，加速重构经济发展与治理模式的新型经济形态。经过几十年的发展，正在成为推动经济社会高质量发展的重要引擎，也是中国把握新一轮科技革命和产业变革新机遇的战略选择，有望成为新时代、新形势下的经济发动机。纵观数字经济的发展历程，"数字经济"一词最早在《数字经济：网络智能时代的希望与危险》中被提及，Tapscott（1996）在书中探讨数字经济对社会发展的影响，并认为这种基于信息和通信技术的新型经济模式将给社会发展带来巨大变化。但在此之前，伴随着计算机的诞生和互联网技术的应用，数字经济时代已然开始，数字经济的发展大致经历了信息经济、网络经济、平台经济、智能经济四种经济形态，这四种经济形态并非独立存在的，而是逐步演进互相影响的。

自 20 世纪 60 年代起，信息就被视为经济活动中的一种要素，信息经济在发展中的作用开始得到认可。信息经济被认为是以信息资源为基础，以信息技术为手段，通过生产信息产品与提供信息服务实现经济增长、社会产出和劳动就业的一种经济结构。1973 年，美国社会学家丹尼尔·贝尔在《后工业社会的来临》一书中首次提出了"信息经济"这一概念。20 世纪 70 年代，美国已经安装了几百万套计算机系统，但此时网络的使用者主要局限于企业中。到 20 世纪 80 年代末期，随着个人计算机的普及，美国 3/4 以上的家庭拥有了各类计算机系统，IBM、康柏、苹果、戴尔、英特尔、微软逐渐占领市场并成为市场的引领者，以计算机产品生产和服务为核心的电子信息产业蓬勃发展，此时信息经济已经成为美国经济的重要组成部分。从 20 世纪 60 年代到 21 世纪初信息经济是数字经济的主要组成部分。根据美国学者波拉特在报告《信息经济：定义与测量》中的估算，1967 年美国的国内生产总值中有 46% 和信息要素有关；1999 年美国商务部发布的《新兴的数字经济产业》指出，美国经济增长的 1/4 来自信息产业。

网络经济是以网络连接为基础、以网络信息流为要素、以网站为媒介、以互联网应用创新为核心的经济活动的总称。21 世纪 10 年代开始，平台开始被视为一种经济成分，并且迅速形成了平台经济这一新形态。平台经济是基于数字平台的各种经济关系的总称。各种类型的数字平台为用户提供不同类型的数字商业服务。电子商务平台为买卖双方提供市场中介服务，数字媒体平台为消费者、广告商和内容创作者提供媒介服务，云计算平台为政府、企业和个人提供基础设施云、软件平台和应用云服务。随着数字技术的发展和数字技术与经济社会的深度融合，数字平台的类型越来越丰富，数字平台与经济社会的融合范围也越来越广，平台经济逐渐成为新的市场形态、新的组织结构以及新的资源配置方式。21 世纪 10 年代末期，平台经济已经成为全球经济的重要形态。中国信息通信研究院发布的《互联网平台治理研究报告（2019 年）》显示，从全球来看，市值最高的 10 家上市公司中，有 7 家是平台企业。而在我国，已涌现出 20 家市值超 100 亿美元的超大型平台企业。它们促进平台经济、共享经济等新模式新业态向各领域渗透，创造新职业、新工种和新岗位。2018 年，互联网平台应用生态带动的就业累计超过 6000 万个。[①] 无论是在规模、数量还是在成长速度上，我国平台经济在全球都具有重要的影响力。

21 世纪 10 年代中期开始，随着大数据、分布式计算能力、深度学习算法等技术的突破，人工智能在语音识别、机器视觉、数据挖掘等多个领域达到了商业化应用的水平，这促使数字经济迈向了智能经济这一新形态。智能经济是以"数据+算法+算力"为基础设施和创新要素，通过智能产业化与产业智能化推动技术进步、效率提升和发展方式变革，与经济社会各领域、多元场景深度融合，支撑经济社会高质量发展的新经济形态。预计到 21 世纪 30 年代末期，智能经济将成为全球重要的经济形态，这个阶段智能经济将成为数字经济的主要形态。

总之，从信息经济、网络经济、平台经济到智能经济，数字经济在其不同发展阶段具有不同的表现形态。从发展历程来看，数字经济在各国的战略层级不断提升，重点领域的政策规划不断细化、数字经济产业链不断重塑，传统产业数字化转型广度和深度不断增加，数字经济仍将以强劲的增长势能为全球经济社会带来颠覆性革命，成为各国未来发展的引擎。

---

① 《累计带动就业机会超 6000 万，平台经济发展迎来顶层设计，将加快推进"5G+工业互联网"发展》，每日经济新闻（百度百家号），https://baijiahao.baidu.com/s? id = 1641311298416759929&wfr=spider&for=pc，2019 年 8 月 8 日。

（二）国内数字经济发展历程

综合现有研究观点，我国数字经济的发展历程大致可以分为三个阶段。

第一阶段是技术孕育阶段（1994~2004年）。1994年4月20日，中国实现了与国际互联网的全功能连接；同年5月15日，我国推出了首套国产网页，这标志着我国正式融入全球数字经济发展的浪潮中。此后数年的时间内，国内涌现了搜狐、优酷、阿里巴巴、腾讯等一批龙头互联网企业，它们逐步取代了谷歌、雅虎等国外互联网企业在中国市场的主导地位。与此同时，党中央高度重视互联网基础设施的建设，进一步促进了数字经济在国内的发展。基于我国市场规模巨大，人力资源充沛等特有国情，我国的互联网产业创新形成B2C、C2C的发展模式。

第二阶段为爆发增长阶段（2005~2015年）。2005年12月，我国的网民数量正式突破1亿人的大关，这标志着我国的数字经济进入了爆发增长的阶段。政府对互联网基础设施建设的重视程度进一步提高，2013年8月17日，国务院发布了"宽带中国"战略的实施方案，宽带首次成为国家性的基础设施。互联网基础设施的建设推动了数字经济的进一步发展，数字经济的发展又增加了人民群众对互联网基础设施的需求，二者相互促进、正向循环，不断促进中国数字经济的爆发式发展。这一阶段，我国数字经济出现了三个新的特征。一是随着智能手机的普及，数字经济的主战场逐渐向移动设备端转移。二是随着大数据、人工智能等技术的突破，平台经济迅速发展并逐渐成为这一时期我国数字经济的主要组成部分。三是依托着中国经济的高速增长，平台企业实现了从追赶到创新的跨越式发展，产生了共享经济、移动支付、第三方支付等独具中国特色的商业模式，在某些领域达到了世界领先水平，中国数字经济的发展优势得到初步体现。

第三阶段是融合协同阶段（2016年至今）。这一阶段，我国数字经济发展的主要表现形式为对内积极推动数字经济与实体经济融合发展，对外积极参与数字经济全球治理。我国大力推动数字经济与实体经济的融合发展，大数据、人工智能、云计算、虚拟现实等数字技术在各行各业深度渗透，出现了在线教育、互联网医疗、线上办公、智能工厂等新业态模式。党的二十大明确提出，要加快数字经济发展，促进数字经济与实体经济的融合，建设一批具有世界级竞争力的数字经济产业集群。《"十四五"数字经济发展规划》在顶层设计上明确了未来我国数字经济的发展思路、重点任务以及重大举措。2016 年，在我国的主导下，20 国集团首次通过了《G20 数字经济发展与合作倡议》，明确提出了数字经济已经成为全球经济增长的重要引擎，在寻求新的经济增长点、促进劳动生产率提高、实现经济可持续发展等方面发挥着重要作用。世界各国应共同努力，缩小数字技术鸿沟，营造开放包容的商业环境，推动数字基础设施的建设，努力实现数字经济的创新发展。

## 二 全球数字经济发展水平测度分析

### （一）全球数字经济发展水平测算

在国家层面，主要利用投入产出表构建增长核算账户测算数字经济增加值（Barefoot et al.，2018）以及构建数字经济卫星账户对数字经济相关产业进行统计（许宪春和张美慧，2020）。在行业层面，主要采用行业数字化投入来衡量各行业数字经济发展水平（张艳萍等，2022）。"国家—行业"层面数字经济发展仅单一采用国家数字经济发展水平或行业数字化投入来衡量并不准确，它主要受这两个方面因素的共同影响。一是国家数字经济发展水平，行业数字经济发展需要本国数字基础设施建设、数字创新环境、数字技术竞争力和数字应用的支撑。二是行业数字化投入，数字经济发展对不同行业的渗透不同，某一行业生产过程中投入的数字化要素越多，表明它采用的数字技术和数字服务越多，该行业数字经济发展水平越高。基于此，借鉴 Arnold 等（2016）利用投入比率构建渗透度得到行业层面数据，采用行业数字化投入赋权，将国家层面数字经济发展水平进一步细化到"国家—行业"层面。

1. 国家数字经济发展水平测算

综合考虑数据的连续性、可得性、可比性和科学性，从数字基础设施、数字创新环境、数字竞争力和数字应用 4 个维度选择 26 个二级指标构建国家数字经济发展水平的衡量指标体系。熵权法基于各二级指标的变异程度决定各指标权重，排除主观因素对赋权的干扰，TOPSIS 法则通过比较指标与最优方案和最劣方案的距离进行量化排序，熵权 TOPSIS 法结合两者优点，具有较强的科学性和客观性。基于此，采用熵权 TOPSIS 法测度 61 个国家 2008~2018 年数字经济发展水平[①]。具体指标、数据来源和指标权重如表 1-1 所示。

表 1-1　国家数字经济发展水平指标体系

| 一级指标 | 二级指标 | 数据来源 | 指标权重 |
|---|---|---|---|
| 数字基础设施 | 固定宽带普及率 | WDI | 0.039 |
| | 移动宽带普及率 | WDI | 0.042 |
| | 安全网络服务器覆盖率 | WDI | 0.016 |
| | 互联网用户基数 | WDI | 0.041 |
| 数字创新环境 | 高等教育入学率 | WDI | 0.040 |
| | 研发支出比率 | WDI | 0.037 |
| | 创新资本规模 | WEF | 0.040 |
| | 最新技术可用度 | WEF | 0.041 |
| | 风险资本可用度 | WEF | 0.040 |
| | 知识产权保护力度 | WEF | 0.040 |
| | ICT 相关法律完善度 | WEF | 0.041 |
| | 高新科技产品政府采购规模 | WEF | 0.040 |
| | ICT 在政府远期规划中的重要性 | WEF | 0.042 |
| 数字竞争力 | ICT 产品出口 | WEF | 0.038 |
| | ICT 服务出口 | WEF | 0.031 |
| | 中高技术出口 | WEF | 0.041 |
| | ICT 领域的 PCT 申请数占比 | WEF | 0.025 |
| | 政府在促进 ICT 发展方面的成功程度 | WEF | 0.041 |
| | 政府对 ICT 发展的优先度 | WEF | 0.041 |
| 数字应用 | E-participation 指数 | WEF | 0.040 |
| | 线上信息可及度 | WEF | 0.041 |
| | ICT 应用及政府效率 | WEF | 0.041 |
| | ICT 对商业模式的影响 | WEF | 0.041 |
| | ICT 对商业组织模式的影响 | WEF | 0.041 |
| | 商业领域中的互联网使用 | WEF | 0.042 |
| | 政府信息公开及网络参与度 | WEF | 0.040 |

① 世界经济论坛（WEF）的指标数据仅更新到 2016 年，部分指标数据能够通过世界银行等的数据库补齐，无法补齐的指标数据采用 2016 年数据替代。

2. 行业数字化水平测算

不同行业对数字经济的依赖不同，采用投入产出关系能很好地刻画这种依赖程度。基于此，本节综合借鉴 Calvino 等（2018）的做法，选择与数字经济存在紧密联系的通信行业投入和信息技术及其他信息服务行业投入之和作为数字化投入总量的替代变量，以各行业的数字化投入衡量行业数字化比率。由于完全消耗系数法不仅可以计算出该行业数字化投入占总投入的比重，而且考虑了该行业生产过程中来源于其他部门的数字化投入，更具精确性，故采用完全消耗系数法来衡量行业数字化比率，测算公式为：

$$Digital_{ijt} = a_{ijt}^{d} + \sum_{k=1}^{n} a_{ijt}^{k} a_{ikt}^{d} + \sum_{s=1}^{n} \sum_{k=1}^{n} a_{ijt}^{k} a_{ikt}^{s} a_{ist}^{d} + \cdots\cdots$$

其中，等号右侧第一项表示 $i$ 国 $j$ 行业在 $t$ 年的数字经济投入的直接消耗，第二项和第三项分别表示对第一轮和第二轮的间接消耗，其后依此类推，各项之和为完全消耗。另外，根据数字经济投入来源将行业数字化比率分为本国投入和外国投入的行业数字化比率。

3. "国家—行业" 层面数字经济发展水平测算

数字经济对不同产业的渗透呈现 "一二三" 产业逐步递增的特征，细分行业发展对数字化要素需求的不同必然会导致数字经济对不同行业的渗透度存在差异，将各行业数字化比率与国家数字经济发展水平相乘就可得到各国各行业数字经济发展水平：

$$DEI_{ijt} = DIG_{it} \times Digital_{ijt}$$

其中，$DEI_{ijt}$ 为 $i$ 国 $j$ 行业在 $t$ 年的数字经济发展水平，$DIG_{it}$ 为 $i$ 国在 $t$ 年的数字经济发展水平，$Digital_{ijt}$ 则为 $i$ 国 $j$ 行业在 $t$ 年的数字化比率。

（二）全球数字经济发展水平分析

全球数字经济发展指数从 2008 年的 0.781 上升到 2018 年的 0.818，除 2013 年因金融危机而出现小幅度降低外，整体呈现上升趋势。根据世界银行的划分标准，将样本划分为低收入、中低收入、中高收入和高收入国家，考察不同收入水平国家数字经济发展的差异，结果如图 1-1 所示。从整体来看，各层次收入水平国家数字经济发展水平均明显提升，低收入、中低收入、中高收入和高收入国家数字经济发展水平依次提高，数字经济发展与经济发展的相关性较强。从变动幅度来看，中低收入和低收入国家数字经济发展水平明显高于中高收入和高收入国家。低收入和中低收入国家主要处于数字经济发展初期，数字经济发展仍在规模扩张的追赶阶段，而中高收入和高收入国家数字经济发展已具备较好基础，数字经济向更深层次、更高水平迈进。将样本按照区位分为北美、欧洲、亚洲和其他地区，考察不同空间区位数字经济发展的差异，欧洲地区数字经济发展水平最高，北美地区数字经济发展水平次之，亚洲地区数字经济发展水平最低，但各区域间数字经济发展差距日益减小。

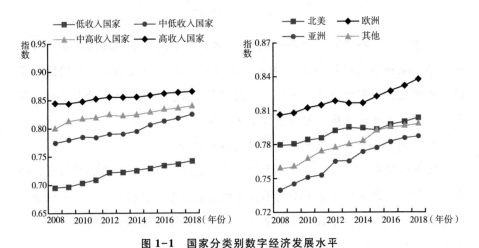

**图 1-1　国家分类别数字经济发展水平**

　　各区域内主要国家 2018 年数字经济发展水平如表 1-2 所示。从整体来看，美国数字经济发展指数为 0.894，作为数字经济发展较早的国家，美国为了推动数字经济发展制定诸多前瞻性国家战略和产业政策，凭借数字技术创新优势领跑北美，也位于全球高端地位。先进的技术和完善的数字基础设施为欧洲地区数字经济发展提供保障，欧洲地区各国数字经济发展较为均衡，数字经济发展整体上处于世界中上游水平，其中芬兰、荷兰和挪威的数字经济发展指数分别为 0.897、0.889 和 0.882，位于欧洲地区数字经济发展水平前三，英国、德国和法国的数字经济发展指数分别为 0.854、0.853 和

表 1-2 各国数字经济发展水平（2018 年）

| 北美地区 | | | |
| --- | --- | --- | --- |
| 国家 | 发展指数 | 国家 | 发展指数 |
| 美国 | 0.894 | 哥斯达黎加 | 0.783 |
| 加拿大 | 0.845 | 墨西哥 | 0.746 |

| 欧洲地区 | | | |
| --- | --- | --- | --- |
| 国家 | 发展指数 | 国家 | 发展指数 |
| 芬兰 | 0.897 | 瑞士 | 0.846 |
| 荷兰 | 0.889 | 法国 | 0.846 |
| 挪威 | 0.882 | 立陶宛 | 0.843 |
| 拉脱维亚 | 0.879 | 葡萄牙 | 0.829 |
| 奥地利 | 0.876 | 斯洛文尼亚 | 0.829 |
| 丹麦 | 0.873 | 马耳他 | 0.813 |
| 西班牙 | 0.869 | 捷克 | 0.812 |
| 瑞典 | 0.864 | 保加利亚 | 0.799 |
| 比利时 | 0.861 | 卢森堡 | 0.792 |
| 爱沙尼亚 | 0.860 | 波兰 | 0.789 |
| 冰岛 | 0.857 | 意大利 | 0.786 |
| 爱尔兰 | 0.856 | 斯洛伐克 | 0.784 |
| 英国 | 0.854 | 克罗地亚 | 0.782 |
| 德国 | 0.853 | 匈牙利 | 0.766 |
| 希腊 | 0.850 | 罗马尼亚 | 0.746 |

| 亚洲地区 | | | |
| --- | --- | --- | --- |
| 国家 | 发展指数 | 国家 | 发展指数 |
| 韩国 | 0.905 | 哈萨克斯坦 | 0.789 |
| 中国 | 0.851 | 文莱 | 0.764 |
| 日本 | 0.846 | 泰国 | 0.761 |
| 以色列 | 0.845 | 菲律宾 | 0.742 |
| 俄罗斯 | 0.839 | 印度尼西亚 | 0.721 |
| 沙特阿拉伯 | 0.839 | 越南 | 0.709 |
| 塞浦路斯 | 0.827 | 印度 | 0.678 |
| 马来西亚 | 0.823 | 柬埔寨 | 0.630 |
| 土耳其 | 0.815 | | |

续表

| 其他地区 | | | |
|---|---|---|---|
| 国家 | 发展指数 | 国家 | 发展指数 |
| 澳大利亚 | 0.918 | 哥伦比亚 | 0.770 |
| 新西兰 | 0.871 | 摩洛哥 | 0.745 |
| 智利 | 0.869 | 巴西 | 0.731 |
| 阿根廷 | 0.827 | 南非 | 0.707 |
| 秘鲁 | 0.771 | 突尼斯 | 0.668 |

0.846，数字经济发展水平也较高。亚洲地区数字经济发展差异较大，中国、日本和韩国的数字经济发展水平处于亚洲领先地位，但柬埔寨、越南、印度、菲律宾等国家数字经济发展水平较低，仍有待进一步提升。中国 2018年数字经济发展指数为 0.851，表现出数字经济迅猛的发展趋势。福布斯发布的"2019 全球数字经济 100 强"中国企业有 14 家，仅次于美国，中国数字经济应用场景也非常丰富，在数字贸易、移动支付方面存在领先优势，但在数字经济核心技术的研发和应用上仍存在部分短板。

按照数字经济发展和国家综合实力选取 10 个国家进行"国家—行业"层面数字经济发展水平的具体比较（如表 1-3 所示）。从行业来看，通信业和计算机、电子及光学产品制造业与数字经济具有较强联系，因此行业数字经济发展程度较高。批发和零售领域数字经济应用发展较好，新模式新场景开展较丰富，因此相关行业数字经济发展水平也较高。从不同行业各国数字经济发展水平来看，德国、韩国、美国和加拿大等发达国家较早推动第一产业的数字化转型，因此农、牧和林业数字经济发展水平较高。俄罗斯、印度和加拿大作为矿产丰裕国家，矿采选服务业的数字经济发展水平较高。制造业中，纺织品、服装、皮革及相关产品制造业方面韩国、中国和印度的数字经济发展水平较高，而日本、加拿大和英国则较低；基本金属制造业方面俄罗斯、韩国和中国的数字经济发展水平较高，而日本、法国和英国则较低；计算机、电子及光学产品制造业方面，英国、美国和德国数字经济发展水平较高，而法国、加拿大和印度则较低。服务业中，中国、美国和韩国的通信业数字经济发展水平较高，德国、加拿大、日本在教育上数字经济发展水平较高。

表 1-3　2018 年主要国家主要行业数字经济发展水平

| 行业 | 中国 | 英国 | 印度 | 日本 | 美国 | 加拿大 | 韩国 | 法国 | 俄罗斯 | 德国 |
|---|---|---|---|---|---|---|---|---|---|---|
| D01T02 | 0.0009 | 0.0017 | 0.0018 | 0.0003 | 0.0061 | 0.0048 | 0.0067 | 0.0045 | 0.0041 | 0.0104 |
| D09 | 0.0004 | 0.0000 | 0.0030 | 0.0001 | 0.0002 | 0.0015 | 0.0001 | 0.0000 | 0.0081 | 0.0001 |
| D13T15 | 0.0106 | 0.0005 | 0.0096 | 0.0001 | 0.0088 | 0.0003 | 0.0150 | 0.0006 | 0.0008 | 0.0006 |
| D24 | 0.0280 | 0.0019 | 0.0020 | 0.0007 | 0.0160 | 0.0107 | 0.0332 | 0.0008 | 0.0367 | 0.0080 |
| D26 | 0.0411 | 0.0698 | 0.0110 | 0.0201 | 0.0560 | 0.0072 | 0.0356 | 0.0039 | 0.0303 | 0.0472 |
| D45T47 | 0.0390 | 0.0982 | 0.0506 | 0.0192 | 0.0414 | 0.0588 | 0.1579 | 0.0249 | 0.1092 | 0.0417 |
| D61 | 0.1833 | 0.0960 | 0.0547 | 0.0282 | 0.1540 | 0.0663 | 0.1492 | 0.0720 | 0.1413 | 0.0484 |
| D85 | 0.0020 | 0.0027 | 0.0013 | 0.0056 | 0.0030 | 0.0061 | 0.0053 | 0.0041 | 0.0020 | 0.0082 |

注：农、牧和林业用 D01T02 表示，矿采服务业用 D09 表示，纺织品、服装、皮革及相关产品制造业用 D13T15 表示，基本金属制造业用 D24 表示，计算机、电子及光学产品制造业用 D26 表示，批发零售及维修业用 D45T47 表示，通信业用 D61 表示，教育用 D85 表示。

## 三　国内数字经济发展水平测度分析

本节从数字基础设施、数字产业化、产业数字化、数字发展环境、数字应用五个维度对我国的数字经济发展水平进行测度。

（一）中国数字经济发展水平测算

基于数字经济的深刻内涵，即数字基础设施是数字经济发展的载体，数字产业化是数字经济发展的基石和核心产业，产业数字化是数字经济发展的主引擎和动力源，数字发展环境是数字经济发展的支撑，数字应用是数字经济推动社会发展的体现，确定数字经济发展水平指标体系的 5 个子维度，综合考虑指标选取的科学性、全面性和可得性，最终构建包含 5 个维度、12 个一级指标、27 个二级指标的指标体系，以衡量中国省级（30 个省区市，不包含港澳台与西藏）数字经济发展水平。

采用面板熵权法这一客观赋权法对各省份数字经济发展水平进行测算，既

克服主观赋权法中对指标赋权的人为因素干扰，又解决传统赋权法无法同时在
时间维度和空间维度进行横纵向比较的问题，从而能够很好地刻画我国数字经
济发展的时空特征和区域差异。指标体系构建和对应的指标权重如表 1-4 所示。

表 1-4　省级数字经济发展水平指标体系

| 维度 | 一级指标 | 二级指标 | 指标权重 |
|---|---|---|---|
| 数字基础设施 | 数据覆盖范围 | 互联网宽带接入端口数 | 0.0411 |
| | | 移动电话用户数 | 0.0420 |
| | | 固定电话用户数 | 0.0413 |
| | 数据存储空间 | 域名数 | 0.0334 |
| | | 网站数 | 0.0337 |
| | 数据传输能力 | IPV4 数 | 0.0333 |
| | | 长途光缆覆盖率 | 0.0423 |
| 数字产业化 | 软件业发展 | 软件业务收入 | 0.0216 |
| | | 软件产品收入 | 0.0224 |
| | 信息业发展 | 信息行业就业人数 | 0.0353 |
| | | 通信设备、计算机和其他电子设备制造业资产合计 | 0.0267 |
| | | 邮电业务总量 | 0.0342 |
| 产业数字化 | 数字金融 | 数字普惠金融指数 | 0.0436 |
| | 新业态发展 | 工业机器人应用密度 | 0.0393 |
| | | 电子商务交易额 | 0.0335 |
| | 企业信息化 | 每百人使用计算机数 | 0.0420 |
| | | 每百家企业拥有网站数 | 0.0464 |
| | | 有电子商务交易活动企业数 | 0.0442 |
| 数字发展环境 | 创新环境 | 新产品销售收入 | 0.0332 |
| | | R&D 经费支出 | 0.0344 |
| | 人才环境 | 受教育年限 | 0.0446 |
| 数字应用 | 政府治理 | 网络透明度指数 | 0.0145 |
| | | 政务微博影响力指数 | 0.0457 |
| | 社会创新 | 网络社会指数 | 0.0437 |
| | | 信息经济指数 | 0.0393 |
| | | 数字生活指数 | 0.0435 |
| | | 在线生活指数 | 0.0446 |

（二）中国数字经济发展水平分析

数字经济发展指数由 2012 年的 0.192 增长到 2021 年的 0.312，整体呈上升趋势（如图 1-2 所示）。从各维度来看，数字基础设施指数由 2012 年的 0.040 增长到 2021 年的 0.059，数字产业化指数由 2012 年的 0.012 增长到 2018 年的 0.017 后开始下降，2021 年为 0.013。产业数字化指数由 2012 年的 0.052 增长到 2021 年的 0.101。数字发展环境指数由 2012 年的 0.070 增长到 2021 年的 0.108。数字应用指数由 2012 年的 0.018 增长到 2021 年的 0.031。可见，除数字产业化未有较大发展外，其他维度指数均展现出一定的增长态势，其中产业数字化指数增幅最大。

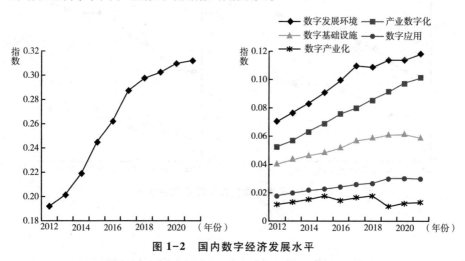

图 1-2 国内数字经济发展水平

将我国省份划分为高收入省份、中等收入省份和低收入省份，考察不同收入水平的省份数字经济发展水平的差异。高收入省份的数字经济发展指数由 2012 年的 0.356 增长到 2021 年的 0.531，中等收入省份的数字经济发展指数由 2012 年的 0.211 增长到 2021 年的 0.342，低收入省份的数字经济发展指数由 2012 年的 0.141 增长到 2021 年的 0.241（如图 1-3 所示），整体呈现不断增长的发展趋势。其中高收入省份数字经济发展水平最高，中等收入省份次之，低收入省份数字经济发展水平最低，但从增幅来看则相反，低收入省份数字经济发展水平的增幅最大。按照地理区位将样本分为东部地

区、东北地区、中部地区和西部地区，东部地区的数字经济发展指数由
2012 年的 0.311 增长到 2021 年的 0.472，东北地区的数字经济发展指数由
2012 年的 0.150 增长到 2021 年的 0.238，中部地区的数字经济发展指数由
2012 年的 0.165 增长到 2021 年的 0.284，西部地区的数字经济发展指数由
2012 年的 0.124 增长到 2021 年的 0.224。可以看到，东部地区的数字经济
发展水平显著高于其他地区，但不同地区间的数字经济发展水平差距有缩小
的趋势。

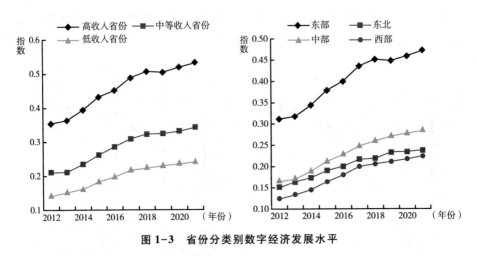

图 1-3　省份分类别数字经济发展水平

## 第二节　中国产业高质量发展现状

本节将介绍农业、制造业、商贸流通业和服务业等产业高质量发展的现
状，同时对制造业韧性水平、国内价值链循环发展水平及全球主要国家全球
价值链演进水平进行测度。

### 一　农业高质量发展现状

#### （一）中国农业高质量发展水平测算

现有对农业高质量发展水平的测度普遍采用指标体系法，但目前尚未形

成统一的评价指标体系。本小节在已有研究的基础上，根据《2023年政府工作报告》，同时考虑数据的可得性，从动力变革、效率变革与质量变革三个方面构建农业高质量发展水平指标体系（如表1-5所示），运用熵权法对2013~2021年中国185个地级及以上城市的农业高质量发展水平进行了测度。

表1-5　农业高质量发展水平指标体系

| 一级指标 | 二级指标 | 三级指标 | 指标说明 | 属性 |
|---|---|---|---|---|
| 农业高质量发展水平 | 质量变革 | 农村发展稳定性 | 第一产业增长率变异系数 | − |
| | | 城乡二元结构 | 城乡居民人均收入比 | − |
| | | | 城乡居民人均消费比 | − |
| | | 农业绿色发展 | 二氧化硫与废水排放量/地区生产总值 | − |
| | 效率变革 | 土地生产率 | 粮食产量/粮食播种面积 | + |
| | | 农业供给效率 | 粮食产量/年末总人口 | + |
| | | 农村市场化水平 | 农村居民人均消费支出 | + |
| | | 农村组织效率 | 邮政业务总量 | + |
| | 动力变革 | 农业经济效益 | 农村居民人均可支配收入 | + |
| | | 农村创新环境 | 教育支出/地方财政支出 | + |
| | | 农业机械化水平 | 农业机械总动力/农作物播种面积 | + |
| | | 农业技术支持 | 电信业务总量 | + |

（1）质量变革。首先，农业高质量发展应该表现在农业稳定发展上，这会为经济社会发展提供充足的农产品或原材料。其次，农业发展成果留在农村是农业可持续发展的前提，这要求打破城乡二元结构。最后，农业高质量发展还必须依靠良好的生态环境。因此，农业发展稳定性、城乡二元结构和农业绿色发展共同构成了质量变革的三级指标。参考师博和张冰瑶（2019）的做法，通过测算第一产业增长率变异系数来衡量农业发展稳定性。变异系数能够反映各城市第一产业增长对全国第一产业平均增长率的偏离程度。通过计算城乡居民人均收入比和消费比来衡量城乡二元结构，数值越大表明城乡二元结构越严重。农业发展受大气、水源等自然环境因素的影

响非常明显，而且大气和水污染具有明显的负外部性，因此在此运用各城市每万元生产总值产生的二氧化硫和废水排放量来衡量农业发展的生态环境，数值越大表明生态环境越恶劣。

（2）效率变革。农业创新能力提升意味着单位土地面积粮食产量提高，此处通过土地生产率和人均粮食产量即农业供给效率来衡量创新能力提升带来的农业产出增加。市场通常被认为是最有效率的资源配置机制，农村市场化水平能够较好地反映农村资源配置效率，消费支出在很大程度上取决于市场化程度，故在此使用农村居民人均消费支出衡量农村市场化水平。邮件、快递等邮政业务的发展不仅能够增强交流的便利性和提高信息的传播速度，而且能够实现资源跨区域流动，促进农村经营主体和政府管理创新，提高农业发展的组织运行效率，因此此处选取各城市邮政业务总量来衡量农村组织效率。

（3）动力变革。农业高质量发展必须通过创新驱动资本、劳动和技术等生产资源为农业生产各环节注入强劲内生动力，为农业可持续发展奠定坚实基础。从资本角度来看，要保持农业发展可持续需要农村内部有不断增长的经济收入，这表现为农民可支配收入的稳定增长。从劳动角度来看，提高农村劳动力素质是提升农业发展质量的主要途径，而通过增加教育支出提高人均受教育程度是提升人力资本水平最直接有效的方式。从技术角度来看，实现农业生产方式现代化的重要路径之一就是提高农业机械化水平、加大对农业发展的技术支持力度。因此，此处选取了农村居民人均可支配收入、教育支出占地方财政支出的比重、农业机械总动力与农作物播种面积之比以及电信业务总量4个代理指标来衡量农业高质量发展的动力变革。

（二）中国农业高质量发展水平分析

全国总体的农业高质量发展指数由2013年的0.123上升到2021年的0.226。除了2020年可能受新冠疫情的影响，增长速度略有放缓以外，我国农业高质量发展水平一直保持高速增长（如图1-4所示）。从动力变革、效率变革和质量变革三个维度对我国农业高质量发展水平的变化情况进行分析。动力变革指数由2013年的0.025增长到2021年的0.065，效率变革指数由2013年的0.047增长到2021年的0.073，质量变革指数由2013年的

0.051 增长到 2021 年的 0.088。三个维度指数都有显著增长，其中动力变革指数的增长速度最高，显著高于其他维度，说明农业发展动力的变革对推动农业高质量发展起到了重要作用。

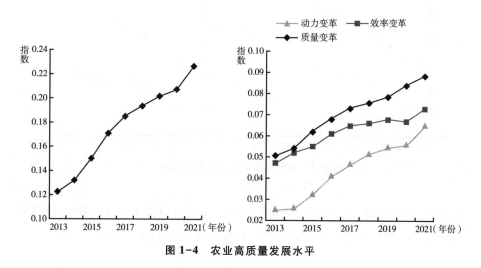

图 1-4　农业高质量发展水平

　　将我国省份划分为高收入省份、中等收入省份和低收入省份，考察不同收入水平的省份农业高质量发展水平的差异。整体来看，农业高质量发展水平与经济发展水平显著正相关，低收入省份、中等收入省份、高收入省份的农业高质量发展水平逐步提高（如图 1-5 所示）。值得注意的是，低收入省份和中等收入省份的农业高质量发展水平与高收入省份之间的差距存在逐步扩大的趋势。按照地理位置和国家发展规划，将省份分为东部地区、中部地区、西部地区和东北地区，东部地区的农业高质量发展水平显著高于其他地区，中部地区的农业高质量发展水平其次，东北地区和西部地区的农业高质量发展水平较低。中部地区的农业高质量发展水平增长迅速，与东部地区的差距有缩小的趋势，东北地区和西部地区的农业高质量发展水平与其他地区的差距有扩大趋势。

## 二　制造业高质量发展现状

### （一）中国制造业高质量发展水平测算

　　借鉴曲立等（2021）的研究，从经济效益、创新驱动、社会效益、绿

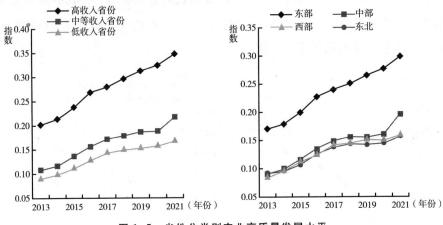

图 1-5　省份分类别农业高质量发展水平

色发展四个维度选取 15 个二级指标对 217 个地级及以上城市 2014~2019 年的制造业高质量发展水平进行测度，指标体系构建如表 1-6 所示。

表 1-6　制造业高质量发展水平指标体系

| 总指标 | 一级指标 | 二级指标 | 指标含义 | 属性 |
|---|---|---|---|---|
| 制造业高质量发展水平 | 经济效益 | 利润率 | 利润总额/主营业务收入 | + |
| | | 资产利润率 | 利润总额/流动与固定资产总和 | + |
| | | 劳动生产率 | 主营业务收入/年末人口总数 | + |
| | | 经济增长贡献率 | 工业产值/地区生产总值 | + |
| | | 制造业规模 | 规模以上工业企业个数 | + |
| | | 竞争能力 | 利润总额/地区生产总值 | + |
| | 创新驱动 | 经费投入 | R&D 经费内部支出 | + |
| | | 人员投入 | 科技从业人员占比 | + |
| | | 创新产出 | 发明专利授权数 | + |
| | 社会效益 | 就业人数 | 制造业就业人数 | + |
| | | 税收贡献 | 应缴纳税收总额 | + |
| | 绿色发展 | 废水排放 | 工业废水排放量/地区生产总值 | − |
| | | 废气排放 | 工业二氧化硫排放量/地区生产总值 | − |
| | | 固废物排放 | 工业烟（粉）尘排放量/地区生产总值 | − |
| | | 绿色发展 | 绿色专利发明专利申请量 | + |

### （二）中国制造业高质量发展水平分析

全国总体的制造业高质量发展指数由 2014 年的 0.356 上升到 2019 年的 0.364。除了 2015 年略有波动外，其余时间我国制造业高质量发展水平均保持稳定增长（如图 1-6 所示）。从经济效益、创新驱动、社会效益、绿色发展四个维度对制造业高质量发展水平进行分维度的详细分析。经济效益指数由 2014 年的 0.138 下降到 2019 年的 0.119，整体呈现不断下降的趋势。创新驱动指数由 2014 年的 0.073 增长到 2019 年的 0.086，社会效益指数由 2014 年的 0.062 增长到 2019 年的 0.074，绿色发展指数由 2014 年的 0.083 增长到 2019 年的 0.085。可见，除了经济效益维度呈下降趋势外，制造业高质量发展的其余三个维度整体均呈现稳步增长的态势。这可能与我国对经济发展方式的转变有关，党的十八大以后，我国的经济发展不再以 GDP 为单一的衡量指标，开始更加注重发展质量、社会效益和生态环境保护等。

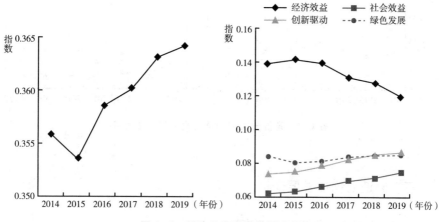

**图 1-6 制造业高质量发展水平**

将样本划分为高收入省份、中等收入省份和低收入省份，考察不同收入水平的省份制造业高质量发展水平的差异。整体来看，制造业高质量发展水平与经济发展水平显著正相关，整体呈现高收入省份制造业高质量发展水平最高，中等收入省份次之，低收入省份的制造业高质量发展水平最低，且从增长速度来看，高收入省份的增幅也最大（如图1-7所示）。按照地理位置和国家发展规划，将样本分为东部地区、中部地区、西部地区和东北地区。东部地区的制造业高质量发展水平显著高于其他地区，中部地区的制造业高质量发展水平次之，东北地区和西部地区的制造业高质量发展水平较低。东部地区的制造业高质量发展水平变化不大，中部地区、西部地区的制造业高质量发展水平呈增长趋势，东北地区的制造业高质量发展水平有明显的下降趋势。东北地区的制造业高质量发展水平与其他区域的差距逐步扩大。

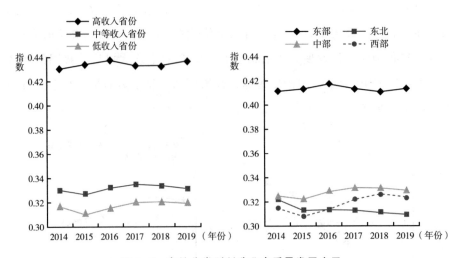

**图1-7 省份分类别制造业高质量发展水平**

### 三 制造业韧性发展现状

#### （一）中国制造业韧性水平测算

本小节采用刘鑫鑫与韩先锋（2023）的指标体系，以抵抗力、恢复力、革新力为一级指标，选19个三级指标构建制造业韧性水平指标体系，具体如表1-7所示。为了尽量避免人为因素干扰指标赋权，准确计算指标权重，采取熵权法测算2010~2021年我国30个省份的制造业韧性水平。

表 1-7　制造业韧性水平指标体系

| 一级指标 | 二级指标 | 三级指标 | 衡量指标 | 方向 |
|---|---|---|---|---|
| 抵抗力 | 防范能力 | 外资风险度 | 制造业外商资本/制造业所有者权益 | 负向 |
| | | 技术依存度 | 规模以上工业企业技术引进与购买国内经费之和/规模以上工业企业 R&D 经费 | 负向 |
| | | 企业国有化 | 制造业国有资本/制造业所有者权益 | 正向 |
| | 承受能力 | 利润率 | 制造业利润总额/制造业营业收入 | 正向 |
| | | 亏损率 | 制造业亏损额/制造业营业收入 | 负向 |
| | | 企业规模 | 制造业资产总计 | 正向 |
| 恢复力 | 适应能力 | 产业结构 | 高技术产业主营收入/制造业营业收入 | 正向 |
| | | 保供稳价 | 工业生产者出厂价格 | 负向 |
| | 修复能力 | 物质资本投入 | 制造业全社会固定资产投资 | 正向 |
| | | 人力资本投入 | 制造业从业人数/总就业人数 | 正向 |
| | | 劳动生产效率 | 工业增加值/制造业从业人数 | 正向 |
| | | 创新产品增利 | 工业企业新产品销售收入/工业企业开发新产品经费 | 正向 |
| 革新力 | 转型能力 | 服务化转型 | 生产性服务业从业人数/制造业从业人数 | 正向 |
| | | 高端化转型 | 高技术产业新产品销售收入/工业企业新产品销售收入 | 正向 |
| | | 数字化转型 | 电子及通信产品制造业营业收入/制造业营业收入 | 正向 |
| | | 绿色化转型 | 工业用水总量/工业增加值 | 负向 |
| | 创新能力 | 创新潜力 | 规模以上工业企业 R&D 人员全时当量 | 正向 |
| | | 创新投入 | 规模以上工业企业 R&D 经费/制造业营业收入 | 正向 |
| | | 创新贡献 | 规模以上工业企业有效发明专利数 | 正向 |

（二）中国制造业韧性水平分析

全国总体的制造业韧性指数由 2010 年的 0.415 上升到 2021 年的 0.445，整体呈现波动上升的趋势（如图 1-8 所示）。2010~2015 年我国制造业韧性指数呈高速增长趋势，并在 2015 年达到最高点 0.473。随后受全球经济不稳定等因素影响，2016~2017 年制造业韧性水平下降，2018~2019 年制造业韧性水平又有所回升，但 2020 年起制造业韧性水平表现出一定的下降趋势。

从抵抗力、恢复力、革新力三个维度进行具体分析，恢复力指数从 2010 年的 0.098 上升至 2021 年的 0.115，革新力指数从 2010 年的 0.194 增长到 2021 年的 0.228，抵抗力指数由 2010 年的 0.123 增长到 2015 年的 0.138，此后开始逐步下降，至 2021 年已经下降到 0.102。从变化趋势来看，恢复力和革新力指数整体呈现波折上升的趋势，但抵抗力指数在 2015 年后存在一定的下降，需要进一步提升。

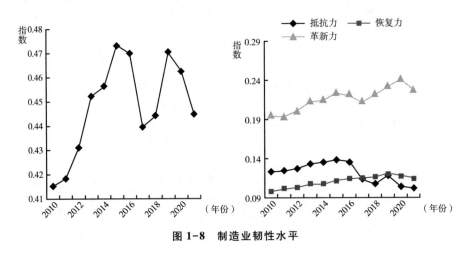

图 1-8　制造业韧性水平

将我国省份划分为高收入省份、中等收入省份和低收入省份，考察不同收入水平的省份制造业韧性水平的差异。整体来看，制造业韧性水平与经济发展水平显著正相关，制造业韧性水平呈现高收入省份>中等收入省份>低收入省份的格局。发展趋势与全国总体水平变化趋势类似，2010~2015 年均呈现上升趋势，在 2015 年以后开始出现降低并持续波动。另外，东部地区的制造业韧性水平显著高于其他地区，2015 年东部地区制造业韧性指数为 0.507，高于全国总体水平。中部地区的制造业韧性水平整体较高，略低于东部地区，但中部地区的制造业韧性水平与东部地区的差距有一定的缩小趋势。西部地区和东北地区制造业韧性水平显著较低，2015 年前西部地区制造业韧性水平总体最低，但 2015 年实现反超，之后保持波动下降的趋势，但东北地区制造业韧性水平在 2015 年后降低明显。

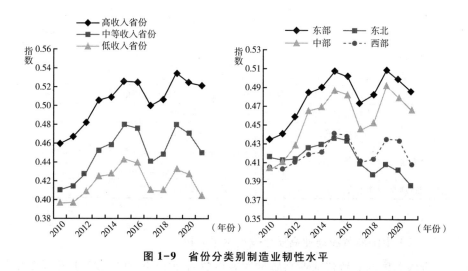

**图 1-9  省份分类别制造业韧性水平**

## 四 商贸流通业高质量发展现状

### （一）中国商贸流通业高质量发展水平测算

本书研究的商贸流通业包括批发与零售业，住宿与餐饮业，交通运输、仓储和邮政业（陈宇峰和章武滨，2015）。为了客观反映商贸流通业发展现状和趋势，评价指标体系不仅要涵盖规模、质量、效益等传统指标，而且要涵盖技术、环境等发展性指标。借鉴王雪峰和荆林波（2021）、林双娇和王健（2021）、朱丽萍等（2022）的研究，考虑数据可得性与全面性，从流通规模、流通效益、流通转型、流通潜力、绿色流通、流通创新创业六个维度选取相关二级指标，构建商贸流通业高质量发展水平评价指标体系（如表1-8所示）。对各二级指标进行标准化处理，并利用熵权法确定权重，在此基础上测算商贸流通业高质量发展水平。

**表 1-8  商贸流通业高质量发展水平指标体系**

| 一级指标 | 二级指标 | 指标说明 |
| --- | --- | --- |
| 流通规模 | 行业增加值（元） | 商贸流通业增加值 |
| | 零售总额（万元） | 社会消费品零售总额 |
| | 物流周转量（亿吨公里） | 公路货物周转量 |

续表

| 一级指标 | 二级指标 | 指标说明 |
|---|---|---|
| 流通效益 | 劳动生产率(元/人) | 商贸流通业产值总量/从业人员 |
| 流通转型 | 生产性服务业占比(%) | 交通运输、仓储和邮政业产值/商贸流通业产值 |
| 流通潜力 | 人均消费支出(元/人) | 城乡居民消费支出 |
| | 居民储蓄存款(元) | 城镇居民储蓄存款 |
| 绿色流通 | 绿色货运占比(%) | 水路、铁路、航空运输量在货物运输总量中所占的比重 |
| 流通创新创业 | 新注册企业数量(个) | 新注册商贸流通业企业数 |

### （二）中国商贸流通业高质量发展水平分析

全国总体的商贸流通业高质量发展指数由 2014 年的 0.122 上升到 2020 年的 0.251，整体呈现不断上升的发展趋势（如图 1-10 所示）。从流通规模、流通效益、流通转型、流通潜力、绿色流通、流通创新创业六个维度进行详细分析，除流通转型指数整体上小幅下降和绿色流通整体上变化不大外，其他四个维度指数均呈现不断上升的发展态势。其中流通规模指数在 2019 年实现较大幅度跃升，流通效益和流通创新创业指数也呈现较高的增长速度。

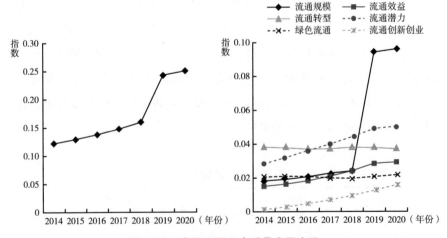

图 1-10　商贸流通业高质量发展水平

商贸流通业高质量发展水平与经济发展水平显著正相关。按照各省份收入水平将样本划分为高收入、中等收入和低收入省份，考察不同收入水平的省份商贸流通业高质量发展水平的差异。结果表明，高收入省份商贸流通业高质量发展水平最高，中等收入省份次之，低收入水平省份最低（如图1-11所示）。按照国家发展规划将省份分为东部地区、中部地区、西部地区和东北地区，东部地区的商贸流通业高质量发展水平显著高于其他地区，西部地区商贸流通业高质量发展水平最低，中部地区和东北地区的商贸流通业高质量发展水平差距不大，但2017年中部地区商贸流通高质量发展水平实现反超。

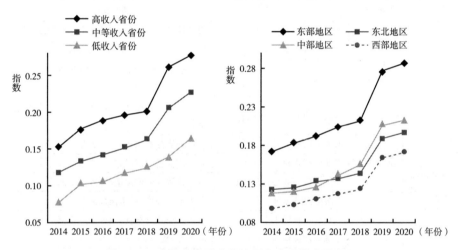

图1-11 省份分类别商贸流通业高质量发展水平

## 五 服务业高质量发展现状

### （一）中国服务业高质量发展水平测算

根据指标体系构建的科学性、完整性和数据的可获得性原则，本小节参考姜长云（2019）、陈景华和徐金（2021）的做法，从服务业发展的经济效益、结构优化、发展环境、开放程度以及共享水平五个方面构建服务业高质量发展水平的评价指标体系（如表1-9所示）。具体来看，经济效益包括经济贡献率、服务业劳动生产率、服务业增加值增速以及地区人均服务业增加值；结构优化包括服务业结构的升级、产业结构优化与生产性服务业增加值占比；发展环境包括服务业经济密度、环境建设投资水平与服务业能源消耗；开放程度包括服务业外商投资额和服务业贸易额；共享水平包括服务业收入水平、医疗卫生水平、教育投入水平以及文化体育设施。综上所述，本小节构建的服务业高质量发展水平指标体系中包含 16 个三级指标，进一步利用熵权法计算出指标的权重，最终获得城市的服务业高质量发展指数。

表 1-9　服务业高质量发展水平指标体系

| 一级指标 | 二级指标 | 三级指标 | 指标说明 |
| --- | --- | --- | --- |
| 服务业高质量发展水平 | 经济效益 | 经济贡献率 | 服务业增加值增量/地区生产总值增量 |
| | | 服务业劳动生产率 | 服务业增加值/服务业从业人数 |
| | | 服务业增加值增速 | (当期服务业增加值-上期服务业增加值)/上期服务业增加值×100% |
| | | 地区人均服务业增加值 | 地区人均服务业增加值/全国人均服务业增加值 |
| | 结构优化 | 服务业结构的升级 | 生产性服务业从业人员/服务业从业人员 |
| | | 产业结构优化 | 第三产业增加值/第二产业增加值 |
| | | 生产性服务业增加值占比 | 生产性服务业增加值/服务业增加值 |
| | 发展环境 | 服务业经济密度 | 服务业增加值/城市建成区面积 |
| | | 环境建设投资水平 | 基础设施建设投资/地区生产总值 |
| | | 服务业能源消耗 | 服务业液化石油气消耗量 |
| | 开放程度 | 服务业外商投资额 | 服务业外商直接投资 |
| | | 服务业贸易额 | 服务业进出口总额 |
| | 共享水平 | 服务业收入水平 | 服务业城镇单位就业人员平均工资 |
| | | 医疗卫生水平 | 每万人医疗卫生机构数 |
| | | 教育投入水平 | 教育经费支出/财政支出 |
| | | 文化体育设施 | 博物馆数 |

（二）中国服务业高质量发展水平分析

全国总体的服务业高质量发展指数由 2013 年的 0.277 下降到 2021 年的 0.268，总体呈下降的趋势（如图 1-12 所示）。但从变化趋势来看，中国服务业高质量发展水平在 2016 年达到峰值，随后缓慢下降，2019 年后下降速度加快。从经济效益、结构优化、发展环境、开放程度和共享水平五个维度对全国服务业高质量发展水平的变化趋势进行分析。从变化趋势来看，开放程度和经济效益两个指数呈现上升趋势，但共享水平和结构优化两个指数则整体上呈现下降趋势，发展环境指数则变化不大。可见，要提高服务业高质量发展水平应该优化发展环境，推动服务业结构优化转型，注重服务业发展成果的共享。

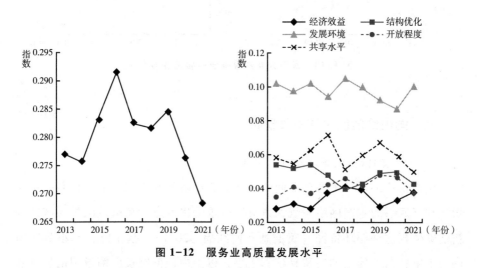

图 1-12　服务业高质量发展水平

将样本分为高收入省份、中等收入省份和低收入省份，考察不同收入水平的省份服务业高质量发展水平的差异。整体来看，服务业高质量发展水平与经济发展水平显著正相关，高收入省份服务业高质量发展水平最高，中等收入省份次之，低收入省份最低。按照地理位置和国家发展规划，将省份分为东部地区、中部地区、西部地区和东北地区，东部地区的服务业高质量发展水平显著高于其他地区，中部地区和西部地区的服务业高质量发展水平差距不大且都显著低于东部地区，东北地区的服务业高质量发展水平显著低于其他地区。2016 年后各地区的服务业高质量发展水平呈现下降趋势。

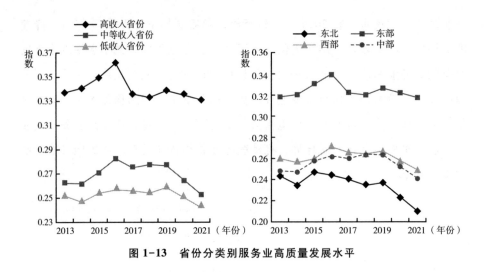

图1-13 省份分类别服务业高质量发展水平

## 六 国内价值链循环发展现状

### (一)国内价值链循环发展水平测算

国内价值链循环中各产业间的经济关联反映相互需求和供给关系,从而形成相互联系的生产网络系统,以最终需求为出发点和落脚点的投入产出分析能够体现这种循环特征(黄群慧和倪红福,2021)。基于此,本小节从国内价值链视角下的增加值贸易核算入手,以国内价值链长度衡量国内价值链循环发展水平。国内价值链长度反映参与国内价值链分工的程度和创造价值的能力,产业链条越长表明生产和交易的中间环节越多,价值链上下游的供需衔接度越高,国内价值链循环发展越好。区域间行政、市场和制度等壁垒是畅通国内价值链循环的阻碍,因此本小节进一步将国内价值链循环聚焦到区域间层面,具体测算方法如下。

将跨国投入产出表的价值链拆解测算框架运用到国内价值链拆解测算中,构建中国区域间增加值分解框架,对中国"省份—行业"层面增加值进行分解。

假设中国区域间投入产出表中存在 $G$ 个省份和 $N$ 个部门,由投入产出表的性质可得:

$$\mathbf{X} = \mathbf{AX} + \mathbf{Y} + \mathbf{E} = (\mathbf{I} - \mathbf{A})^{-1}(\mathbf{Y} + \mathbf{E})$$

其中，$\mathbf{X}$ 是 $GN \times 1$ 阶的产出矩阵，$\mathbf{Y}$ 是 $GN \times 1$ 阶的最终需求矩阵，$\mathbf{E}$ 是 $GN \times 1$ 阶的出口矩阵，$\mathbf{A}$ 为直接消耗系数矩阵。

基于增加值分解可以得到内需驱动和出口驱动下的增加值两个部分：内需驱动下的增加值包括区域内增加值（V_D）和嵌入国内价值链的区域间增加值（V_NVC），出口驱动下的增加值为嵌入全球价值链的增加值（V_GVC）：

$$\mathbf{Va} = \hat{\mathbf{V}}\,\mathbf{X} = \hat{\mathbf{V}}\,\mathbf{BY} + \hat{\mathbf{V}}\,\mathbf{BE} = \underbrace{\hat{\mathbf{V}}\,\mathbf{LY}^{\mathbf{D}}}_{\text{V\_D}} + \underbrace{\hat{\mathbf{V}}\,\mathbf{LY}^{\mathbf{F}} + \hat{\mathbf{V}}\mathbf{LA}^{\mathbf{F}}\mathbf{BY}}_{\text{V\_NVC}} + \underbrace{\hat{\mathbf{V}}\mathbf{LE} + \hat{\mathbf{V}}\mathbf{L}\,\mathbf{A}^{\mathbf{F}}\mathbf{BE}}_{\text{V\_GVC}}$$

其中，$\hat{\mathbf{V}}$ 是增加值系数（对角）矩阵，$\mathbf{B}$ 是里昂惕夫逆矩阵，$\mathbf{Y}^{\mathbf{D}}$ 和 $\mathbf{Y}^{\mathbf{F}}$ 分别为省（区市）内和省外的最终需求矩阵，$\mathbf{L}$ 为省内的里昂惕夫逆矩阵。

国内价值链循环下生产、分配、流通、消费等环节将更多地依托国内市场，因此在此将研究视角聚焦到国内价值链层面，以内需驱动下的增加值流转为基础，采用国内价值链长度来体现国内价值链循环的"足迹"（苏丹妮等，2019；余丽丽和彭水军，2021）。在中间品省际贸易中，$i$ 省（区市）$j$ 行业的省内增加值去向分为两类：一是被直接吸收，二是被用于再生产为中间品或最终品。基于此，跨省生产分工活动中体现的 $i$ 省 $j$ 行业增加值的总和为：

$$VY\_NVC = \hat{\mathbf{V}}\,\mathbf{A}^{\mathbf{F}}\mathbf{Y} + \hat{\mathbf{V}}\,\mathbf{A}^{\mathbf{D}}\mathbf{A}^{\mathbf{F}}\mathbf{Y} + \hat{\mathbf{V}}\,\mathbf{A}^{\mathbf{F}}\mathbf{AY} + \hat{\mathbf{V}}\,\mathbf{A}^{\mathbf{D}}\mathbf{A}^{\mathbf{D}}\mathbf{A}^{\mathbf{F}}\mathbf{Y} + \hat{\mathbf{V}}\,\mathbf{A}^{\mathbf{D}}\mathbf{A}^{\mathbf{F}}\mathbf{AY} + $$
$$\cdots = \hat{\mathbf{V}}\mathbf{L}\,\mathbf{A}^{\mathbf{F}}\mathbf{BY}$$

将每个阶段的长度作为权重，$i$ 省 $j$ 行业中间品跨省贸易中省内增加值引起的国内总产出的总和为：

$$Xi\_NVC = \hat{\mathbf{V}}\,\mathbf{A}^{\mathbf{F}}\mathbf{Y} + \hat{\mathbf{V}}\,\mathbf{A}^{\mathbf{D}}\,\mathbf{A}^{\mathbf{F}}\mathbf{Y} + 2\,\hat{\mathbf{V}}\,\mathbf{A}^{\mathbf{F}}\mathbf{AY} + \cdots = \hat{\mathbf{V}}\mathbf{LA}^{\mathbf{F}}\mathbf{BBY}$$

国内价值链长度可以表示为 $i$ 省 $j$ 行业沿生产链累积的国内总产出与国内生产分工中体现的增加值总和的比值：

$$plv\_NVC = \frac{Xi\_NVC}{VY\_NVC} = \frac{\hat{\mathbf{V}}\,\mathbf{LA}^{F}\mathbf{BBY}}{\hat{\mathbf{V}}\,\mathbf{LA}^{F}\mathbf{BY}}$$

（二）国内价值链循环发展水平分析

表 1-10 展示了 2012 年、2015 年和 2017 年中国整体及局部的国内价值链循环发展水平。结果表明，我国国内价值链循环发展水平不断提升，展现明显的内需化趋势。第一产业和第三产业国内价值链循环发展水平相对较高，是因为第一产业生产链条较短，且受限于附加值低、贸易成本高等特性，跨国分工并不多，第三产业受限于"不可分割、不可贸易"的特征，也主要在国内市场中进行生产、流通、消费。采矿业作为上游行业，其产品主要以投入或中间品的形式在全球市场中流通，制造业全球化分工体系已经成熟，中国制造业深度嵌入全球价值链中，因此第二产业国内价值链循环发展水平较低。从局域特征来看，东部地区、西部地区和中部地区的国内价值链循环发展水平整体上递减，沿海地区的国内价值链循环发展水平略高于内陆地区，表明经济发达的东部和沿海地区凭借较好的市场和资源条件，在国内价值链循环的构建上存在优势。

表 1-10  国内价值链循环发展水平

| 分类 | | 2012 年 | 2015 年 | 2017 年 |
|---|---|---|---|---|
| 整体 | | 4.3921 | 4.7804 | 4.8831 |
| 分产业 | 第一产业 | 4.5183 | 4.8610 | 4.9496 |
| | 第二产业 | 4.2909 | 4.6489 | 4.8149 |
| | 第三产业 | 4.5150 | 4.9680 | 4.9718 |
| 分地区 | 东部地区 | 4.4173 | 4.7543 | 5.0362 |
| | 中部地区 | 4.4065 | 4.6384 | 4.7540 |
| | 西部地区 | 4.3337 | 4.7015 | 4.8017 |
| | 沿海地区 | 4.4131 | 4.7572 | 5.0710 |
| | 内陆地区 | 4.3741 | 4.6952 | 4.8293 |

## 七　全球价值链演进现状

### （一）全球价值链演进水平测算

采用前向全球价值链长度作为替代变量。Wang 等（2017）将全球价值链核算框架延伸到生产阶段，从中间品投入和最终产品视角提出前向和后向全球价值链长度的定义和量化方法，以衡量一国某部门参与的分工环节与生产链条两端的距离，它们成为衡量全球价值链发展水平的重要指标（王彬等，2023；吕越等，2023a）。前向全球价值链长度是指一国某部门的初始投入最终形成另一国某部门的最终产品间的平均国际生产阶段数。前向全球价值链长度越长，表明该国某部门增加值被记为总产出的次数越多，越处于序贯生产链条的上游位置，分工环节的复杂性越强。全球价值链长度既反映出一国某部门的生产分工地位和优势，也清晰体现出增加值在全球生产链条中的"足迹"，定位一国某部门参与全球产业分工的工序，反映出全球价值链分工的细化与深化，刻画全球价值链演进的真实情况及动态过程，具体测算方法如下。

假设世界投入产出表中存在 $M$ 个国家和 $N$ 个部门，$\mathbf{Y}$ 是 $MN \times 1$ 阶的最终需求矩阵，$\mathbf{Va}$ 是 $1 \times MN$ 阶的增加值矩阵，由投入产出表的性质可知：

$$\mathbf{Va}' = \hat{\mathbf{V}}\mathbf{BY}$$

将增加值进行分解可以得到国内最终消耗品中包含的国内增加值、体现在最终产品出口中的国内增加值及体现在中间产品进出口中的国内增加值：

$$\mathbf{Va}' = \hat{\mathbf{V}}\,\mathbf{BY} = \hat{\mathbf{V}}\,\mathbf{LY}^D + \hat{\mathbf{V}}\,\mathbf{LY}^F + \hat{\mathbf{V}}\,\mathbf{LA}^F\mathbf{BY}$$

其中，$\hat{\mathbf{V}}$ 是增加值系数（对角）矩阵，$\mathbf{B}$ 是里昂惕夫逆矩阵，$\mathbf{A}$ 为直接消耗系数矩阵，$\mathbf{Y}^D$ 和 $\mathbf{Y}^F$ 分别为国内和国外的最终需求矩阵，$\mathbf{L}$ 为国内的里昂惕夫逆矩阵。

首先，计算出特定生产链条中直接或间接体现在 $r$ 国部门 $i$ 最终产品中的 $s$ 国 $j$ 部门增加值的总和：

$$VY\_GVC = \hat{V} A^F Y + \hat{V} A^D A^F Y + \hat{V} A^F AY + \hat{V} A^D A^D A^F Y + \hat{V} A^D A^F AY$$
$$+ \cdots = \hat{V} LA^F BY$$

其次，将每个阶段的长度作为权重，对该生产链条上的由初始增加值引起的国际总产出的数量加总，得到：

$$Xi\_GVC = = \hat{V} A^F Y + \hat{V} A^D A^F Y + 2\hat{V} A^F AY + \cdots = \hat{V} LA^F BBY$$

最后，全球价值链长度可以表示为 $r$ 国 $i$ 部门引起的沿生产链累积的国际总产出与 $r$ 国部门 $i$ 对 $s$ 国部门 $j$ 最终产品所贡献的增加值的比值：

$$plv\_gvc = \frac{Xi\_GVC}{VY\_GVC} = \frac{\hat{V} LA^F BBY}{\hat{V} LA^F BY}$$

### （二）全球价值链演进水平分析

根据世界银行的划分标准，将样本划分为低收入国家、中等收入国家和高收入国家，考察不同收入水平的国家全球价值链演进水平的差异。高收入国家的价值链长度由 2008 年的 4.532 下降到 2018 年的 3.752，下降趋势明显。中等收入国家的价值链长度由 2008 年的 4.109 增长到 2018 年的 5.227，从 2012 年开始中等收入国家的价值链长度超过高收入国家。低收入国家的价值链长度由 2008 年的 3.878 增长到 2018 年的 4.479，从 2015 年开始低收入国家的价值链长度超过高收入国家（如图 1-14 所示）。

按照地理位置把世界上的主要国家分为亚洲、北美、欧洲和其他四个板块，考察不同地区价值链长度的变化趋势。北美地区的价值链长度由 2008 年的 4.581 下降到 2018 年的 3.934。欧洲地区的价值链长度由 2008 年的 4.236 下降到 2018 年的 3.741。亚洲地区的价值链长度由 2008 年的 4.051 增长到 2018 年的 5.285。其他地区的价值链长度由 2008 年的 3.982 增长到 2018 年的 4.363。总体来看，发达国家的价值链长度呈下降趋势，发展中国家和地区的价值链长度呈上升趋势，这一趋势的出现可能与制造业从发达国家向发展中国家的转移相关。

在此按照国家的综合实力选取了澳大利亚、法国、德国、日本、英国、

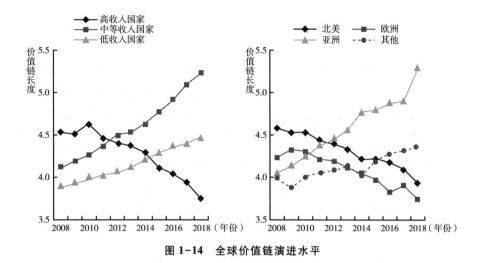

图 1-14　全球价值链演进水平

美国、中国、巴西、印度和俄罗斯十个国家，并分别从三次行业中选取具有代表性的行业进行"国家—行业"层面的分析。

　　分行业来看，农林牧渔业中，日本具有精细、多元化发展特点，印度和巴西则具有资源和区位优势，它们的全球价值链长度较长。矿采选服务业中，印度、巴西和俄罗斯均具有丰富矿产资源，全球价值链长度较长。在具有劳动密集属性的纺织品、服装、皮革及相关产品制造业中，中国、日本和印度的全球价值链长度较长。在具有资本密集属性的基本金属制造业中，日本、美国和俄罗斯的全球价值链长度较长。在具有知识密集属性的计算机、电子及光学产品制造业中，中国、巴西和俄罗斯的全球价值链长度较长。在服务业领域，中国在批发零售及维修业中的全球价值链长度较长，而印度在通信业中以及俄罗斯在教育业中全球价值链长度较长。

表 1-11　2018 年主要国家主要行业的价值链长度

| 行业 | 澳大利亚 | 法国 | 德国 | 日本 | 英国 | 美国 | 中国 | 巴西 | 印度 | 俄罗斯 |
|---|---|---|---|---|---|---|---|---|---|---|
| D01T03 | 3.459 | 3.447 | 3.640 | 4.777 | 3.425 | 3.538 | 3.502 | 3.688 | 3.939 | 3.475 |
| D09 | 3.703 | 3.883 | 3.764 | 4.474 | 3.765 | 4.442 | 4.315 | 5.325 | 5.401 | 4.924 |
| D13T15 | 3.115 | 3.200 | 3.122 | 3.835 | 3.173 | 3.228 | 4.672 | 3.741 | 3.755 | 3.389 |
| D24 | 3.735 | 3.715 | 3.883 | 4.318 | 3.823 | 4.038 | 3.981 | 3.680 | 3.643 | 3.987 |
| D26 | 3.395 | 3.108 | 3.242 | 3.402 | 3.478 | 3.363 | 4.336 | 4.111 | 3.366 | 4.034 |

续表

| 行业 | 澳大利亚 | 法国 | 德国 | 日本 | 英国 | 美国 | 中国 | 巴西 | 印度 | 俄罗斯 |
|------|----------|------|------|------|------|------|------|------|------|--------|
| D45T47 | 3.669 | 3.644 | 3.711 | 4.078 | 3.712 | 3.757 | 4.255 | 4.186 | 4.191 | 4.043 |
| D61 | 3.866 | 4.596 | 4.885 | 4.447 | 4.283 | 4.362 | 5.104 | 4.928 | 5.128 | 4.564 |
| D85 | 4.135 | 4.719 | 4.717 | 4.296 | 4.806 | 4.269 | 4.031 | 5.224 | 5.170 | 5.359 |

注：农林牧渔业用 D01T03 表示，矿采选服务业用 D09 表示，纺织品、服装、皮革及相关产品制造业用 D13T15 表示，基本金属制造业用 D24 表示，计算机、电子及光学产品制造业用 D26 表示，批发零售及维修业用 D45T47 表示，通信用 D61 表示，教育用 D85 表示。

## 第三节　主要结论

本章梳理了国内外数字经济发展历程，对国内外数字经济发展水平进行测度分析，并从农业高质量发展、制造业高质量发展、制造业韧性、商贸流通业高质量发展以及服务业高质量发展角度对中国各产业高质量发展现状进行分析，并基于价值链视角，考察国内价值链循环和全球价值链演进情况。

第一，全球数字经济经历信息经济、网络经济、平台经济、智能经济这些不同阶段的不同表现形态。国内数字经济发展则经历了技术孕育阶段、爆发增长阶段和融合协同阶段。

第二，从数字基础设施、数字创新环境、数字竞争力和数字应用四个维度构建指标体系测算 61 个国家 2008~2018 年数字经济发展水平。全球数字经济发展水平整体呈现上升趋势，且高收入国家和欧洲国家数字经济发展水平更高。从数字基础设施、数字产业化、产业数字化、数字发展环境、数字应用五个维度测算中国 30 个省区市 2012~2021 年数字经济发展水平，我国总体数字经济发展指数从 2012 年的 0.192 增长到 2021 年的 0.312，高收入省份和东部地区数字经济发展水平更高。

第三，从农业高质量发展来看，我国农业高质量发展水平不断提升，整体呈现东部>中部>西部>东北的区域发展特征。从制造业高质量发展来看，制造业高质量发展水平整体呈波动增长的趋势，且区域间呈现较大的发展差距，东部地区制造业高质量发展水平远高于其他地区。从制造业韧性来看，我国制造业韧性指数由 2010 年的 0.415 上升到 2021 年的 0.445，其中革新力和恢复力指数呈现波动上升的发展趋势，但抵抗力指数在 2015 年后有所降低。从商贸流通业高质量发展来看，2014~2020 年，商贸流通业高质量发展水平稳步提升，各区域呈现东部>中部>东北>西部的发展态势。从服务业高质量发展来看，中国服务业高质量发展水平整体呈现先提升再降低的倒 U 形的变化趋势，但开放程度和经济效益指数有所提升。从国内价值链循环发展来看，我国国内价值链循环发展水平不断提升，展现明显的内需化趋势。第一产业和第三产业国内价值链循环发展水平相对较高，第二产业国内价值链循环发展水平较低。从全球价值链演进来看，高收入国家全球价值链长度有所缩短，但中等收入和低收入国家全球价值链长度不断增长。从地理区位来看，北美和欧洲的全球价值链长度不断减短，但相反亚洲及其他地区则不断增长。

# 第二章　数字经济赋能农业高质量发展

　　党的二十大报告明确指出：实现高质量发展是中国式现代化的本质要求；农村农业要优先发展，加快建设农业强国。农业高质量发展对于国家、社会及经济等多个层面都具有深远的意义。农业高质量发展的首要目标是保障国家粮食安全，通过提升农业生产效率和质量，确保粮食生产稳定和充足。农业高质量发展可以增强农产品多样化供给，满足人民日益增长的食品需求，为国家经济发展奠定坚实的物质基础。农业高质量发展通过优化农业生产结构、提高农产品附加值等手段，直接增加农民收入，提高农村居民生活水平。农业高质量发展促进了农村经济的繁荣，为农村地区提供了更多的就业机会和创业机会，有助于缩小城乡差距。农业高质量发展注重提升农产品的品质、实现农产品的安全和绿色生产，满足消费者对高质量农产品的需求。数字经济对农业高质量发展的赋能作用显著，数字经济推动农业生产的智能化和信息化，使传统农业从依赖经验的生产方式向数据驱动的生产方式转变。重塑农产品供应链和价值链，实现了从产地到消费者的直接联系，促进农产品的快速流通，提高农产品的附加值和市场竞争力。数字技术与农业生产的深度融合，还会推动农业科技创新和产业升级。可见，利用数字技术赋能"三农"，提升农业数字化水平，发展智慧农业，是实现农业高质量发展的重要路径。

# 第一节　数字经济赋能农业高质量发展的文献综述

## 一　农业高质量发展的内涵界定

深入理解农业高质量发展的内涵，是推动农业高质量发展的重要前提。赵剑波等（2019）认为高质量的发展是以民生为导向，通过提供高质量的产品与服务，以及公平正义的社会环境与基本条件，满足人们多层次的需求。张涛（2020）从质量的定义出发，结合人的需要与质量含义之间的联系，认为高质量的发展的内涵不仅包括经济领域，还应该涵盖政治、文化、生态等多个领域，它是一个动态发展的过程。李金昌等（2019）将这种动态性解释为人民美好生活的需要与不平衡不充分发展之间的矛盾，并指出应当紧扣这两个方面实现高质量发展。张露和罗必良（2020）提出由于经济发展与需求结构的转变，农业高质量发展的内涵进一步延伸为生态、康养、人文与社会四大功能，并指出农业高质量发展的本质在于土地生产率的提升、劳动生产率的增加、资源环境的保护和农业功能的拓展，从而将农业高质量发展的内涵进一步深化。

从农业高质量发展的含义与范畴来看，虽表述各异，但产品质量高、产业效益好、农民素质高、可持续发展能力强等方面受到普遍认同。高质量发展阶段的农业生产经营，具体包括高标准要求的农产品、高生产效益的农业产业、高效完备的生产经营体系和高水平的国际竞争力（钟钰，2018）。农业高质量发展主要表现为产业体系完备、市场竞争力增强、资源配置趋优、产能结构合理、各类主体活力十足（张务锋，2018）。从农业高质量发展面临的困难来看，产业融合不够、资源要素趋紧、现代科技水平和农民文化素质不高以及不完全的绿色可持续发展等是主要问题（潘建成，2018）。从推进农业高质量发展的思路和建议来看，宋洪远（2018）指出农业高质量发展的基本路径为绿色化、优质化、特色化和品牌化，推进产业融合、严格生产管控、加强执法监管、实施品牌战略、加强农业与科技的结合、培育新型职业农民等是重要方向和措施。寇建平（2018）认为要对农产品产地的环境质量进行把关和管控，同时要对农产品全产业链的生产过程进行规范化、标准化，对产生的废弃物进行回收加工、二次利用，加强生产经营全程监管，推动农业高质量发展。夏显力等（2019）结合农业发展的整体过程界定农业高质量发展内涵，认为农业的高质量发展应该是包含产业体系、生产体系和经营体系三个方面的有机整体，农业高质量发展的关键在于以五大发展理念、农业供给侧结构性改革以及农业兴旺为基础，推动农业科技创新。

## 二 数字经济对农业高质量发展的影响

数字经济对农业高质量发展的推动作用是多方位的，涉及农业升级、农村进步和农民发展（温涛和陈一明，2020），表现为农业生产数字化、乡村治理数字化以及居民生活数字化（唐文浩，2022）。第一，数字经济会促进农业生产向数字化方向转型，这将有效节约农业生产成本、提高农业生产效率、优化农业生产结构，全面提高农业供给质量，实现农业供需高水平动态平衡（刘元胜，2020；梁琳，2022）。第二，数字经济以实现数据信息资源的城乡共享为突破口，弱化城乡二元结构壁垒，优化城乡资源配置，为农业农村发展注入持久动力（齐文浩和张越杰，2021）。第三，数字经济的发展开启了农村"互联网+"时代，催生了农村电商直播、乡村旅游等新业态，有效增加了农民收入（宋敏和刘欣雨，2023；尚杰和陈玺名，2022）。随着乡村数字治理能力的提升和家庭收入的提高，农民的社会阶层认同感与日俱增（彭艳玲等，2022）。从实证研究来看，现有研究均采用构建农业高质量发展综合评价体系和数字经济发展综合评价体系来测算农业高质量发展指数和数字经济发展指数，并实证验证数字经济对农业高质量发展的推动作用（李明贤和贺佳斌，2023；吴友群等，2022a）。此外，也有学者从微观视角探讨数字经济对农业发展的影响，肯定了数字金融发展、数字生产经营对农业发展的积极作用（连俊华，2022；王月和程景民，2021）。

数字经济对农业高质量发展的作用机制选择方面。一是交易成本机制，即认为以数据要素为核心的数字经济能够提高农业资源供求信息的匹配精准度，降低要素市场的搜寻、传递、验证等交易成本，提高农业资本、劳动和土地等要素的配置效率，从而促进农民增收和农业全要素生产率提高（华中昱等，2022；朱秋博等，2019）。二是要素结构机制，即认为数据要素加入农业生产过程实现了传统农业资源要素的数字化，同时也逐渐形成了以农业信息流牵引其他农业要素流的现代农业资源要素投入结构和配置模式（陈国军和王国恩，2023），能够实现农业资源要素的合理配置和高效利用，从而为农业高质量发展注入强大内生动力（曾亿武等，2021）。三是产业结构机制，即认为乡村数字化变革有助于加快生产经验、操作技术、发展模式以及市场需求等农业信息在乡村传播（金绍荣和任赞杰，2022），促进农业向加工制造业和服务业延伸，形成种养、农产品精深加工和农业社会化服务融合发展的乡村产业格局，从而实现乡村分散的土地、资金和人才等资源的全面整合与优化配置，助力农业高质量发展（钟真等，2021）。

## 第二节　数字经济赋能农业高质量发展的理论分析

### 一　数字经济赋能农业高质量发展

数字经济作为一种新兴的经济形态，依靠数字技术推动了物联网革命，实现了人与人、人与物以及物与物之间的互联互通，从而有利于推动农业高质量发展。农村人力资本是农业实现高质量发展的基础。无论是从生产到销售的各环节，还是技术创新、设备升级，都离不开人力资本的劳动贡献和智力贡献。然而，受我国经济整体发展的水平与不均衡性限制，大量农村劳动力外出务工，导致农村人力资本不足，生产供应销售链薄弱，居留于农村的农民收入水平低，农业现代化进程缓慢。长期以来，我国农村人力资本短缺问题迟迟未得到有效解决。随着数字经济的发展，我国有望在这个问题上取得实质性突破。依托于数字信息技术和数字平台，数字经济将打破地理空间上的限制，缓解农村对劳动力的需求问题。具体来讲，数字经济可以通过信息传输、数据匹配等加强不同主体之间的联结。通过农村电商、直播平台、社交软件等促进外出务工人员、直播带货主播与乡村企业家之间的合作，推动普通小农生产者与消费市场直接对接，快速而便捷地实现供需双方的信息交换，省去传统对接过程的诸多中间环节，重构生产供应链，释放冗余环节所对应的低技能人力资本。

数字技术在农业中的应用可以直接提升农业智能化与现代化水平，减少劳动力需求，提高劳动者素质，推动人力资本由量的增加转向质的提升。农业生产技术是实现农业高质量发展的关键与核心，决定着农业现代化进程与农业生产绿色化水平。随着数字云图、大数据、区块链等新型数字技术与现代生产技术的融合，自动化灌溉技术、机器人驱虫技术、土壤检测技术等农业人工智能生产技术应运而生，这些技术的应用能极大地提高农业生产效率和产品品质，推动精准农业模式的发展，为生产者、管理者决策提供客观而准确的数据信息。对消费市场的数据分析有助于农业生产的动态调整，更好地满足多元化的产品需求和生产需要。农业生产过程中对化肥、农药、农膜的使用以及对农机燃料的消耗会造成大量的碳排放，对气候环境产生不良影响，而大数据和智慧农业技术的应用有助于因地制宜地分析农作物生长条件、调整管理方式、进行科学合理布局，最大限度地减少对相关物资的使用、缓解生产与环境之间的矛盾、推动农业生产的绿色化。乡村治理是农业高质量发展的保障，良好的制度环境有利于调动居民的积极性和主动性，保护辖区内居民和企业的人身和财产安全。数字信息技术的应用能为乡镇政府与居民沟通创造良好条件，扩展疏通政府与群众沟通渠道，增强政策措施的精准性，促进多部门协同管理。构建农村云系统有助于及时获取相关信息，降低政务服务成本，推动政务管理由静态被动管理向动态主动服务转变，防范化解农村产业可能出现的重大风险。

数字经济可以凭借信息科技手段促进农业生产提质增效。或者说，数字经济可以突破技术与空间上的限制从而促进农业产业结构转型升级。首先，数字经济能够推动农业经营主体与商业应用模式的转型升级。在数字经济背景下，现代物流技术、现代仓储技术随着数字信息技术一同快速发展，消费者足不出户即可完成线上交易，经营方只需对照商品清单推动完成商品出库—运输—送达的整个过程，即可基本实现商品销售。网络营销模式凭借简单便捷的优势，正在逐步替代钱货两清的传统交易模式，成为当前商品销售的主要方式。随着网络营销模式的普及，为了更好地适应市场变化、满足消费者的多元化需求，农产品电商、直播带货、乡村购物平台等一系列新型营销方式和经营主体应运而生。

其次，数字经济能够推动农业内部结构的转型升级。发展数字经济有助于打破传统种植业、养殖业、旅游业、乡村文化产业等之间的割裂状态。借助大数据信息技术挖掘分析不同产业、不同产品的特点及其相互联系，并通过融合创新打造全新农业产业链：一方面，可以提高原有产品价值，带动冷门产品的销售，促进冷门产业的发展；另一方面，可以促进农村多行业协调与融合发展，推进农业供给侧结构性改革（郭东杰等，2022）。

最后，数字经济能够推动农业外部结构的转型升级。这主要表现为，数字经济能够增强农业与第二、第三产业间的关联。数字信息技术的应用有助于推动企业合作，缓解信息不对称问题，提高农产品原料供给企业、加工企业与销售企业的匹配程度与合作概率，促进农产品产供销一体化。依托数字经济平台，农业与服务业之间的联系将变得愈加紧密，即第三产业的商业模式可被应用于农业领域。比如，乡村文化的传输、特色景观的展现以及与农业生产相关的咨询服务、育种服务等均能从线下转到线上，从区域性服务转向全国性服务。

## 二　数字经济对农业高质量发展的影响机制

### （一）创新发展

生产力是经济社会发展的决定力量，而农业生产力在整个社会生产力中具有基础作用，它不仅决定农业的生产方式和生产关系，而且决定农业发展的动能。当前社会的显著特征是物质世界数字化、信息化趋势日益显现，数据流动性日益增强，社会发展的政治、经济、商业等许多领域都在很大程度上以数据信息的获取、加工、传递和分配为重要基础，大量数据通过互联网等各种方式被生产出来，并且作为新的生产要素再度进入生产过程被加工、使用。与传统生产要素不同，数据具有非竞争性、非排他性以及低成本复制等特点，不仅能够被不同主体同时使用而不发生任何损耗，还能够促进各类要素有效结合，产生新的生产函数关系，对提高生产效率具有乘数作用（钟真和刘育权，2021）。数据要素提高了知识生产效率，有助于释放"数字生产力"。这种"数字生产力"的本质是数字技术等智能性要素附着或渗透于实体性要素，通过改善实体性要素的内在品质以实现对生产力的创新，产生"1+1>2"的效果。数字技术为传统农业生产注入数字、信息和知识等现代生产要素后，农业劳动对象、劳动资料和劳动者三个实体性要素发生根本变化，从具有一定数字技术专业知识和生产运营能力的农业劳动者，到以数字化生产工具为主的劳动资料以及引入生产过程的劳动对象的数字化应用，都为农业创新发展注入新的活力。因此，数字经济与传统农业的结合，提升农业劳动者技能、升级农业劳动资料、扩展农业劳动对象，使传统农业向现代农业转型从而实现高质量发展。

（二）智能装备

数字经济能够通过智能化生产提高农业生产效率，为产业融合发展创造机会。第一，数字经济使农业生产设备越来越智能化，农业生产的机械化也不再局限于耕种收等环节，繁杂的农业管理逐渐走向无人化、信息化、智能化，农业生产更加科学化和规范化，农业生产效率也将得到有效提高。以人工智能机器人在农业领域的应用为例，根据联合国粮食及农业组织发布的《2022年粮食及农业状况》，智能农业装备对缓解劳动力紧张问题、增强农业生产韧性、提升农业生产水平、改进产品质量、提高资源使用效率、增强环境可持续性等具有重要作用。通过机械智能化操作，可以有效提高农业生产率和作业质量，减小劳动作业强度，节省人力成本。第二，数字经济通过更好实现机器替代人进行农业生产，可以让农民拥有更多时间从事农业以外的经济活动，或者以农业为依托发掘新业态，由农业多功能而产生的价值增值将在农民的经营下得到实现。例如，观光农业、会展农业、康养农业等农业新业态，通过融合第一产业和第三产业，紧扣日益增长的新需求，将农业农村所蕴含的旅游、生态、养生等价值充分开发，既可以实现高质量农产品的供给，又可以为农村在民宿、餐饮等方面的发展创造条件；农民不仅可以实现高质高价农产品的销售，还可以在民宿、餐饮等方面获得可观收入。

### （三）资源配置效率

资源配置理论认为在资源稀缺条件下实现资源优化配置是促进经济发展的根本路径。而数字经济的本质就在于信息化经济，即通过信息化形成融合的经济，这种融合能够将产品和生产要素资源的供给与需求进行精准匹配从而将有限资源配置到最有经济效率的行业或领域。数字经济向农业生产领域全面渗透，在供给端运用数字农业运营管理系统改造传统种养业，在需求端扩大农产品市场营销规模从而助力农产品规模化生产与销售，并使数据作为关键生产原料推动农产品加工企业运营规模扩张。现代种养业与农产品加工业的持续繁荣一方面能够直接提高农产品资源配置效率，另一方面将推进农业产业链向农业体验、观光与休闲等乡村旅游延伸，以乡村产业为依托带动城市资本"下乡"和农村劳动力就近非农转移，实现资本与劳动力的优化配置。当前，传统农业资源要素与大数据、人工智能等现代农业资源要素匹配度较低导致我国农业资源配置扭曲，造成农业生产基础薄弱和科技支撑能力不强，在一定程度上限制了农业高质量发展。乡村数字化发展不仅能够打破农业信息壁垒，依托互联网平台促进土地、资本、劳动等农业生产要素的供求信息实现精准匹配，降低要素市场上交易双方的信息搜寻、传递、校验等交易成本，充分发掘农业生产经营主体在融资和优质劳动力需求上的长尾市场，拓展农业生产要素配置的时空范围；而且能够将农产品的生产者与消费者直接联系起来，并借助现代冷链物流破解农产品供需匹配难、交易成本高以及运输损耗大等难题，扩大农产品配置的空间范围，提高农业资源要素的配置效率。资源优化配置能够实现产品与要素资源供求精准对接，从生产与消费两端发力，优化生产结构，提升生产效率与经济效益，从而促进农业高质量发展。

## 第三节　数字经济赋能农业高质量发展的研究设计

### 一　模型设定

根据上文所述，为了探究数字经济对农业高质量发展的影响，本节设定如下计量模型：

$$Agrq_{it} = \alpha_1 + \beta_1 Dig_{it} + \delta_1 X_{it} + \tau_i + \varphi_t + \omega_{it}$$

其中，$Agrq_{it}$ 表示 $i$ 地区 $t$ 年的农业高质量发展水平；$Dig_{it}$ 表示 $i$ 地区 $t$ 年的数字经济发展水平；$\alpha_1$、$\beta_1$ 与 $\delta_1$ 为待估计系数；$\tau_i$ 为地区固定效应，$\varphi_t$ 为年份固定效应，$\omega_{it}$ 为随机误差项。为了进一步研究数字经济赋能农业高质量发展的路径，参考诸竹君等（2022）的研究，构造模型：

$$M = \alpha_2 + \beta_2 Dig_{it} + \delta_2 X_{it} + \tau_i + \varphi_t + \omega_{it}$$

$$Agrq_{it} = \alpha_3 + \eta_1 M + \delta_3 X_{it} + \tau_i + \varphi_t + \omega_{it}$$

其中，$M$ 表示机制变量，包括技术创新水平、智能装备水平、资源配置效率，$\beta_2$、$\eta_1$ 为待估计系数。

### 二　变量选取

#### （一）被解释变量

农业高质量发展水平（$Agrq$）。从动力变革、效率变革与质量变革三个方面构建农业高质量发展水平指标体系（如表 1-5 所示），并运用熵权法对 2013~2021 年中国 185 个地级及以上城市的农业高质量发展水平进行了测度。

在确定指标权重方面，主要包括以下步骤。第一步：对变量进行标准化处理，以消除量纲和计量单位的影响。正向指标的标准化公式为：

$$x'_{jt} = (x_{jt} - \min x_j) / (\max x_j - \min x_j)$$

负向指标的标准化公式为：

$$x'_{jt} = (\max x_j - x_{jt})/(\max x_j - \min x_j)$$

其中，$x'_{jt}$为标准化后的指标值（$j = 1, 2, \cdots, n$；$t = 1, 2, \cdots, m$），$\max x_j$为第$j$项指标在所有年份中的最大值，$\min x_j$为第$j$项指标在所有年份中的最小值。

第二步：确定权重。首先，计算第$t$年第$j$项指标所占的比重：

$$w_{jt} = x'_{jt}/\sum_{t=1}^{m} x'_{jt}$$

其次，计算指标的信息熵：

$$e_j = -\frac{1}{\ln m}\sum_{t=1}^{m}(w_{jt} \times \ln w_{jt})$$

再次，计算信息熵冗余度：

$$d_j = 1 - e_j$$

最后，计算指标权重：

$$\xi_j = d_j/\sum_{t=1}^{m} d_j$$

第三步：计算综合指数。基于标准化后的指标值$x'_{jt}$和指标权重$\xi_j$，通过加权求和计算出农业高质量发展水平（对于数字经济发展水平，方法类同）：

$$Agrq_t = \sum_{j=1}^{n}(\xi_j \times x'_{jt})$$

（二）核心解释变量

数字经济发展水平（$Dig$）。目前，对于数字经济发展水平测算没有统一认可的标准，为了全面评价城市的数字经济发展水平，并保证指标体系构建的科学性、完整性以及数据的可获得性，本节参考王军等（2021）的做法，从数字产业化、产业数字化以及数字经济发展环境三个方面构建评价指标体系，对城市数字经济发展水平进行测度。具体来看，数字产业化包括电信业务量、邮政业务量、信息技术产业状况以及数字技术从业人员；产业数字化包括快递业务数量、企业数字化应用以及数字普惠金融指数；数字经济发展环境包括资金支持、人才支持、制度环境、互联网普及率以及移动互联网用户数（如表 2-1 所示）。综上所述，此处构建的数字经济发展水平指标体系中包含 12 个三级指标。进一步采用熵权法计算出指标的权重，最终得到 185 个城市的数字经济发展水平。

表 2-1　数字经济发展水平指标体系

| 一级指标 | 二级指标 | 三级指标 | 指标说明 |
| --- | --- | --- | --- |
| 数字经济发展水平 | 数字产业化 | 电信业务量 | 电信业务收入 |
| | | 邮政业务量 | 邮政业务收入 |
| | | 信息技术产业状况 | 新注册的信息传输、软件和信息技术服务业企业 |
| | | 数字技术从业人员 | 计算机和软件从业人员占城镇就业人员的比重 |
| | 产业数字化 | 快递业务数量 | 快递量 |
| | | 企业数字化应用 | 有 App 的企业 |
| | | 数字普惠金融指数 | 北京大学数字普惠金融指数 |
| | 数字经济发展环境 | 资金支持 | 科学技术支出占公共预算支出的比重 |
| | | 人才支持 | 普通高等学校数 |
| | | 制度环境 | 政府工作报告创新、创业、技术词频 |
| | | 互联网普及率 | 每百人互联网宽带用户数 |
| | | 移动互联网用户数 | 每百人移动电话用户数 |

（三）控制变量

为了防止其他因素对农业高质量发展水平产生影响，造成回归结果的不准确，对之进行控制。参考杨军鸽和王琴梅（2023）、陈涵等（2024）、易恩文等（2023）、姚毓春和李冰（2023）的研究，选取如下控制变量：（1）农村人力资本情况（$edu$），采用农村居民平均受教育年限表示；（2）城镇化率（$urb$），采用城镇年末人口与地区年末人口比值表示；（3）科技研发水平（$sci$），采用地区科技支出占政府支出比重表示；（4）种植结构（$gra$），采用粮食播种面积占总耕地面积比重表示；（5）政府规模（*gov*），采用政府财政支出占地区生产总值比重表示。

（四）机制变量

参考李本庆和岳宏志（2022）的做法，使用地区专利授权数表示技术创新水平（*inn*）。参考姚毓春和李冰（2023）的做法，使用每百人移动电话拥有量与农业机械化水平的交乘项来表示智能装备水平（*mac*）。市场扭曲是资源错配的主要原因，参考刘诚和夏杰长（2023）的做法，使用生产函数法测算各城市的要素市场扭曲程度（*dis*），并将之作为资源配置的代理变量。

## 三 数据说明

本章研究所用数据来自《中国城市统计年鉴》《中国环境统计年鉴》《中国农村统计年鉴》《中国固定资产投资统计年鉴》《中国农业机械工业年鉴》《全国农村经济情况统计资料》《中国农村经营管理统计年报》《中国教育统计年鉴》以及各省区市统计年鉴和阿里研究院网站。在考虑部分城市数据缺失比较严重而予以剔除以后，在1%的水平上进行缩尾，最终得到2013~2021年全国185个地级及以上城市、1665个"城市—年份"样本的平衡面板观测值。变量描述性统计结果如表2-2所示，农业高质量发展水平的均值为0.223，最大值为0.609，最小值为0.113，表明农业高质量发展水平在地区之间仍存在一定差距，这与刘忠宇和瓦卡斯（2021）的研究结果相似。数字经济发展的地区差距相比农业高质量发展更大；农村人力资本情况以及种植结构等方面也存在明显差异。

表 2-2 变量描述性统计

| 变量 | 样本量 | 均值 | 标准差 | 最小值 | 最大值 |
| --- | --- | --- | --- | --- | --- |
| 农业高质量发展水平（*Agrq*） | 1665 | 0.2231 | 0.0405 | 0.1126 | 0.6085 |
| 数字经济发展水平（*Dig*） | 1665 | 0.1462 | 0.0757 | 0.0481 | 1.1250 |
| 农村人力资本情况（*edu*） | 1665 | 2.2652 | 0.7463 | 0.4428 | 5.4039 |
| 城镇化率（*urb*） | 1665 | 0.5654 | 0.1424 | 0.0649 | 1.0000 |

| 变量 | 样本量 | 均值 | 标准差 | 最小值 | 最大值 |
|---|---|---|---|---|---|
| 科技研发水平($sci$) | 1665 | 0.0190 | 0.0189 | 0.0007 | 0.2068 |
| 种植结构($gra$) | 1665 | 0.6657 | 0.1741 | 0.0589 | 1.9238 |
| 政府规模($gov$) | 1665 | 0.1893 | 0.0809 | 0.0439 | 0.6068 |

## 第四节 数字经济赋能农业高质量发展的实证分析

### 一 基准回归分析

表 2-3 报告了数字经济赋能农业高质量发展的基准回归结果。其中，列（1）表示不加控制变量和城市-年份双重固定效应的条件下，数字经济对农业高质量发展的影响系数显著为正。列（2）表示加入城市-年份双重固定效应后，数字经济对农业高质量发展的影响系数依然为正，且仍在 1% 的水平上显著。列（3）表示在加入控制变量后，回归系数依然在 1% 的水平上显著为正，表明数字经济有利于农业高质量发展。同时，控制变量的回归结果中，农村人力资本状况与科技研发水平对农业高质量发展的影响系数也显著为正。随着国家的战略计划和相关政策对农村数字基础设施完善的推动，互联网、5G 基站等通用数字基础设施通过先进技术构建农业经济主体之间的信息共享系统，实现知识、技术数字化高效互换。如此，促进了工业与服务业领域的新知识、新技术在农业生产过程中的传播、推广与应用，从而激发了农业发展的内生动力，推动了农业高质量发展。

表 2-3 数字经济赋能农业高质量发展的基准回归结果

| 变量 | （1） | （2） | （3） |
|---|---|---|---|
| $Dig$ | 0.3961*** | 0.2295*** | 0.1496*** |
|  | （45.02） | （13.55） | （8.22） |
| $edu$ |  |  | 0.0028* |
|  |  |  | （1.75） |

续表

| 变量 | (1) | (2) | (3) |
|---|---|---|---|
| *urb* | | | -0.0002 *<br>(-1.91) |
| *sci* | | | 0.3234 ***<br>(7.67) |
| *gra* | | | -0.0153 ***<br>(-2.91) |
| *gov* | | | -0.0277 ***<br>(-2.80) |
| 常数项 | 0.1651 ***<br>(117.39) | 0.1892 ***<br>(76.67) | 0.2122 ***<br>(28.46) |
| 城市固定 | 未控制 | 控制 | 控制 |
| 年份固定 | 未控制 | 控制 | 控制 |
| 样本量 | 1665 | 1665 | 1557 |
| $R^2$ | 0.5490 | 0.9131 | 0.9227 |

注：***、** 和 * 表示在 1%、5% 和 10% 的水平上显著，括号内为 t 值；余表同。

## 二　稳健性与内生性检验

### （一）工具变量法

尽管本节使用双向固定效应控制误差项中不随时间和地区变化的因素，并引入部分指标作为控制变量，但影响农业高质量发展的因素较多，模型仍不可避免地存在遗漏变量问题，从而导致估计结果出现偏误。对此，可以运用面板工具变量法来处理可能存在的内生性问题。参考周清香和李仙娥（2022）的做法，采用各城市上一年全国互联网接入数与 1984 年各城市每百人电话机数量构造交乘项（*iv*）作为数字经济发展水平的工具变量。这种做法的合理性在于：一方面，作为数字技术核心的互联网是传统通信技术的延续发展，各地区历史积累的电信基础设施会为互联网发展奠定基础，满足相关性要求；另一方面，随着移动互联网的广泛使用，固定电话机等传统电信工具在农业发展过程中的作用微乎其微，满足外生性要求。表 2-4 中列

（1）汇报的第一阶段回归结果表明，工具变量对数字经济发展水平具有显著的正向影响，这意味着工具变量与数字经济发展水平在理论及统计上均满足相关性条件。列（2）中的第二阶段回归结果显示，在考虑了内生性问题之后，数字经济对农业高质量发展的赋能效应依旧显著。此外，不可识别检验和弱工具变量检验结果都表明此处所选工具变量是合理的。

表 2-4　数字经济赋能农业高质量发展的稳健性检验结果

| 变量 | 工具变量法 | | 剔除异常值 (3) |
|---|---|---|---|
| | （1）第一阶段 | （2）第二阶段 | |
| $iv$ | 0.0000*** (6.75) | | |
| $Dig$ | | 0.7548*** (5.99) | 0.1430*** (8.18) |
| Kleibergen-Paap rk LM 统计量 | 44.4380 | | |
| Kleibergen-Paap rk Wald F 统计量 | 45.5870 | | |
| 常数项 | 0.0727*** (4.12) | 0.1106*** (2.67) | 0.2074*** (29.55) |
| 控制变量 | 控制 | 控制 | 控制 |
| 城市固定 | 控制 | 控制 | 控制 |
| 年份固定 | 控制 | 控制 | 控制 |
| 样本量 | 1323 | 1323 | 1530 |
| $R^2$ | 0.8788 | | 0.9231 |

（二）剔除异常值

考虑到北京市、上海市、天津市、重庆市 4 个直辖市数字经济发展水平居全国前列，农业发展也具有一定的特殊性，并享有国家政策的倾斜和相当的自主权。因此，在此删除了 4 个直辖市样本，用剩余 181 个城市的面板数据重新进行回归，回归结果如表 2-4 中的列（3）所示。在删除 4 个直辖市数据后，数字经济对农业高质量发展的影响系数仍然在 1% 的水平上显著为正，表明数字经济对农业高质量发展的赋能效应依旧显著，本章的估计结果是稳健的。

### 三  异质性检验

#### （一）地区异质性

由于我国不同地区数字经济发展水平和农业发展水平存在差异，因而数字经济对不同地区农业高质量发展的影响可能存在差异。为了检验数字经济是否只对部分地区的农业高质量发展起到促进作用，使用国家统计局的分类方法将 30 个省份划分为东部、中部和西部三个区域，分别对不同区域数字经济对农业高质量发展的影响进行异质性分析，回归结果如表 2-5 所示。

表 2-5  数字经济赋能农业高质量发展的地区异质性检验结果

| 变量 | （1）东部 | （2）中部 | （3）西部 |
| --- | --- | --- | --- |
| $Dig$ | 0.2508 *** | 0.0707 *** | 0.1356 *** |
|  | （6.53） | （3.03） | （4.27） |
| 常数项 | 0.2672 *** | 0.1724 *** | 0.1948 *** |
|  | （16.13） | （11.95） | （20.19） |
| 控制变量 | 控制 | 控制 | 控制 |
| 城市固定 | 控制 | 控制 | 控制 |
| 年份固定 | 控制 | 控制 | 控制 |
| 样本量 | 576 | 468 | 378 |
| $R^2$ | 0.9233 | 0.9216 | 0.9247 |

结果表明，数字经济显著促进了东部、中部和西部地区的农业高质量发展，但不同区域之间数字经济发展对农业高质量发展的赋能效应大小存在差异。其中，东部地区的赋能效应最大，其次是西部地区，中部地区最小。主要由于，在数字经济发展过程中优越的市场环境、农户较高的数字素养和发达完善的交通基础设施等诸多有利条件为东部地区农业高质量发展提供了支撑。相对于东部地区，数字经济对中部地区农业高质量发展的赋能效应最小，可能的原因是：当前农业生产的数字化转型成本对于小农户来说仍然较高，农业机器人、生物传感器、物联网等数字设备在农业生产中应用普及率

不高，农户对农业大数据和互联网平台的应用还存在技术障碍。因此，中部地区数字经济对农业高质量发展的赋能效应较小。相对来说，虽然西部地区在基础设施、市场环境和区位条件等各方面条件均落后于中部，然而数字经济的空间溢出性、融合性和共享性能够有效减少农产品交易成本，减弱要素对距离的敏感性，提高要素配置效率。因此，数字经济的快速发展，在一定程度上拉平了不同地区发展资源的先天禀赋差异，补齐了西部地区农业发展的短板，推动了当地农业高质量发展。

（二）粮食产区异质性

由于各地区农业资源禀赋存在明显异质性，因此可以根据各地区农业发展特征考察数字经济赋能农业高质量发展的异质性[①]。由表2-6可知，数字经济有利于粮食主产区和主销区农业高质量发展，但数字经济对粮食产销平衡区农业高质量发展的影响并不显著。其经济学逻辑可能是：在粮食主产区，数字经济发展有利于构建农产品产业链大数据中心，能够为农业生产经营者提供农业经营管理相关信息，提升要素配置效率；粮食主销区多属于经济发达地区，数字经济时代，依托网络平台能够创新农产品的营销模式以提升流通效率，促进农业提质增效。

表2-6 数字经济赋能农业高质量发展的粮食产区异质性检验结果

| 变量 | （1）<br>主产区 | （2）<br>主销区 | （3）<br>产销平衡区 |
|---|---|---|---|
| Dig | 0.2288 ***<br>（10.09） | 0.2356 ***<br>（3.22） | -0.0174<br>（-0.93） |
| 常数项 | 0.2047 ***<br>（24.74） | 0.2740 ***<br>（8.35） | 0.2035 ***<br>（19.99） |

---

① 参考2001年的《国务院关于进一步深化粮食流通体制改革的意见》，依据各地区粮食产销特征以及资源禀赋差异，将30个省份划分为粮食主产区、主销区和产销平衡区三大农业功能区。其中，粮食主产区包括辽宁、吉林、黑龙江、河南、河北、湖南、湖北、江西、安徽、四川、江苏、内蒙古、山东；主销区包括北京、上海、天津、浙江、广东、福建、海南；产销平衡区包括广西、重庆、云南、贵州、山西、陕西、青海、甘肃、宁夏和新疆。

续表

| 变量 | （1）<br>主产区 | （2）<br>主销区 | （3）<br>产销平衡区 |
|---|---|---|---|
| 控制变量 | 控制 | 控制 | 控制 |
| 城市固定 | 控制 | 控制 | 控制 |
| 年份固定 | 控制 | 控制 | 控制 |
| 样本量 | 999 | 243 | 315 |
| $R^2$ | 0.9159 | 0.9094 | 0.9120 |

### （三）地理特征异质性

受地理特征制约，我国不同地区的数字经济和农业高质量发展水平存在区域不平衡现象，从而使得数字经济对农业高质量发展的影响存在地区差异性。基于此，参考封志明等（2011）根据地域特点进行的划分，检验数字经济对农业高质量发展的影响差异。如表 2-7 所示，低地形起伏度地区的数字经济对农业高质量发展有显著赋能效应，而高地形起伏度地区数字经济对农业高质量发展的赋能效应并不显著。可能是因为高地形起伏度地区的数字基础设施、市场环境和区位条件等均落后于低地形起伏度地区，在这些地区数字经济对农业高质量发展并未发挥显著的赋能效应。

表 2-7　数字经济赋能农业高质量发展的地理特征异质性检验结果

| 变量 | （1）<br>低地形起伏度 | （2）<br>高地形起伏度 |
|---|---|---|
| $Dig$ | 0.2424 ***<br>（9.58） | 0.0318<br>（1.55） |
| 常数项 | 0.2209 ***<br>（23.65） | 0.1942 ***<br>（18.62） |
| 控制变量 | 控制 | 控制 |
| 城市固定 | 控制 | 控制 |
| 年份固定 | 控制 | 控制 |
| 样本量 | 1197 | 351 |
| $R^2$ | 0.9243 | 0.9143 |

## 四　机制检验

根据上文实证结果，数字经济可以有效赋能农业高质量发展。同时，根据机制分析结果，数字经济主要通过推动创新发展、推广智能装备和提高资源配置效率三条路径来影响农业高质量发展。因此，此处借鉴诸竹君等（2022）的做法，对影响机制进行检验。

表 2-8 所示为数字经济赋能农业高质量发展的机制检验结果。从列（1）来看，数字经济发展水平的回归系数在 1% 的水平上显著为正，表明数字经济能够促进创新发展，这主要是因为数字经济作为新一代信息技术的代表，具有较强的渗透性和创造性特征，其应用与发展能够促进创新发展。从列（2）来看，技术创新水平的回归系数在 1% 的水平上显著为正，表明创新发展显著促进农业高质量发展。

表 2-8　数字经济赋能农业高质量发展的机制检验结果

| 变量 | （1）<br>inn | （2）<br>Agrq | （3）<br>mac | （4）<br>Agrq | （5）<br>dis | （6）<br>Agrq |
|---|---|---|---|---|---|---|
| Dig | 13.4211 ***<br>（10.49） | | 5.9043 ***<br>（4.04） | | 0.2767 ***<br>（2.97） | |
| inn | | 0.0064 ***<br>（18.90） | | | | |
| mac | | | | 0.0050 ***<br>（15.97） | | |
| dis | | | | | | 0.0303 ***<br>（5.65） |
| 常数项 | -2.6823 ***<br>（-5.12） | 0.2379 ***<br>（36.97） | 2.3045 ***<br>（3.85） | 0.2167 ***<br>（32.35） | 0.0306<br>（0.80） | 0.2302 ***<br>（32.10） |
| 城市固定 | 控制 | 控制 | 控制 | 控制 | 控制 | 控制 |
| 年份固定 | 控制 | 控制 | 控制 | 控制 | 控制 | 控制 |
| 控制变量 | 控制 | 控制 | 控制 | 控制 | 控制 | 控制 |
| 样本量 | 1557 | 1557 | 1557 | 1557 | 1548 | 1548 |
| $R^2$ | 0.7738 | 0.9357 | 0.9072 | 0.9316 | 0.8108 | 0.9206 |

由列（3）可知，数字经济发展水平对智能装备水平的影响系数在1%的水平上显著为正，表明数字经济有利于提升智能装备水平。由列（4）可知，智能装备水平对农业高质量发展的影响系数在1%的水平上显著为正，表明推广智能装备有利于促进农业高质量发展。

由列（5）可知，数字经济发展水平对资源配置效率的影响系数在1%的水平上显著为正，表明数字经济有利于提高资源配置效率。由列（6）可知，资源配置效率对农业高质量发展的影响系数在1%的水平上显著为正，即提高资源配置效率能够显著促进农业的高质量发展。

# 第五节　主要结论与对策建议

本章在理论分析了数字经济赋能农业高质量发展的基础上，基于2013~2021年中国185个城市的面板数据，实证检验数字经济对农业高质量发展的赋能效应及其机制。基准回归结果表明，数字经济能够显著赋能农业高质量发展，这一结论在考虑内生性和剔除异常值等稳健性和内生性检验后依然成立。异质性检验表明，数字经济对东部地区农业高质量发展的赋能效应相对较大，西部地区次之，中部地区相对较小；在粮食主产区与粮食主销区，数字经济显著赋能农业高质量发展，但对粮食产销平衡区的农业高质量发展的影响并不显著；数字经济显著赋能低地形起伏度地区农业高质量发展，但对高地形起伏度地区农业高质量发展的影响并不显著。影响机制方面，数字经济能够通过推动创新发展、推广智能装备和提高资源配置效率来赋能农业高质量发展。

根据上述研究结论，提出如下对策建议。第一，基于数字经济能够赋能农业高质量发展的结论，大力推进数字基础设施建设。完善数字基础设施有助于提高市场运行效率，推动地区现代化进程。要持续扩大乡村网络覆盖范围，增加对通信基站的投资，降低居民用网成本，保障可以更好地获得助农信息。数字信息平台在政务服务领域的广泛应用，有助于提高信息传递速度与交换效率，拓展政府与居民间沟通渠道，促使政府部门间加强信息交换与协同运作。

第二，加快研发适用于各地农业发展的数字信息技术，使数字信息技术能够全面深入渗透农业生产和经营的各个过程。通过政策引导科研机构、高等院校和农业企业开展数字农业生产设备的创新和研发，创新并熟化一批成本低廉、性能可靠、使用便捷的农业数字设备，提高农业机械化综合水平和农业科技创新水平。

第三，以数字平台为支撑加快推进城乡资源要素市场深度融合。统筹构建城乡一体化的数字基础设施体系、大数据共享体系与数字化的资源要素体系。各级政府既要通过加快农村宽带网络线路铺设、移动网络终端布局等举措，提升农民农村对数字网络的嵌入深度，利用数字技术推动农业向农产品加工业和乡村旅游业延伸、创新农村三次产业融合方式，也要通过大力开展农村职业教育和农民数字技能培训提高农民的数字素养与数字技能，还要加速发展农村数字普惠金融、农业咨询平台与农村电子商务和现代冷链物流等数字经济新业态。建立全国统一的资源要素市场是充分发挥数字经济助力农业高质量发展从而实现区域协调作用的强有力保障，因此必须破除部分地方政府的"地方本位"思想，不仅要在更广的地域范围吸纳更多主体共同参与数字空间建设，增强数字基础设施在城市间的协调性，还要通过共同建设全国统一的农业大数据平台、农村政务服务系统以及农村现代冷链物流等，增强城市之间农业信息与知识、涉农人才与资金等现代农业资源要素的互动交流，强化城市之间的农业发展联系，最大限度地实现区域间农业高质量协调发展。

第四，针对不同地区制定差异化实施方案。东部地区应充分利用自身在市场环境、数字基础设施、农业科技研发、农户数字素养等方面的有利条件，加快推动数字产业技术在农业产业发展中的应用场景开发和推广，促进农业科学技术创新与科研成果转化，加大对农户创新创业的支持力度，为中西部地区起到一个引领或者示范作用。中部地区要针对本地区具体情况，加大科研投入力度，研制开发实用性强、适应面广的数字农业系统，加快数字智能装备和技术在农业生产过程中的普及应用，在推动粮食产量和质量稳步提高的同时，推动农业与工业、物流、商贸、文旅等现代产业高位嫁接、渗透融合，通过农业生态产品价值转换实现农村居民收入增长和乡村产业振兴。西部地区要加快补齐数字乡村建设的基础要素短板，着力于建构和营造良好的数字生态环境。

# 第三章  数字经济赋能制造业高质量发展

党的二十大报告指出，坚持以推动高质量发展为主题，推动经济实现质的有效提升和量的合理增长。制造业是经济发展的根基，制造业高质量发展是深化供给侧结构性改革，促进我国产业迈向全球价值链中高端的必然要求。改革开放40多年来，制造业实现长足发展，2023年我国制造业增加值占全球的比重约为30%，规模以上制造业增加值同比增长4.6%，制造业规模连续14年居世界首位[①]，但我国制造业始终面临大而不强和创新能力弱等问题。《关于深化制造业与互联网融合发展的指导意见》《关于深化"互联网+先进制造业"发展工业互联网的指导意见》等相关文件均指出制造业要朝智能化与数字化方向发展，以提高国际竞争力，实现高质量发展。当前，中国经济进入新发展阶段，制造业能否实现由大到强的转变，关系经济高质量发展目标的实现与否。

近年来，随着新型基础设施建设提速，数字技术加快攻关，我国数字经济发展活跃。国家互联网信息办公室发布的《数字中国发展报告（2022年）》显示，2022年我国数字经济规模达50.2万亿元，占GDP的比重提升至41.5%，居世界第二，数字经济是推动经济增长的主要引擎之一。数字经济发展速度之快、辐射范围之广令人惊叹，它成为推动生产方式变革、

---

① 《全球制造业升级大竞争，中国"新三样"打头阵》，光明网，https://m.gmw.cn/2024-01/13/content_ 1303629949. htm，2024 年 1 月 13 日；《工信部：2023 年全年规模以上工业增加值同比增长 4.6%》，新浪网，https://finance.sina.com.cn/jjxw/2024 - 01 - 19/doc-inaczvhe0777480. shtml，2024 年 1 月 19 日。

改变全球竞争格局的关键力量。因此，以数据为要素、以网络为载体的数字经济可赋予传统产业新活力，为制造业利用数字技术实现高质量发展提供契机。在中国经济转向高质量发展的背景下，先进制造业和现代服务业融合发展已经成为增强制造业核心竞争力的重要途径。产业融合最重要的空间特征便是产业协同集聚。数字技术应用加深，产业边界逐渐模糊，产业间联系更加密切，生产性服务业与制造业协同集聚成为可能。生产性服务业与制造业协同集聚可促进制造业创新发展，提升制造业生产效率，破除价值链低端锁定，推动制造业高质量发展。

## 第一节　数字经济赋能制造业高质量发展的文献综述

### 一　制造业高质量发展

制造业高质量发展的测算可分为单一指标和多维指标。单一指标方面，陈昭和刘映曼（2019）认为全要素生产率综合性强、包含信息丰富，是评价发展质量的重要指标，因此选用企业全要素生产率衡量制造业企业发展质量。还有学者用制造业绿色全要素生产率和上市公司人均营业收入对数等测算微观主体制造业高质量发展水平（唐晓华和孙元君，2020；刘汶荣，2021）。多维指标方面，主要是结合制造业高质量发展内涵构建多维评价指标体系测算制造业高质量发展水平。大多数学者主要从制造业生产销售过程提质增效、创新能力增强等角度理解制造业高质量发展内涵（唐红祥等，2019；胡迟，2019）。江小国等（2019）以经济效益、技术创新、绿色发展、质量品牌、两化融合、高端发展为一级指标构建制造业综合指标体系。赵卿和曾海舰（2020）以政府文件中的制造业评价指标为基础，以经济效益、创新驱动、绿色发展为一级指标构建制造业综合评价指标体系。

部分研究还探讨了制造业高质量发展的影响因素。汪芳和石鑫（2022）以制造业行业为研究对象，从内部和外部两个角度分析影响制造业高质量发展的因素，研究发现高质量发展的积累效应、人力资本、要素禀赋、生产性服务业等均会对制造业发展产生影响。资本错配不仅会直接抑制制造业高质量发展，还会通过抑制自主创新间接影响制造业高质量发展，要推进要素市场化改革，激发制造业自主创新活力（张鑫宇和张明志，2022）。科技创新通过技术扩散效应、加速成果转化、创新激励效应影响制造业高质量发展，区域协同创新对制造业高质量发展也有促进作用（陈清萍，2020）。中国经济发展步入新常态，对生态环境愈加重视，绿色发展也成为高质量发展的内在要求，而高能耗高污染的制造业违背绿色发展理念。由于存在外部性问题，需要借助环境规制实现经济绿色发展目标，所以有学者研究环境规制与制造业发展的关系（杨仁发和郑媛媛，2020；余东华和燕玉婷，2022）。

## 二 数字经济与制造业高质量发展

数字经济与制造业高质量发展的相关研究主要集中在数字技术的某一方面对制造业发展的积极作用上。提高互联网普及率可以降低企业搜寻成本，有利于提升制造业企业分工水平，并且这种促进作用随着互联网普及率的提高而增强（施炳展和李建桐，2020）。以大数据、物联网等为基础的数字经济能推动制造业完善配套服务从而降低产业链交易成本（Pato and Freund，2016）。互联网通过制度创新与管理创新影响制造业创新能力，通过高效管理、供需匹配降低制造业生产成本，进而提高制造业生产效率（卢福财和徐远彬，2019）。"互联网+"促进制造业价值链攀升且存在空间溢出效应，能在边界内拉动周围地区制造业价值链攀升（石喜爱等，2018）。人工智能通过优化要素禀赋、提升人力资本促进制造业高质量发展，在这一过程中也需发挥金融支持的作用（谢伟丽等，2023）。也有学者围绕数字经济影响制造业高质量发展的作用机制展开有益探讨，相关文献研究发现，数字经济有利于释放居民消费潜力（周正和王博，2023）、培育企业家精神（余东华和王梅娟，2022）、培养人才与刺激技术创新（邓峰和任转转，2020），进而推动制造业高质量发展。

### 三 产业协同集聚

数字经济提升产业关联水平、重塑产业布局（姚常成和宋冬林，2023），并通过数据价值、数字技术、网络载体等赋能产业融合（王佳元，2022）。互联网对制造业空间布局的影响会随拥挤成本区间转移发生变化，当拥挤成本低于门槛值时，互联网对制造业集聚有促进作用（郭峰和陈凯，2020）。数字经济时代，生产性服务业倾向于在知识密集度更高的大城市集聚，且互联网能加强生产性服务业向大城市集聚的趋势（吴思栩和李杰伟，2024）。人工智能通过人力资本积累与技术溢出效应影响产业协同集聚，实现经济发展量的增长和质的提高（谭玉松等，2023）。数字经济使产业形态发生变革，经济主体突破地理限制，产业组织形态重塑，虚拟集聚呈现增长态势（赵放等，2024）。

已有研究显示，产业集聚对制造业发展的影响具有不确定性。生产性服务业集聚可以发挥规模经济效应和技术外溢效应从而优化制造业结构（韩峰和阳立高，2020）。制造业集聚与制造业生产效率之间是 U 形关系（陈阳和唐晓华，2019），而与技术创新水平之间是倒 U 形关系（原毅军和郭然，2018）。Ke 和 Yu（2014）发现制造业集聚在提升制造业生产效率的同时，抑制制造业技术进步。制造业与服务业融合推动服务业高端化发展，推动制造业高质量发展（李蕾和刘荣增，2022）。而在制造业集聚或者服务业集聚的过程中，会伴随着某些产业协同集聚（Ellison et al.，2010）。但是，现有文献主要研究数字经济与整体产业集聚的关系，以及整体产业集聚如何影响制造业发展，忽视产业协同集聚的重要性。

## 第二节 数字经济赋能制造业高质量发展的理论分析

制造业高质量发展是我国制造业实现由大到强转变的关键，关系经济高质量发展实现。制造业高质量发展需要依靠技术创新和产业升级，而数字经济可以颠覆传统生产模式、提升产业竞争力和全球价值链地位等，是推动我国制造业高质量发展的重要抓手。随着数字技术不断进步，数字经济对制造业高质量发展的作用日益凸显。因而，本节将从直接影响和间接影响两个维度阐述数字经济赋能制造业高质量发展的机理。

## 一　数字经济对制造业高质量发展的直接影响

数字经济凭借虚实结合、跨越时空、渗透性、网络化与共享性等基本特征，增加高端要素投入、促进产业创新发展、实现供需平衡，从而赋能制造业高质量发展。

数字经济增加高端要素投入。高端要素为产业链上游提供生产的新动力，是促进制造业高质量发展的必要条件。一方面，随着数字经济发展，市场竞争加剧、技术变革加速，传统制造业面临越来越多的挑战，制造业上游企业需要进行数字化转型。数字化转型以先进数字技术为依托，制造业上游企业投入大量资金用于购买、开发和应用数字技术，实现数字化、智能化和网络化生产，无形中扩大中高端要素投入规模，有利于上游企业提高生产效率、优化产品质量、降低生产成本、拓展市场份额。另一方面，信息、数据与数字技术是基于数字经济而产生的新型高端生产要素，具有共享性、低成本、可循环使用的特点，将之投入上游生产环节可突破传统要素供给稀缺性的约束，充分挖掘上游企业的生产潜力。制造业企业利用信息技术发现海量数据中隐藏的规律和趋势，从而更好地进行产品研发和设计，提出具有前瞻性和创新性的设计方案。新型高端要素还能与传统要素深度融合，产生融入效应与替代效应，改变制造业生产过程中的要素投入配比，引导人才、技术、资本等要素流向高效率部门，提高资源配置效率（韦庄禹，2022），减少资源浪费，促进制造业产业链上下游合理分工，助推产业链均衡发展。进一步，在制造业生产过程中增加高端要素投入能减少能源消耗与污染排放，达到绿色发展的目的，符合高质量发展内核。而且数字经济本身就是新型生产要素，具有低碳环保特点，高能耗制造业可以利用数字经济精准分析，既满足市场需求又控制产能（程文先和钱学锋，2021）。

数字经济促进产业创新发展。数字技术投入产业链研发环节，可节省研发成本、缩短研发周期、降低研发不确定性程度，改变传统创新模式，提高创新效率。数字经济强化知识溢出效应，促进产业链上下游企业合作创新，分摊研发成本，形成技术关联，促进技术成果在产业链间的交流传播，加速创新成果转化，锻造长板，形成强链，激发制造业创新活力。同时，数字经济加速资源整合，上下游企业实现创新资源互补，有助于突破技术研发瓶颈，补齐产业链创新短板，解决"卡脖子"问题。此外，数字技术不仅可以提供便捷的信息平台，有助于实时交互数据与信息，让企业及时捕捉科技前沿，明确研发方向，还能与传统产业融合催生新市场与新思想，为制造业产品创新与业态创新提供新思路，推动产业链现代化发展（刘和东和纪然，2023）。数字经济鼓励数据的共享和开放，不同企业和组织可以分享数据资源，进行数据融合和分析，挖掘数据价值，为制造业创新提供信息支持和决策参考。数字经济还为制造业提供开放式创新平台，供应商、客户、合作伙伴等主体通过在网络平台发表意见、提出反馈等方式参与制造业创新，延长制造业创新链（王丹等，2024）。

数字经济有利于供需平衡。数字技术能突破时空界限，迅速搜集与整合市场信息，抑制信息不对称，便于制造业与各方信息匹配，为供求双方双向互动创造有利条件。在产业链生产环节，可以利用5G、大数据、云计算、物联网等技术动态监测产业链供求信息，以节约上游生产企业的信息搜集成本，有效发挥价格机制对供需匹配的引导作用，制造业企业还能预测市场需求的未来发展趋势，及时调整生产计划，避免产能过剩。数字经济为制造业提供个性化定制产品的能力，实现小批量、多样化生产，满足市场差异化需求，减少库存压力，降低库存成本。此外，数字技术使产业链生产与管理模式更加透明（陈晓东和常皓亮，2023），降低产业链上各企业之间合作的风险，让制造业上下游企业协同发展成为可能，上游企业能直接对接下游企业，增强制造业整体的组织力与创新力。在产业链销售环节，消费者利用电商平台和社交媒体等主动了解和购买产品，产品信息也以各种软件为媒介渗透在消费者日常生活中，缩短消费者与生产者的信息距离，减少沟通和交易的中间环节，企业能及时收到消费者反馈并改进产品。另外，数字经济带给消费者多元化、个性化的购物选择和体验，促使消费者对产品多样化的需求更加强烈，消费需求升级将倒逼生产者加快产品创新和提升产品质量的步伐。

## 二 数字经济对制造业高质量发展的间接影响

除直接影响制造业高质量发展外，数字经济还为生产性服务业与制造业协同集聚创造条件，从而间接影响制造业高质量发展。

数字经济重塑生产性服务业与制造业空间布局。生产性服务业是从制造业内部独立发展起来为工业生产提供服务要素的行业，在制造业发展中发挥重要作用（Lodefalk，2014）。数字经济凭借强渗透性特点，促进生产性服务业与制造业协同集聚。第一，数字经济发展水平提高有利于推动投资增加从而吸引大量资金、技术与高素质人才，形成更加有利的区位条件，促进知识密集型产业向数字经济发展水平较高地区集聚（谭洪波，2013），为生产性服务业与制造业在空间上集聚创造条件。第二，要素重组、降低交易成本与技术创新等是冲破传统产业边界从而影响不同行业联系的关键（汪芳和潘毛毛，2015）。数字技术的应用优化产业间互动媒介，降低交流成本，便于知识、技术等要素流动，提高产业关联度，加强生产性服务业与制造业联系，从而促进生产性服务业与制造业协同集聚。第三，数字经济在推动智能制造与工业互联网发展的同时，也给制造业带来新的营销方式和销售渠道，使制造业企业需要高科技与智能化的生产设备和技术，更加依赖生产性服务业提供技术支持与服务，这种依赖性促成两者合作与融合。

产业协同集聚会影响制造业高质量发展。制造业高质量发展不仅依赖自身结构优化升级，还与生产性服务业提供的中间产品有关（陈建军和陈菁菁，2011）。第一，生产性服务业与制造业协同集聚加深两业合作，不仅有助于共享信息、交流经验、深化分工、减少资源错配、提高要素配置效率，还将各个生产环节紧密联系，形成完整的产业链条，强化规模经济的作用，提高产业链附加值，推动制造业价值链地位提升。协同集聚形成的范围经济效应与知识技术溢出效应可节约制造业生产成本并刺激制造业创新发展。第二，产业协同集聚使制造业可以更加便利地获得技术研发、物流配送、售后服务等各类服务资源，延伸制造业服务链条，增加服务环节投入，实现生产型向服务型转变，提升制造业竞争力以适应市场环境变化，推动制造业向中高端迈进。第三，产业协同集聚有利于产业集群形成，优化地区制造业发展的政策环境与市场环境，吸引优质资源进一步集中，促进地区生产性服务业和制造业繁荣发展。

## 第三节　数字经济赋能制造业高质量发展的研究设计

### 一　模型设定

根据上述分析，为了探究数字经济对制造业高质量发展的影响，构建基准回归模型：

$$\ln Y_{it} = \alpha_0 + \alpha_1 X_{it} + \alpha_2 Z_{it} + \mu_i + \lambda_t + \varepsilon_{it}$$

其中，$i$ 表示地区，$t$ 表示时间，$Y_{it}$ 表示地区制造业高质量发展水平，$X_{it}$ 表示地区数字经济发展水平，$Z_{it}$ 表示一系列控制变量，$u_i$ 表示地区固定效应，$\lambda_t$ 表示时间固定效应，$\varepsilon_{it}$ 表示随机扰动项。

在验证数字经济对制造业高质量发展影响的基础上，考察产业协同集聚发挥的机制作用。将信息传输、计算机服务和软件业，金融业，科学研究和技术服务业定义为高端生产性服务业；将批发和零售业，交通运输、仓储和邮政业，租赁和商务服务业定义为低端生产性服务业。[1] 计算两类生产性服务业与制造业的协同集聚水平，分别称为高端产业协同集聚和低端产业协同集聚，记为 $C_h$ 与 $C_1$。参考诸竹君等（2022）的机制检验方法，构建机制检验模型：

$$T_{it} = \beta_0 + \beta_1 X_{it} + \beta_2 Z_{it} + \mu_i + \lambda_t + \varepsilon_{it}$$

$$\ln Y_{it} = \varphi_0 + \varphi_1 T_{it} + \varphi_2 Z_{it} + \mu_i + \lambda_t + \varepsilon_{it}$$

---

[1] 关于生产性服务业的涵盖行业和分类，参考《生产性服务业统计分类（2019）》和已有研究。

其中，$T_{it}$ 为机制变量，具体为产业协同集聚、高端产业协同集聚、低端产业协同集聚，其余变量含义同基准回归模型。

构建门槛模型进一步厘清产业协同集聚的机制作用，选取产业协同集聚、高端产业协同集聚和低端产业协同集聚为门槛变量，探讨在不同产业协同集聚水平下数字经济对制造业高质量发展的赋能效应是否存在差异，设置如下单一门槛模型：

$$\ln Y_{it} = \delta_0 + \delta_1 X_{it} \times I(E_{it} \leq \eta) + \delta_2 X_{it} \times I(E_{it} > \eta) + \delta_3 Z_{it} + \mu_i + \lambda_t + \varepsilon_{it}$$

其中，$E$ 代表门槛变量，$\eta$ 为门槛值，$I（\cdot）$ 为根据不同门槛值进行分段的指示函数，其余变量含义同基准回归模型。

## 二 变量选取

### （一）被解释变量

构建制造业高质量发展水平指标体系（如表1-6所示），并用熵权法测算出 2014~2019 年 217 个地级及以上城市制造业高质量发展水平。

### （二）核心解释变量

根据中国信息通信研究院对数字经济的核心定义并结合杨慧梅和江璐（2021）的数字经济发展水平测算方法，构建数字经济发展水平指标体系（具体如表2-1所示），并用熵权法测算。

### （三）机制/门槛变量

参考郭然和原毅军（2022）的方法测算产业协同集聚水平。首先，分别计算生产性服务业和制造业区位熵：

$$E_{ijt} = \frac{e_{ijt}/e_{it}}{e_{jt}/e_t}$$

其中，$i$ 表示城市，$j$ 表示产业（生产性服务业与制造业），$t$ 表示时间；$E_{ijt}$ 为 $i$ 城市 $j$ 产业区位熵；$e_{ijt}$ 和 $e_{it}$ 分别为 $i$ 城市产业 $j$ 就业人数和该城市就业总人数，而 $e_{jt}$ 和 $e_t$ 则分别为全国 $j$ 产业就业人数和全国就业总人数。其次，在此基础上计算两者协同集聚水平：

$$C'_{it} = \left(1 - \frac{|E^f_{it} - E^z_{it}|}{E^f_{it} + E^z_{it}}\right) + (E^f_{it} + E^z_{it})$$

其中，$E^f_{it}$ 和 $E^z_{it}$ 分别为生产性服务业和制造业的区位熵。但是该公式没有考虑地区内不同产业规模不同带来的差异，不能真实反映产业间协同集聚程度。所以，分别用第三产业就业人数占比（$\theta_1$）与第二产业就业人数占比（$\theta_2$）对生产性服务业和制造业区位熵进行矫正，得到修正后的产业协同集聚水平，记为 $C_{it}$：

$$C_{it} = \left(1 - \frac{|E^f_{it} - E^z_{it}|}{E^f_{it} + E^z_{it}}\right) + (\theta_1 E^f_{it} + \theta_2 E^z_{it})$$

### （四）控制变量

考虑到其他因素会对回归结果产生影响，参考现有研究成果，选取以下控制变量：（1）财政分权度（$G$），用财政预算收入与预算内支出之比表示；（2）金融发展水平（$F$），用地区贷款余额与地区生产总值的比值表示；（3）对外开放度（$O$），用进出口总额与地区生产总值的比值表示；（4）人力资本水平（$H$），用普通本专科在校学生数与地区常住人数之比表示；（5）居民工资水平（$W$），用地区城镇非私营单位就业人员平均工资表示；（6）基础设施（$R$），用年末实有城市道路面积表示；（7）人口规模（$P$），用城市年末人口总数表示。

### 三 数据来源

研究样本为 2014~2019 年我国 217 个地级及以上城市，数据主要来源于《中国城市统计年鉴》、各省区市统计年鉴、统计公报与政府网站，以及爱企查企业统计数据库和国家知识产权数据库。为了避免数据波动影响回归结果，对制造业高质量发展水平、居民工资水平、基础设施、人口规模和产业协同集聚取自然对数处理。其中，年末实有城市道路面积采用市辖区数据，部分缺失数据用插值法补齐。主要变量描述性统计结果如表 3-1 所示。

表 3-1　变量描述性统计

| 变量类型 | 变量名 | 样本量 | 均值 | 标准差 | 最小值 | 最大值 |
|---|---|---|---|---|---|---|
| 被解释变量 | 制造业高质量发展水平($Y$) | 1302 | 0.34 | 0.05 | 0.22 | 0.61 |
| 核心解释变量 | 数字经济发展水平($X$) | 1302 | 0.12 | 0.08 | 0.02 | 0.61 |
| 机制变量 | 产业协同集聚($C$) | 1302 | 1.62 | 0.29 | 0.51 | 2.84 |
| 控制变量 | 财政分权度($G$) | 1302 | 0.48 | 0.22 | 0.08 | 1.11 |
| | 对外开放度($O$) | 1302 | 0.19 | 0.31 | 0.0004 | 6.02 |
| | 金融发展水平($F$) | 1302 | 1.1 | 0.64 | 0.29 | 9.62 |
| | 人力资本水平($H$) | 1302 | 0.02 | 0.02 | 0.0002 | 0.11 |
| | 居民工资水平($W$) | 1302 | 62984.57 | 16451.11 | 32133 | 170000 |
| | 基础设施($R$) | 1302 | 2492.19 | 3032.66 | 52 | 22160 |
| | 人口规模($P$) | 1302 | 495.57 | 366.19 | 24.13 | 3188 |

## 第四节　数字经济赋能制造业高质量发展的实证分析

### 一　基准回归分析

选用固定效应模型进行回归，为了增强回归结果的可靠性，以每个城市为聚类对回归系数的标准误进行调整。表 3-2 报告了数字经济赋能制造业高质量发展的基准回归结果。列（1）和列（2）为加入控制变量前后的结果，列（3）是在列（2）的基础上控制时间固定效应。从回归结果来看，在各列中核心解释变量的系数虽存在大小差异，但均显著，证明结果具有一定稳健性。从双重固定效应模型的回归结果来看，数字经济发展水平的系数为 0.1541 且在 5% 的水平下显著，说明在全国范围内，数字经济对制造业高质量发展有显著的赋能效应，与前文的分析一致。

表 3-2　基准回归结果

| 变量 | 被解释变量:制造业高质量发展水平 | | |
|---|---|---|---|
| | （1） | （2） | （3） |
| $X$ | 0.1044 ** <br> （0.0503） | 0.1991 *** <br> （0.0716） | 0.1541 ** <br> （0.0747） |

续表

| 变量 | 被解释变量:制造业高质量发展水平 | | |
|---|---|---|---|
| | (1) | (2) | (3) |
| G | | 0.1427 *** <br>(0.0353) | 0.1362 *** <br>(0.0362) |
| F | | -0.0138 * <br>(0.0076) | -0.0136 * <br>(0.0077) |
| O | | -0.0023 <br>(0.0081) | -0.0039 <br>(0.0083) |
| H | | -1.0219 ** <br>(0.4949) | -0.9633 * <br>(0.5067) |
| W | | 0.0139 <br>(0.0152) | 0.0335 <br>(0.0310) |
| R | | 0.0070 <br>(0.0070) | 0.0068 <br>(0.0067) |
| P | | 0.0453 <br>(0.0499) | 0.0455 <br>(0.0520) |
| 常数项 | -1.1044 *** <br>(0.0059) | -1.6258 *** <br>(0.3469) | -1.8290 *** <br>(0.4740) |
| 时间固定效应 | 否 | 否 | 是 |
| 地区固定效应 | 是 | 是 | 是 |
| 样本量 | 1302 | 1302 | 1302 |
| 调整后 $R^2$ | 0.0092 | 0.0778 | 0.0952 |

注：*、** 和 *** 分别表示在10%、5%和1%的水平下显著，括号内为聚类到城市层面的标准误；余表同。

## 二 内生性检验

数字经济发展水平与制造业高质量发展水平均由综合指标体系测得，构建综合指标体系时，虽然尽可能涵盖更多指标，但基于数据来源等局限性，仍难以将各种指标包含进来。另外，在数据整合过程中可能由于计量误差产生内生性问题。为了降低遗漏变量和双向因果关系导致的内生性估计偏误，选择两种工具变量，采用两阶段最小二乘法解决该问题。一是引入数字经济发展水平的滞后一期为工具变量。选用 Kleibergen-Paap rk LM 和 Cragg-Donald Wald F 两个统计量来对工具变量的不可识别问题和弱工具变量问题进行检验，结果如表3-3中的列（1）和列（2）所示。结果显示工具变量是有效的，并且在第二阶段回归结果中数字经济对制造业高质量发展的赋能效应显著，与前文一致。二是借鉴黄群慧等（2019）构造工具变量的方法，用各城市在1984年的邮局数作为数字经济发展水平的工具变量。数字经济是以互联网等技术为支撑，而互联网又是传统通信工具的延续，因而城市历史邮局数可以体现一地数字经济发展基础，满足工具变量相关性要求。另外，邮局数选用历史数据，对当前经济影响微弱，满足工具变量外生性要求。1984年邮局数不随时间变化，难以在固定效应模型中使用，将之与上期邮政业务收入相乘后再进行回归，结果见表3-3中的列（3）和列（4）。工具变量通过不可识别检验与弱工具变量检验，并且在第二阶段回归中数字经济对制造业高质量发展的影响显著为正。说明在考虑内生性问题后，数字经济仍显著赋能制造业高质量发展。

表 3-3　内生性检验结果

| 变量 | 工具变量:滞后一期 | | 工具变量:邮局数 | |
|---|---|---|---|---|
| | 第一阶段<br>（1） | 第二阶段<br>（2） | 第一阶段<br>（3） | 第二阶段<br>（4） |
| $X$ | | 0.2996*<br>（0.1687） | | 0.3597**<br>（0.1414） |
| 工具变量 | 0.4506***<br>（0.0611） | | 0.0031***<br>（0.001） | |
| 控制变量 | 是 | 是 | 是 | 是 |
| 时间固定效应 | 是 | 是 | 是 | 是 |
| 地区固定效应 | 是 | 是 | 是 | 是 |
| Kleibergen-Paap rk LM | 26.733*** | | 12.628*** | |
| Cragg-Donald Wald F | 201.764*** | | 141.716*** | |
| 样本量 | 1085 | 1085 | 1062 | 1062 |

### 三  稳健性检验

#### （一）替换核心解释变量

在基准回归中数字经济发展水平是通过熵权法计算的，为了使回归结果更加可信，用主成分分析法重新计算，将结果记为 $D$。为了与利用熵权法计算的数字经济发展水平形成对比且避免数据波动影响回归结果，对 $D$ 进行标准化处理，记为 $D_1$：

$$D_{1it} = \frac{D_{it} - D_{min}}{D_{max} - D_{min}}$$

其中，$i$ 为城市，$t$ 为年份，$D_{max}$ 与 $D_{min}$ 是所有年份所有城市数字经济发展水平的最大值与最小值。利用 $D_1$ 重新估计基准回归模型，回归结果如表 3-4 中的列（1）所示。从回归结果可以看出，核心解释变量的系数为 0.0899 且在 5% 的水平下显著为正，方向和显著性与基准回归结果一致。

**表 3-4  稳健性检验结果**

| 变量 | 被解释变量：制造业高质量发展水平 | | |
| --- | --- | --- | --- |
| | 替换变量<br>（1） | 删除直辖市<br>（2） | 安慰剂检验<br>（3） |
| $X$ | 0.0899 **<br>（0.0403） | 0.1391 *<br>（0.0761） | 0.0388<br>（0.0273） |
| 常数项 | -1.8168 ***<br>（0.4706） | -1.8044 ***<br>（0.4775） | 0.0032<br>（0.1699） |
| 控制变量 | 是 | 是 | 是 |
| 时间固定效应 | 是 | 是 | 是 |
| 地区固定效应 | 是 | 是 | 是 |
| 样本量 | 1302 | 1278 | 1085 |
| 调整后 $R^2$ | 0.0956 | 0.0940 | 0.0966 |

#### （二）删除直辖市

研究样本中包含 4 个直辖市，而直辖市与其他城市相比制度环境和经济发展配套设施较完善，数字经济发展水平相对较高，制造业发展面临的市场环境较好，这些均可能会对回归结果产生影响。用剔除4个直辖市后的样本数据重新估计，回归结果如表3-4中的列（2）所示，可知基准回归结果稳健。

（三）安慰剂检验

参考相关方法（柏培文和喻理，2021），检验下一期城市数字经济发展水平对当前制造业发展的影响。若有影响，说明基准回归存在遗漏变量问题。以下一期数字经济发展水平为核心解释变量，若回归结果显著，则表明存在同时影响数字经济和制造业发展的变量；若不显著，则说明遗漏重要变量的可能性不大。表3-4中列（3）的核心解释变量系数不显著，说明基准回归模型遗漏重要变量的可能性较小。

## 四　异质性检验

### （一）区域异质性

将样本划分为东部城市和中西部城市，考察数字经济影响制造业高质量发展的区域异质性。表3-5中的列（1）和列（2）显示，在东部城市，数字经济对制造业高质量发展的影响系数为0.2691，且在1%的水平下显著，但数字经济对中西部城市制造业高质量发展的影响并不显著，表明数字经济仅能显著推动东部地区的制造业高质量发展。可能是因为东部城市有区位优势，其数字经济起步早、水平高，发展数字经济的配套设施齐全，数字经济红利释放充分，它们还有充足的资金技术支持制造业发展。而中西部城市数字经济起步晚，基础设施不健全，缺乏支撑制造业高质量发展所需的各类生产要素，制造业仍以资源密集型和劳动密集型为主，产业结构有待向高端迈进，因此中西部地区数字经济对制造业高质量发展的赋能效应仍需进一步发挥。

表 3-5　异质性检验结果

| 变量 | 被解释变量:制造业高质量发展水平 | | | | | |
| --- | --- | --- | --- | --- | --- | --- |
| | 东部（1） | 中西部（2） | 经济发展水平较高（3） | 经济发展水平较低（4） | 技术水平较高（5） | 技术水平较低（6） |
| X | 0.2691*** (0.1022) | 0.0606 (0.1187) | 0.2699** (0.1168) | 0.0549 (0.1401) | 0.2440** (0.1095) | 0.0270 (0.1366) |

| 变量 | 被解释变量:制造业高质量发展水平 | | | | | |
|---|---|---|---|---|---|---|
| | 东部<br>（1） | 中西部<br>（2） | 经济发展<br>水平较高<br>（3） | 经济发展<br>水平较低<br>（4） | 技术水平<br>较高<br>（5） | 技术水平<br>较低<br>（6） |
| 常数项 | −1.9613 **<br>（0.9152） | −1.1394 **<br>（0.5227） | −3.9389 ***<br>（1.0858） | −1.4139 ***<br>（0.5003） | −2.6974 **<br>（1.2224） | −1.5534 ***<br>（0.4784） |
| 控制变量 | 是 | 是 | 是 | 是 | 是 | 是 |
| 时间固定效应 | 是 | 是 | 是 | 是 | 是 | 是 |
| 地区固定效应 | 是 | 是 | 是 | 是 | 是 | 是 |
| 样本量 | 588 | 714 | 363 | 939 | 257 | 1045 |
| 调整后 $R^2$ | 0.1820 | 0.1409 | 0.2717 | 0.1059 | 0.2727 | 0.1053 |

（二）经济发展水平异质性

城市经济发展水平越高，数字经济发展水平也越高。因此，数字经济对制造业高质量发展的影响，在经济发展水平不同的城市之间存在差异。依据每年的地区生产总值均值划分样本，将高于均值的城市认定为经济发展水平较高城市，反之则为经济发展水平较低城市。表3-5中的列（3）和列（4）显示，数字经济对制造业高质量发展的赋能效应在经济发展水平较高城市显著，在经济发展水平较低城市不显著。可能因为经济发展水平较高城市产业结构合理，各种优势资源在此集聚，包容开放的市场环境有助于冲破数字经济与实体经济融合的阻碍，有利于制造业高质量发展。而经济发展水平较低城市经济基础薄弱，缺乏政策支持，政府资金和产业扶持力度有限，数字经济发展缓慢，对制造业高质量发展的赋能效应不明显。

（三）技术水平异质性

为了考察数字经济对不同技术水平制造业高质量发展的影响，依据各城市各年制造业发明专利授权数的均值对城市进行划分。如果发明专利授权数大于对应年份各城市发明专利授权数均值，则认为该城市制造业技术水平较高，反之认为该城市制造业技术水平较低。表3-5中的列（5）和列（6）显示，在技术水平较高城市，数字经济对制造业高质量发展的赋能效应显著，而在技术水平较低的城市赋能效应则不显著。可能因为技术密集型制造业产业基础好，有充足的资金和高技术人才推动数字技术成果转化，可充分运用数字技术实现数字化转型。而低技术制造业多为资源密集型行业或劳动密集型行业，对数字技术和先进设备需求较低，易忽视新技术的应用，弱化行业创新动能，阻碍技术进步，因此不能推动制造业高质量发展。

## 五　机制检验

### （一）产业协同集聚的机制作用检验

表 3-6 中的列（1）探究数字经济与产业协同集聚的相关关系，从回归结果可知，数字经济对产业协同集聚的影响系数为 0.1579 且在 10% 的水平下显著，这表明数字经济显著促进产业协同集聚。列（2）探究产业协同集聚与制造业高质量发展的相关关系，从回归结果可知，产业协同集聚的系数为 0.0430 且在 5% 的水平下显著，说明促进产业协同集聚有助于制造业高质量发展。

表 3-6　机制检验结果

| 变量 | 产业协同集聚 | | 高端产业协同集聚 | | 低端产业协同集聚 | |
| --- | --- | --- | --- | --- | --- | --- |
| | 产业协同集聚（1） | 制造业高质量发展（2） | 高端产业协同集聚（3） | 制造业高质量发展（4） | 低端产业协同集聚（5） | 制造业高质量发展（6） |
| $X$ | 0.1579*<br>(0.0935) | | 0.1990*<br>(0.1127) | | 0.1073<br>(0.1064) | |
| 机制变量 | | 0.0430**<br>(0.0193) | | 0.0533**<br>(0.0208) | | 0.0270<br>(0.0168) |
| 常数项 | 1.0696*<br>(0.6241) | -1.9537***<br>(0.4831) | -0.3367<br>(0.8862) | -1.8877***<br>(0.4722) | 1.6082**<br>(0.7129) | -1.9379***<br>(0.3425) |
| 控制变量 | 是 | 是 | 是 | 是 | 是 | 是 |
| 时间固定效应 | 是 | 是 | 是 | 是 | 是 | 是 |
| 地区固定效应 | 是 | 是 | 是 | 是 | 是 | 是 |
| 样本量 | 1302 | 1302 | 1302 | 1302 | 1302 | 1302 |
| 调整后 $R^2$ | 0.0233 | 0.0962 | 0.0426 | 0.1023 | 0.0222 | 0.0841 |

为了探究产业协同集聚的机制作用是否存在行业差异，将产业协同集聚分为低端产业协同集聚和高端产业协同集聚。列（3）探究数字经济与高端产业协同集聚的相关关系，从回归结果可知，数字经济发展水平的系数为0.1990且在10%的水平下显著，这表明数字经济显著促进高端产业协同集聚。列（4）探究高端产业协同集聚与制造业高质量发展的相关关系，从回归结果可知，高端产业协同集聚的系数为0.0533且在5%的水平下显著，说明促进高端产业协同集聚有助于制造业高质量发展。列（5）和列（6）探究低端产业协同集聚的机制作用，从回归结果可知，数字经济对低端产业协同集聚的促进作用不显著，低端产业协同集聚对制造业高质量发展的促进作用也不显著，说明低端产业协同集聚未在数字经济影响制造业高质量发展的过程中发挥机制作用。可能因为低端生产性服务业技术水平低，较少依赖技术要素，所以低端产业协同集聚对制造业结构、效率、创新的影响较弱，对制造业高质量发展的影响有限。因此，高端产业协同集聚是数字经济赋能制造业高质量发展的重要抓手。

（二）产业协同集聚的门槛效应检验

采用 Hansen 提出的面板模型，用 Bootstrap 抽样循环 1000 次确定门槛数量、门槛值及相关统计量，相关结果如表 3-7 和表 3-8 所示。产业协同集聚存在单一门槛，当产业协同集聚水平超过门槛值 0.7562 时，数字经济发展水平的估计系数在 1% 的水平下显著为正，表明数字经济对制造业高质量发展的赋能效应随着产业协同集聚水平的提升而增强。高端产业协同集聚也存在单一门槛，当高端产业协同集聚水平超过门槛值 0.3980 时，数字经济对制造业高质量发展的赋能效应显著。但低端产业协同集聚不存在门槛，门槛效应不显著。可能是因为在高端产业协同集聚水平较低时，制造业创新活力弱，产业间分工不合理，此时数字经济的影响不明显；在高端产业协同集聚水平跨越门槛值后，高水平的协同集聚促进优势资源进一步集中，企业对复杂化、难度高的技术需求增加，倒逼企业充分利用数字红利转型升级。而低端生产性服务业技术水平低，对制造业高质量发展的影响本就不显著，因此不存在门槛效应。在研究样本中，只有北京、上海、深圳等少数城市高端

产业协同集聚水平大于门槛值。因此，产业协同集聚水平，尤其是高端产业
协同集聚水平有待提高。

表 3-7 门槛效应检验结果

| 门槛变量 | 门槛类型 | F 统计量 | P 值 | 门槛值 | 10%临界值 | 5%临界值 | 1%临界值 |
|---|---|---|---|---|---|---|---|
| $C$ | 单一门槛 | 16.54* | 0.0670 | 0.7562 | 14.4402 | 18.1077 | 26.0054 |
| $C_h$ | 单一门槛 | 20.75** | 0.0310 | 0.3980 | 15.4474 | 19.3393 | 28.2210 |
| $C_1$ | 单一门槛 | 9.79 | 0.279 | 0.4939 | 14.4805 | 17.1917 | 26.1443 |

表 3-8 门槛回归结果

| 变量 | 被解释变量:制造业高质量发展水平 | | | |
|---|---|---|---|---|
| | (1)门槛变量:产业协同集聚 | | (2)门槛变量:高端产业协同集聚 | |
| | 系数 | t 统计量 | 系数 | t 统计量 |
| $X \times I(E \leq \eta)$ | 0.1155 | 1.46 | 0.0066 | 0.08 |
| $X \times I(E > \eta)$ | 0.2823*** | 3.14 | 0.1590** | 2.19 |
| 常数项 | -1.8343*** | -3.89 | -1.8086*** | -3.87 |
| 控制变量 | 是 | | 是 | |
| 时间固定效应 | 是 | | 是 | |
| 地区固定效应 | 是 | | 是 | |
| 样本量 | 1032 | | 1032 | |
| 调整后 $R^2$ | 0.1028 | | 0.1100 | |

# 第五节 主要结论与对策建议

本章通过构建综合指标体系利用熵权法测算 2014~2019 年我国 217 个
地级及以上城市数字经济发展水平和制造业高质量发展水平，理论与实证分
析数字经济对制造业高质量发展的赋能效应，在此基础上探讨产业协同集聚
在数字经济影响制造业高质量发展过程中的作用。（1）数字经济对制造业
高质量发展具有显著赋能效应，考虑内生性问题和经稳健性检验后结论依然
成立。（2）数字经济对制造业高质量发展的影响存在异质性。区域异质性

方面，数字经济能够显著赋能东部城市制造业高质量发展，但对中西部城市的赋能效应不显著。经济发展水平异质性方面，在经济发展水平较高城市，数字经济对制造业高质量发展有显著赋能效应，在经济发展水平较低城市赋能效应则不显著。技术水平异质性方面，数字经济显著赋能技术水平较高城市制造业高质量发展，而对技术水平较低城市制造业高质量发展的赋能效应不显著。（3）数字经济通过产业协同集聚与高端产业协同集聚赋能制造业高质量发展，并且存在门槛效应。产业协同集聚和高端产业协同集聚均存在单一门槛，而低端产业协同集聚的门槛效应不显著。数字经济对制造业高质量发展的赋能效应随着产业协同集聚水平和高端产业协同集聚水平的提升而增强。

根据上述研究结论，提出如下对策建议。第一，完善数字基础设施，鼓励数字技术创新发展。把握数字经济中"数字产业化、产业数字化"的核心要义，强化新型数字基础设施建设，加强知识产权保护，激发数字技术创新活力，不断打破技术壁垒和突破现存技术瓶颈，深度拓展新型数字技术应用领域，促进人工智能、大数据、物联网等在制造业中的规模化应用，推进科技成果产业化，提高制造业生产力。还需要注意数字鸿沟问题，因地制宜制定数字经济差异化发展战略，发挥东部地区的辐射带动作用，政府提供适当资金支持，帮助落后地区完善数字基础设施，确保数字化技术普及惠及各个产业部门和地区。人力资本是数字经济发展的关键，学校应开设相关数字化技术教育和培训课程，企业也要定期开展数字化技能培训，加大数字经济人才培养力度。各地还可以通过提供优厚薪资待遇、畅通晋升渠道、营造良好氛围、出台优惠政策、打造宜居环境等吸引人才、留住人才。

第二，加快数字经济与技术密集型制造业融合。资源密集型或劳动密集型制造业对传统生产要素的依赖较强，数字经济对其高质量发展的影响较为有限。一方面，要鼓励资源密集型或劳动密集型制造业采用数字化技术，将数字技术渗透产业链各环节，深度挖掘数字价值，通过模仿创新、工艺升级，实现从低技术向高技术的跨越。另一方面，要优化制造业产业结构与供应链布局，提高高技术产业和战略性新兴产业在制造业中的占比。高技术制造业还应与国际组织、跨国企业和国外科研机构合作，引进国外先进技术和经验，积极参与国际标准和技术规范制定，提高自身的国际话语权和竞争力。为加快数字经济与实体经济深度融合，要投入更多资源于新型数字技术研发，建立创新创业生态系统，推动工业互联网发展，构建数字化工厂和智能生产系统，通过税收优惠、资金支持等方式，鼓励制造业主动开展数字化技术创新和实体经济转型。

第三，制定产业协同集聚促进政策，提高产业协同集聚水平。根据门槛效应检验结果，应制定相关产业协同集聚促进政策，提高生产性服务业尤其是高端生产性服务业与制造业的协同集聚水平。支持城市开展产业协同集聚试点，加大对产业协同集聚的政策支持力度，规范产业合作行为，发挥重点行业和代表性企业的带头作用，增强产业协同集聚的规模效应。鼓励相关企业、行业协会、研究机构等开展合作，共同制定产业发展规划、技术标准和行业政策，实现资源共享和优势互补。建设专业化、集约化的产业园区，搭建产业信息平台，为产业协同集聚提供信息交流、市场对接、技术共享等服务，加强产业内部和产业之间的沟通与合作，减少信息不对称，吸引生产性服务业和制造业共同集聚在园区内，共享基础设施和服务，密切产业链上下游企业之间的联系，促进产业链条纵向与横向拓展。同时，政府要积极协调资源在产业间的合理配置，利用数字技术持续深化高端生产性服务业与制造业联系，增加低端生产性服务业技术投入，提高地区整体的产业协同集聚水平。

# 第四章　数字技术创新促进
# 制造业韧性增强

产业链供应链安全稳定事关经济发展全局，对经济高质量发展具有重大意义，是构建新发展格局的重要基础。我国制造业发展迅猛，形成门类齐全的产业体系并实现规模化发展，在全球产业分工体系和供应链体系中占据重要位置。然而，要清晰地认识到，中国制造业发展也面临许多风险和挑战。从国际形势来看，地缘政治不确定性、贸易保护主义抬头、公共卫生危机频发等都深刻影响全球经济格局与贸易格局，加速发达国家的高端制造业回流，对中国制造业发展产生冲击。与此同时，随着我国人口年龄结构改变，人口红利优势逐渐减弱，低端制造业被东南亚国家分流。从国内形势来看，我国制造业虽有完备的产业体系，但仍存在"大而不强""全而不精"等问题，高质量、高附加值产品供给能力不足，关键核心技术有待突破，"卡脖子"问题突出，存在"断链"风险。在内外双重压力的作用下，中国制造业韧性有待加强。

数字经济成为影响全球经济格局的关键，世界各国抢抓数字经济发展机遇，不断促进数字技术创新。数字技术创新作为数字经济发展的核心动力，对经济发展产生了深刻影响。2023 年 9 月 4 日，习近平总书记在致中国国际智能产业博览会的贺信中指出，"中国高度重视数字经济发展，持续促进数字技术和实体经济深度融合"。新一轮科技革命和产业变革蓬勃兴起，产业数字化、智能化、绿色化、网络化转型加速，数字技术已经进入蓬勃发展时期。数字技术与实体经济深度融合是扩大实体经济规模和构建现代化产业体系的关键举措，对助力产业转型升级和经济总体回升向好有重要作用。随着新型基础设施建设提速，数字技术加快攻关，我国数字经济发展水平不断提升，数字技术创新加速数字技术更新迭代，带动引领制造业转型升级，是制造业抢抓发展机遇、塑造产业全球竞争新优势的关键，成为我国建设制造强国的主攻方向。

## 第一节 数字技术创新促进制造业韧性增强的文献综述

### 一 制造业韧性

#### （一）概念内涵

韧性最初是物理学和工程学概念，用来描述材料在发生形变时吸收能量的能力，可分为断裂韧性和冲击韧性，后又与其他学科领域融合发展，形成新的韧性概念，如工程韧性、生态韧性、演化韧性等。演化韧性认为系统是复杂的，受冲击后很难恢复至之前均衡的稳定状态，韧性强的系统能够自我改变和调整以适应不断变化的环境并实现长远发展（Pendall et al.，2010）。随后韧性被引入心理学和经济学等学科，形成心理韧性和经济韧性等概念。经济韧性是经济体应对外部干扰的能力，相关研究集中在区域经济学、发展经济学、宏观经济学等领域（苏杭，2015），大致可分为宏观视角研究和中微观视角研究。制造业韧性属于中微观视角的经济韧性，因此与经济韧性相关的研究均能为本章研究提供参考。Pike 等（2010）以"适应"和"适应性"为研究视角，对经济韧性进行细致研究。结合演化韧性内涵，从"适应"和"适应性"视角出发，将制造业韧性定义为制造业在面对外部冲击时，能迅速应对以维持或恢复原有生产方式和工作方式，并革新产业内部结构，探索更适合发展的新路径。

#### （二）测算方法

学术界尚未形成测算制造业韧性水平的统一方法，现有测算方法大致可分为单一指标法和基于多变量的综合指标体系法。单一指标法方面，蔡乌赶和许凤茹（2021）用各年份实际国内生产总值与基年国内生产总值之差表示产业韧性。因新产品销售收入能表示创新效果，可用高技术制造业新产品销售收入变化测算高技术制造业创新韧性（范建红等，2022）。劳动生产率是关系国家未来经济增长的关键指标，有学者将2008年国际金融危机视为外生冲击，利用制造业劳动生产率真实增长率与反事实增长率之间的差异测算制造业韧性（刘瑞和张伟静，2021）。构建多变量的综合指标体系法方面，卫彦琦（2023）认为产业多样化有利于抗干扰，创新能力利于发现新路径，两者是产业链韧性的表现特征，故用赫芬达尔指数表示产业多样化，用专利申请数表示创新能力，再用熵权法测算产业链韧性。郑涛和杨如雪（2022）从内部和外部分析影响高技术制造业韧性的因素，将物理学中断裂韧性和冲击韧性作为一级指标，下设鲁棒性、流动性、创新性、保障性、脆弱性及转型性为二级指标，构建高技术制造业韧性指标体系。张伟等（2023）将企业数据整理为产业链、行业数据，从抵抗力、恢复力、演化能力、政府力量四个层面构建指标体系，将客观赋权法和熵权法结合起来测算我国制造业产业链韧性。

（三）影响制造业韧性的因素

一是产业集聚视角。面对复杂的国内外经济社会环境，产业集聚成为维持产业韧性的重要因素。李兰冰和刘瑞（2021）认为生产性服务业专业化集聚与制造业韧性之间为U形关系，多样化集聚与制造业韧性之间为倒U形关系，多样化集聚在短期内发挥效用，专业化集聚在长期内发挥效用，并且两种集聚方式还存在不同的空间溢出效应。肖兴志和李少林（2022）提出制造业在生产端可引入生产性服务业，从而应当推动制造业与生产性服务业融合发展，重视生产性服务业的集聚作用，减少制造业的生产经营阻力。调整产业结构的重要方向之一是产业融合集群发展，因此要促进产业协同集聚，而产业协同集聚能通过技术创新影响制造业产业链韧性，创新生态系统还能调节产业协同集聚对制造业产业链韧性的直接效应与间接效应（贺正楚等，2024）。

二是政策视角。制度创新能引起要素变化，拉动经济增长（North，1990）。随着制造业发展深入，国内外竞争越发激烈，制造业无法凭借自身能力处理所有问题，此时必须由政府机构进行制度改革与创新，完善与制造业发展相关的制度。环境规制会影响制造业的国际竞争力，政府应保证环境规制政策的合理公平（傅京燕和李丽莎，2010）。自由贸易试验区设立会促进创新要素集聚从而增强产业链韧性（孙红雪和朱金鹤，2023）。提高政府公共服务能力能改善制度环境从而增强工业韧性（鲁飞宇等，2021）。基于不同核算法的碳税政策均会导致中国制造业产业链波动，应优化碳排放核算框架，寻找最优碳税税率，减小碳税政策对制造业的冲击（李萌等，2022）。此外，还有学者研究完善物流基础设施、实施高水平对外开放、扩大企业规模等对制造业韧性的影响（夏铭璐等，2023；李天健和赵学军，2022；胡甲滨和俞立平，2023a）。

## 二　数字技术创新

数字技术创新是将数字和物理组件结合，产生新产品、新服务和新商业模式等的创新过程（Yoo et al.，2010）。关于数字技术创新的测算方法可分为构建综合指标体系法和单一指标法。构建综合指标体系方面，杜丹丽等（2023）从数字技术创新投入、创新产出、创新扩散水平、创新环境四个层面构建综合指标体系测算省级层面数字技术创新水平。余东华和王爱爱（2023）从应用强度和应用配套设施两个层面构建数字技术应用指标体系并用熵权法进行测算。单一指标方面，学术界常用技术产出衡量技术创新水平，而常用专利数表示技术产出，所以有学者从技术产出视角出发，将专利数与数字经济领域匹配，识别出具有数字技术创新特征的发明专利，用数字技术专利数量衡量数字技术创新水平（黄先海等，2023；赵源，2023），还有学者用信息与通信行业人均专利数测算世界各国数字技术创新水平（文武等，2024）。丛昊和张春雨（2022）统计企业年报中与数字技术相关的词频，如人工智能、互联网、数据营销等，这些关键词出现频率越高，代表企业数字技术水平越高。

作为数字经济发展的重要支撑，数字技术创新产生的经济效应不容忽视。在高质量发展层面，数据是驱动经济高质量发展的关键要素，数字技术赋能各经济主体升级经营生态且技术溢出效应加速产业生态转型，最终重塑高质量发展路径（温军等，2020）。在绿色发展层面，数字技术创新带来新技术与新理念，是缓解生态压力、提高资源利用效率的重要手段，可以降低环境保护成本（李玉梅等，2024）。还能将大数据、区块链、数字孪生等数字技术创新成果应用在资源、能源与环境领域，通过提高碳汇计量精度、调度能源效率等助力我国能源行业实现碳达峰与碳中和（陈晓红等，2021）。在经济效率层面，刘夏等（2023）构建三大类创新指数，识别数字技术驱动生产力发展的路径，回归结果表明数字技术能提升地区全要素生产率，而融合创新更能促进效率提升。王开科等（2020）认为数字技术能构建反馈机制并优化传统经济模式的生产与服务流程，还利用投入产出数据实证分析发现数字技术凭借通用性特点提升社会生产效率。

学术界对数字技术创新影响制造业发展的路径机制进行深入研究。从价值链层面来看，裴长洪和刘洪愧（2020）提出数字技术能降低组织和协调制造业价值链的成本，促进制造业服务化发展，提高企业经济效益。赵立斌和张梦雪（2023）以结构性权力理论为基础，研究数字技术创新的溢出效应，发现数字技术创新能增强制造业价值链结构性权利并维护国家产业链供应链安全。从数字化转型层面来看，数字技术是制造业数字化转型的强大引擎（李煜华等，2022），制造业企业投入大量资金引入数字技术，不仅会实现数字化发展，还会提高发展潜力和应对市场波动能力，对企业绩效产生深远影响（戚聿东和蔡呈伟，2020）。从行业增长来看，陈楠和蔡跃洲（2021）将制造业细分行业分为三大类进行分组回归，结果表明数字技术通过影响用工成本与数量、成本利润率等显著提高机械设备制造业的增长质量。罗佳等（2023）基于上市公司面板数据，实证研究发现进行数字技术创新的企业全要素生产率高于未进行数字技术创新的企业，这种促进作用与数字技术创新规模正相关，但由于数字技术创新前期投入成本高、收益回收周期长，短期内数字技术创新可能会阻碍制造业企业全要素生产率提升。此外，还有学者结合高质量发展理论，研究数字技术通过催生新商业模式、提高自主研发能力等赋能制造业高质量发展（吕铁和李载驰，2021；贾利军和陈恒烜，2022）。

现有文献主要聚焦数字技术创新对制造业发展某些层面的影响，或分析某种数字技术与制造业发展的关系，但是直接分析数字技术创新与制造业韧性关系的文献不多，且未深入探讨数字技术创新作用于制造业韧性的路径机制。

## 第二节　数字技术创新促进制造业韧性增强的理论分析

高水平的数字技术创新可以打破技术壁垒、激发产业活力，促进要素自由流动与资源集聚，为制造业发展提供充足动力，增强制造业韧性。结合相关文献，详细阐述数字技术创新对制造业韧性的直接影响，尝试阐释资源错配、人力资本、产业集聚发挥的机制作用。

### 一　数字技术创新对制造业韧性的直接影响

#### （一）增强制造业系统抵抗力

数字技术创新增强制造业的风险预测能力。随着数字技术创新发展，大数据处理、虚拟现实、物联网、云计算等新兴数字技术不断涌现，可以将数字技术创新成果运用到制造业各环节，赋予制造业各部门信息处理能力，合理规划制造业产业链生产安排，及时准确发现潜在风险，进而主动采取措施防御生产风险和管理风险（胡海峰等，2022）。数字技术还为制造业经营者应对不确定事件提供数字化解决方案，数字技术创新进一步增强数字化方案适应性，降低决策失误率。另外，制造业经营者会主动调整管理思维、更新组织架构以适应不断更新的数字技术（邬爱其和宋迪，2020），提高在面对生产经营风险时的决策力与组织力。

数字技术创新提高制造业的风险承担能力。根据供应链管理理论，可以借助数字技术创新成果挖掘物流、信息流、资金流的新价值。在物流方面，建立数字化、智能化、现代化物流供应体系，整合松散供应链，减少流通环节，提高运输效率，增强制造业供给能力，培育制造业核心竞争力（俞彤晖和陈斐，2020）。在信息流方面，制造业行业还可以利用数字技术互联互通，促使产业内部各系统共享数据信息等要素，及时获取市场信息，提高产业链上下游沟通效率，加快产品和技术的改进升级步伐（赵宸宇，2021）。在资金流方面，数字技术创新改进传统生产工艺，有助于制造业改进产品和实现升级，不仅会提高顾客忠诚度，还会增强制造业盈利能力，稳定现金流。传统金融机构拥抱新型数字技术以改造升级金融业务（郭峰等，2020），优化金融市场产品结构，金融实现普惠发展，极大丰富制造业资金来源渠道。国家对使用新型数字技术进行生产制造的企业给予政策与资金扶持，支持该类企业数字化转型。稳定现金流、丰富资金来源渠道、国家政策资金支持均能缓解制造业过度依赖外资问题，减少资本结构单一和国际金融市场波动对制造业的影响。此外，数字技术创新降低长期平均成本，增强制造业经营者扩大生产经营规模的动机（王颂吉等，2020），进而主动提高组织管理能力以匹配规模化生产经营方式，对制造业韧性产生积极影响。

（二）加速制造业系统恢复

数字技术高效连接市场需求侧，同时促进制造业柔性化发展，为增强制造业适应能力奠定基础。制造业利用数字技术整合市场反馈信息，充分了解消费者需求，快速响应国内外市场，提高供给产品的质量与准度，增强对市场波动的适应力。制造业借助大数据分析实现个性化定制，构建定向推送、精准营销的智能化销售模式，匹配多层次与差异化的市场需求，畅通定制化产品和服务的生产与流通渠道，兼顾"长尾效应"与"规模效应"（任保平和李培伟，2022）。长尾效应通过创新商业模型和节约成本，提升制造业绩效，带来倍增效应。此外，转变政府职能也能增强制造业适应经济环境的能力。数字技术创新加速推动政府由管理型向服务型转变，政府制定与出台的政策措施更具灵活性与适应性，有助于优化营商环境，强化制造业发展的政策支持，对增强制造韧性产生深远影响，增强制造业应对风险挑战的适应性。

修复能力主要表现为制造业组织要素资源的效率提升。数字技术创新不仅可以替代传统生产要素，还能最大限度地发挥传统要素的效用，强化制造业应对风险的能力。首先，数字技术创新增加高端生产要素投入，降低信息交流成本，密切制造业产业链供应链各部门联系，提高生产效率，有助于在制造业面临冲击时快速组织资源加速生产经营恢复。其次，数字技术创新增强制造业协同性。一方面，增强制造业产业内部协同性，有助于生产部门、运输部门、仓储部门和销售部门保持密切协作，保证制造业生产、运输、销售等各环节稳定运行，加速资金回流和缩短运营周期。另一方面，增强制造业产业外部协同性，有助于减少信息不对称，降低产生逆向选择与道德风险的可能性，增强生产经营安全性，降低外部治理成本（董丽和赵放，2023）。最后，交易成本与绩效之间为显著的负向关系，制造业为维持正常生产经营秩序会产生信息搜集、谈判、合同执行等成本，而数字技术创新可以给制造业带来降低信息交流成本和外部治理成本的成本优势，不仅提高制造业绩效，还缓解制造业恢复生产经营的资金压力，加速制造业系统修复。

（三）提高制造业系统革新力

制造业转型主要包括服务化转型、高端化转型、数字化转型、绿色化转型。制造业服务化转型是指推动制造业由生产型向服务型转变，应当将数字技术深度广泛运用于制造业，增强制造业在连接、数据、加工制造等方面的能力，破解制造业服务化转型过程中存在的数据运行瓶颈，为服务型制造发展清除阻碍（李晓华，2021）。寻找新经济发展道路、转变经济发展方式、实现转型升级的关键在于产业结构优化升级（郭旭等，2021）。数字技术创新推动产业数字化和数字产业化发展，形成新产品、新服务、新模式、新技术，淘汰落后产能，促使产业结构向合理化、高级化方向发展，改变缺乏核心竞争力、低附加值、低技术、高能耗的制造业产品模式，培育制造业发展新增长点，提高高技术产业在制造业中的比重，为制造业高端化转型提供持续动力。制造业数字化转型是以数字技术为主导推动产业创新升级。数字技术不仅将制造业的生产经营数据融合成具有经济价值的生产要素，还能将之与传统制造业产品融合形成数字化新产品，扩大制造业产能，提高制造业生产效率（陈林和张玺文，2023）。数字技术本身就是高端生产要素且数字技术创新还能加速绿色生产要素与传统生产要素融合，有助于智能化、数字化操作生产流程，提高生产效能，克服传统制造业消耗资源过多、环境污染严重等问题，减少制造业生产经营活动的非期望产出，适应当前经济绿色发展的要求（王璐瑶等，2020）。

革新力对增强制造业韧性至关重要。制造业系统通过创新获得重构机会和适应性循环能力来支撑下一步发展（邵亦文和徐江，2015）。首先，数字技术创新成果投入制造业研发环节，改变传统创新模式，缩短研发周期，拓展创新领域，提高研发成功率。其次，数字经济时代，技术不仅更新迭代速度快，而且愈加复杂，研发难度提高，单个企业仅凭借自身力量难以取得突破性数字技术成就。因而，企业需要向外搜集资金、技术、人才等数字技术创新资源，寻找合作伙伴，强化制造业部门内和制造业与其他部门间联系，并与高等院校和研发机构进行产学研合作，实现创新资源优势互补，优化创新生态环境，推出无边界自生长的创新服务与创新产品，达到合作创新目的。最后，数字技术创新的溢出效应和制造业龙头企业的示范效应，促进创新成果在制造业各部门内交流传播，刺激行业内出现模仿创新，提高创新成果应用水平，加速提升制造业创新基础能力和现代化水平，增强制造业应对不确定挑战的能力。与此同时，数字技术创新使制造业从业者主动求变，及时捕捉数字技术创新前沿成果与市场动态，有助于发现新商机和开拓新市场，加速新产品研发。

## 二　数字技术创新对制造业韧性的间接影响

### （一）纠正资源错配效应

数字技术创新通过纠正资源错配增强制造业韧性。资源错配给制造业韧性带来负面影响，比如生产要素流入大型制造业企业造成小微企业不能平等获得生产要素进而发展不顺（Hsieh and Klenow，2009）。数字技术创新增强产业资源整合能力，赋能传统生产要素，重构制造业生产要素体系，从而纠正资源错配，提高资源配置效率。数字技术创新还能打破市场空间限制，加速要素空间流动（Pee，2016），丰富要素来源，对资源进行跨时空整合。微观方面，数字技术创新成果在制造业广泛利用，改变制造业传统组织管理模式，各部门加强信息共享与沟通，利用实时监控、数智操控、系统优化等数字化技术实现智能化与可视化生产，灵活处理生产经营产生的海量数据，减少资源在部门内的错配，同时为传统生产要素提供多元配置路径，提高生产要素在部门内的配置效率。宏观方面，数字技术创新挤占高能耗与低附加值制造业生存空间，淘汰落后产能，让资本、劳动等传统生产要素从落后产业流向高技术产业、从低效率地区流向高效率地区，提高资源在产业间与地区间的配置效率。此外，数字技术不断更新迭代，使信息数据分析工具更加精准高效，打破生产要素供求双方间的信息壁垒，制造业可以按实际需求获取生产经营所需生产要素或者及时调整生产计划，以适应变化的要素市场，避免资源浪费。总之，减少资源错配使制造业在面临冲击时能合理安排生产，快速整合并调配资源，及时应对市场环境变动，保障生产经营活动稳定。

（二）强化人力资本积累效应

数字技术创新通过强化人力资本积累增强制造业韧性。高素质人才有较强学习能力和创新潜力，利于数字技术创新成果推广与转化，推动制造业创新发展。

一方面，数字技术创新改变传统人才培养模式（吴画斌等，2019）。高校可将新型数字技术融入日常教学工作和技能培训，开设开放式线上课程并与数字技术创新机构共同搭建教育教学平台，让企业和研究机构参与日常教育教学工作，形成更加灵活化、个性化的教育模式，培养符合数字经济时代和制造业发展要求的创新型人才，为实现数字技术创新与增强制造业韧性提供高素质人才支持。另一方面，数字技术创新提升地区数字化人才存量。数字技术跨行业、跨领域、高技术含量特征明显，进行数字技术创新需要大量高素质人才。因此，在数字技术创新活力较强地区，政府与企业会利用优惠政策与薪资等吸引高素质数字化人才，促进高素质人才集聚。劳动者主动学习与数字技术相关的专业知识，对传统劳动产生"替代效应"，同时政府与企业也会继续加大人力资本投资力度为制造业创新发展提供人才保障。另外，只有专业化人才才能应用与推广数字技术，所以制造业企业需通过系列技能培训让员工适应并熟练掌握新技术。

（三）促进产业集聚效应

数字技术创新通过促进产业集聚增强制造业韧性。数字技术创新是吸引产业集聚的内生动力，而产业集聚可以实现产业分工精细化与专业化，提高物质资料综合利用率，使产业组织结构更完整，提高产业应对风险的能力，增强产业韧性。数字技术创新重塑产业空间布局。数字技术具有跨时空、共享性、瞬时性等特点，随着数字技术创新，数字技术更新迭代，逐渐形成强大的信息共享平台，为不同企业交流提供便利，加强企业间互动，企业、产业、地域边界不断模糊，促使企业实现融合发展，最终吸引相关产业在数字技术创新水平较高地区集聚。数字技术创新水平较高地区能吸引大量资金、技术与高素质人才，形成更加有利的区位条件，促进相关产业集聚。此外，新一代数字技术颠覆产业组织形态，由原来依赖区位要素的产业集聚转变为以数据信息为核心的虚拟集聚（王如玉等，2018），虚拟集聚超越地理位置因素，形成范围更广、影响更深远的集聚效应，为增强制造业韧性提供新路径。

产业集聚对制造业韧性的影响包括：产业集聚使产业链上下游信息得到精准匹配，产业横向关联与垂直关联不断加深，产业链条更完整、更稳定，强化规模经济的作用；产业内外密切协作也能广泛传播数字技术创新知识和经验，强化学习效应；产业集聚降低区域内企业进入和退出成本，出现企业同质化经营现象，集聚区域内市场竞争加剧，产生激励效应，优胜劣汰的市场机制刺激企业改进生产经营模式，实现差异化发展以适应市场需要（吴敬伟和江静，2021）；随着产业集聚程度加深，集聚区域内配套基础设施需要不断更新完善以满足产业规模化需求，优化地区产业发展硬件条件，为制造业发展提供良好经济基础环境。

## 第三节 数字技术创新促进制造业韧性增强的研究设计

### 一 模型设定

本章主要探究数字技术创新与制造业韧性之间的关系，故在前文理论分析的基础上，构建基准回归模型：

$$mres_{it} = \alpha_0 + \alpha_1 dig_{it} + \alpha_2 X_{it} + \mu_i + \lambda_t + \varepsilon_{it}$$

其中，$i$ 表示省（自治区、直辖市），$t$ 表示年份，$mres$ 表示制造业韧性水平，$dig$ 表示数字技术创新水平，$X$ 表示一系列控制变量，具体包括科技教育投入、经济发展水平、城镇化率、居民消费水平、基础设施建设，$\mu_i$ 表示地区固定效应，$\lambda_t$ 表示时间固定效应，$\varepsilon_{it}$ 表示随机扰动项。

在验证数字技术创新对制造业韧性影响的基础上，进一步考察资源错配、人力资本、产业集聚发挥的机制作用，参考诸竹君等（2022）的机制检验方法，构建机制检验模型：

$$M_{it} = \beta_0 + \beta_1 dig_{it} + \beta_2 X_{it} + \mu_i + \lambda_t + \varepsilon_{it}$$
$$mres_{it} = \varphi_0 + \varphi_1 M_{it} + \varphi_2 X_{it} + \mu_i + \lambda_t + \varepsilon_{it}$$

其中，$M_{it}$ 为机制变量，具体为资源错配、人力资本、产业集聚，其余变量含义同基准回归模型。

### 二 变量选取

#### （一）被解释变量

制造业韧性水平（$mres$）。以抵抗力、恢复力、革新力为一级指标，选19个三级指标构建制造业韧性水平指标体系（具体如表1-7所示），采取熵权法测算2010~2021年我国30个省（自治区、直辖市）制造业韧性水平。

#### （二）核心解释变量

本章参考陶锋等（2023）的做法从数字技术发明专利申请量角度衡量数字技术创新水平（$dig$）。参照《数字经济及其核心产业统计分类（2021）》

和《国际专利分类与国民经济行业分类参照关系表（2018）》确定数字技术所属领域专利分类号，在国家知识产权局网站检索得到各省份数字技术发明专利申请量。

（三）机制变量

（1）资源错配。借鉴白俊红和刘宇英（2018）的方法，分别计算劳动力错配指数（$disl$）和资本错配指数（$disk$）：

$$\gamma_i^L = \frac{1}{1 + disl_i}, \gamma_i^K = \frac{1}{1 + disk_i}$$

其中，$\gamma_i^L$ 和 $\gamma_i^K$ 是要素价格绝对扭曲系数，可以用价格相对扭曲系数替代：

$$\hat{\gamma}_i^L = \frac{L_i}{L} \bigg/ \frac{s_i \beta_i^L}{\beta^L}, \hat{\gamma}_i^K = \frac{K_i}{K} \bigg/ \frac{s_i \beta_i^K}{\beta^K}$$

其中，$L_i$ 和 $L$ 表示地区就业人员数和全国就业人员总数，$K_i$ 和 $K$ 表示用永续盘存法计算的地区固定资本存量和全国固定资本总量，$s_i$ 表示地区 $i$ 的生产总值占整个经济体生产总值的比重，$\beta_i^L$ 和 $\beta_i^K$ 是假设生产函数规模报酬不变条件下用索洛余值法测算的劳动要素产出弹性与资本要素产出弹性，$\beta^L$ 和 $\beta^K$ 表示产出加权的劳动贡献率和资本贡献率。因为存在资源配置不足与配置过度两种情况，为了使回归结果方向一致且可比，将劳动力错配指数和资本错配指数取绝对值，数值越大表示资源错配越严重。

（2）人力资本（$hum$）。受教育年限、在校学生数量、高等学校数量、工资水平等是常见衡量人力资本水平的方法，借鉴蒋伏心等（2013）的研究用人均工资衡量人力资本水平。

（3）产业集聚（$agg$）。借鉴杨仁发（2013）的做法，采用区位熵衡量产业集聚水平：

$$a_{ij} = \frac{l_{ij}/l_i}{l_j/l}$$

其中，$l_{ij}$、$l_i$ 分别为 $i$ 省份制造业就业人数和该省份就业总人数，而 $l_j$、$l$ 则分别为全国制造业就业人数和全国就业总人数。

### （四）控制变量

（1）科技教育投入（*tec*）。科技和教育经费投入为地区科教事业提供资金支持，关系科技进步和教育发展，进而对制造业韧性产生影响，选用科技和教育经费占政府预算支出的比重衡量。（2）经济发展水平（*pgdp*）。地区经济发展水平会影响制造业生产效率和转型升级，选用人均生产总值衡量。（3）城镇化率（*ur*）。城镇化水平越高则经济基础与产业基础越好，对制造业韧性越有积极作用，选用城镇人口占总人口比重衡量。（4）居民消费水平（*cons*）。居民消费水平越高反映地区制造业市场越广阔，随着消费水平提高，消费者对制造业产品的质量和服务提出更高要求，倒逼制造业不断提升生产水平以适应市场需求，选用居民消费支出占生产总值的比重衡量。（5）基础设施建设（*tra*）。完善的基础设施能为制造业发展提供良好硬件环境，进而影响制造业韧性，选用道路长度衡量。

## 三　数据说明

本章研究中所有数据来源于《中国统计年鉴》《中国工业统计年鉴》《中国科技统计年鉴》《中国高技术产业统计年鉴》以及各省份统计年鉴和国家知识产权局。部分缺失数据使用插值法补齐；因为2017年以后固定资本形成总额数据缺失，只计算2010~2017年资源错配情况；对经济发展水平进行对数化处理。主要变量描述性统计结果如表4-1所示。

表 4-1　主要变量描述性统计

| 变量类型 | 变量说明 | 样本量 | 均值 | 标准差 | 最小值 | 最大值 |
|---|---|---|---|---|---|---|
| 被解释变量 | 制造业韧性水平（*mres*） | 360 | 0.4482 | 0.0543 | 0.3232 | 0.6469 |
| 核心解释变量 | 数字技术创新水平（*dig*） | 360 | 0.1070 | 0.2478 | 0 | 1.6789 |
| 机制变量 | 劳动力错配指数（*disl*） | 240 | 0.1859 | 0.1467 | 0.0001 | 0.8080 |
| | 资本错配指数（*disk*） | 240 | 0.2678 | 0.1663 | 0.0003 | 0.7557 |
| | 人力资本（*hum*） | 360 | 6.5672 | 2.6922 | 2.7735 | 19.4651 |
| | 产业集聚（*agg*） | 360 | 0.1718 | 0.2706 | 0.0058 | 2.6475 |

续表

| 变量类型 | 变量说明 | 样本量 | 均值 | 标准差 | 最小值 | 最大值 |
|---|---|---|---|---|---|---|
| 控制变量 | 科技教育投入（tec） | 360 | 0.4224 | 0.1021 | 0.2880 | 0.9065 |
| | 经济发展水平（pgdp） | 360 | 1.5725 | 0.4827 | 0.2532 | 2.9122 |
| | 城镇化率（ur） | 360 | 0.5842 | 0.1253 | 0.3380 | 0.9415 |
| | 居民消费水平（cons） | 360 | 0.3224 | 0.0503 | 0.2157 | 0.5031 |
| | 基础设施建设（tra） | 360 | 1.2979 | 1.1370 | 0.0700 | 5.7700 |

# 第四节　数字技术创新促进制造业韧性增强的实证分析

## 一　基准回归分析

选用固定效应模型进行回归，为了使回归结果可靠有效，以每个省份为聚类对回归系数的标准误进行调整。表4-2中列（1）控制地区固定效应考察数字技术创新对制造业韧性的影响，列（2）控制地区和时间固定效应考察数字技术创新对制造业韧性的影响，列（3）则是在列（2）的基础上加入控制变量。从回归结果来看，在各列中核心解释变量的系数虽大小存在差异，但均在1%的水平下显著。由列（3）可知，数字技术创新水平的系数为0.0580，且在1%的水平下显著，即数字技术创新对制造业韧性具有显著正向效应。

表4-2　数字技术创新对制造业韧性的影响

| 变量 | 被解释变量：制造业韧性水平 | | |
|---|---|---|---|
| | （1） | （2） | （3） |
| dig | 0.0969*** | 0.0859*** | 0.0580*** |
| | （0.0258） | （0.0240） | （0.0163） |
| tec | | | 0.2877** |
| | | | （0.1141） |
| pgdp | | | 0.0242* |
| | | | （0.0132） |

| 变量 | 被解释变量:制造业韧性水平 | | |
|---|---|---|---|
| | （1） | （2） | （3） |
| *ur* | | | −0.0204<br>（0.0867） |
| *cons* | | | 0.0550<br>（0.1108） |
| *tra* | | | 0.0164*<br>（0.0092） |
| 常数项 | 0.4378***<br>（0.0028） | 0.4412***<br>（0.0025） | 0.2533***<br>（0.0524） |
| 时间固定效应 | 否 | 是 | 是 |
| 地区固定效应 | 是 | 是 | 是 |
| 样本量 | 360 | 360 | 360 |
| 调整后 $R^2$ | 0.1525 | 0.2304 | 0.4315 |

注：*、** 和 *** 分别表示在 10%、5% 和 1% 的水平下显著，括号内为聚类到省份层面的标准误；余表同。

从控制变量的回归结果来看，科技教育投入、经济发展水平和基础设施建设对制造业韧性的影响显著为正，城镇化率与居民消费水平对制造业韧性的作用不显著。科技和教育经费投入影响地区科技和教育事业发展，有助于为制造业提供技术资金与人才支持。经济发展水平较高和基础设施相对完善的地区产业发展环境良好，推动制造业向中高端迈进，有助于增强制造业韧性。可能因为当前居民消费结构有待升级，对中低端产品需求较大，不利于制造业转型升级，居民消费水平对制造业韧性的促进作用有待发挥。当前城镇化快速发展，城镇化率不断提高，但也伴随资源环境压力加大与区域发展不平衡等问题，所以城镇化率对制造业韧性的影响不显著。

## 二 稳健性与内生性检验

### （一）工具变量法

制造业韧性水平由综合指标体系测得，构建综合指标体系时，虽然尽可能涵盖更多指标，但由于数据来源等局限性，仍难以将各种指标包含进来。另外，在数据整合过程中，可能由于计量误差产生内生性问题。为了降低遗漏变量和双向因果关系导致的内生性估计偏误，选择三种工具变量，采用两阶段最小二乘法解决该问题。

（1）核心解释变量滞后一期。选用 Kleibergen‐Paap rk LM 和 Cragg‐Donald Wald F 这两个统计量来对工具变量的不可识别问题和弱工具变量问题进行检验，结果如表4‐3中列（1）和列（2）所示。第一阶段回归结果显示工具变量与数字技术创新水平相关性较强，第二阶段回归结果显示数字技术创新对制造业韧性有显著促进作用，这与基准回归结果一致，且工具变量通过不可识别检验和弱工具变量检验。

表4‐3　工具变量法

| 变量 | 工具变量:滞后一期 | | 工具变量:历史邮局数 | |
|---|---|---|---|---|
| | 第一阶段<br>（1） | 第二阶段<br>（2） | 第一阶段<br>（3） | 第二阶段<br>（4） |
| $IV$ | 0.6948 ***<br>（0.1443） | | 0.0024 ***<br>（0.0005） | |
| $dig$ | | 0.0906 ***<br>（0.0246） | | 0.1497 ***<br>（0.0349） |
| 控制变量 | 控制 | 控制 | 控制 | 控制 |
| 时间固定效应 | 是 | 是 | 是 | 是 |
| 地区固定效应 | 是 | 是 | 是 | 是 |
| 样本量 | 330 | 330 | 360 | 360 |
| Kleibergen‐Paap rk LM | 13.16 *** | | 11.44 *** | |
| Cragg‐Donald Wald F | 298.98 *** | | 100.88 *** | |

（2）历史邮局数。借鉴黄群慧等（2019）构造工具变量的方法，用各省份1984年邮局数为工具变量。历史通信基础设施会对新技术空间布局产生影响并反映当地数字技术创新基础能力，满足工具变量相关性要求。另外，历史邮局数对当前经济的影响微弱，满足工具变量外生性要求。1984年邮局数不随时间变化，难以在固定效应模型中使用，将之与上期软件业务

收入相乘后再进行回归，结果如表4-3中列（3）和列（4）所示。第一阶段回归结果显示历史邮局数与数字技术创新水平相关性较强，第二阶段回归显示数字技术创新对制造业韧性的影响显著为正，并且工具变量通过不可识别检验与弱工具变量检验。说明在考虑内生性问题后，数字技术创新仍显著增强制造业韧性。

（3）Bartik工具变量。移动份额法工具变量又称Bartik工具变量，基本思想是用核心解释变量初始份额和总体增长率模拟历年估计值，计算出的估计值与实际值相关，但与残差项不相关。借鉴吕越等（2023b）的方法构造Bartik工具变量，即数字技术创新水平初始份额以乘以全国当年数字技术创新水平增长率：

$$iv_{it} = (1 + Z_t) dig_{t'}$$

其中，初始年份是2010年。$dig_{t'}$表示各省份初始年份数字技术创新水平，$Z_t$表示全国$t$年的数字技术创新水平变化率。具体回归结果如表4-4中列（1）和列（2）所示。结果显示工具变量通过不可识别与弱工具变量检验，工具变量与数字技术创新水平相关性较强。另外，在第二阶段回归结果中，数字技术创新水平的系数为0.1038，且通过1%的显著性检验，与基准回归结果一致。

表4-4 工具变量法和更换模型

| 变量 | 工具变量：Bartik工具变量 | | 更换模型 |
| | 第一阶段（1） | 第二阶段（2） | 系统GMM（3） |
| --- | --- | --- | --- |
| IV | 0.4469 *** (0.0505) | | |
| dig | | 0.1038 *** (0.0227) | 0.0278 * (0.0167) |
| 常数项 | | | 0.0132 (0.0946) |
| 控制变量 | 控制 | 控制 | 控制 |
| 时间固定效应 | 是 | 是 | 是 |
| 地区固定效应 | 是 | 是 | 是 |

续表

| 变量 | 工具变量:Bartik 工具变量 | | 更换模型 |
| --- | --- | --- | --- |
| | 第一阶段<br>（1） | 第二阶段<br>（2） | 系统 GMM<br>（3） |
| 样本量 | 360 | 360 | 330 |
| Kleibergen-Paap rk LM | 7.88 *** | | |
| Cragg-Donald Wald F | 213.73 *** | | |
| AR（1） | | | 0.0000 |
| AR（2） | | | 0.3340 |
| Hansen | | | 0.1330 |

（二）更换模型

采用系统 GMM 模型考察数字技术创新对制造业韧性的影响，不仅有助于解决遗漏变量和测量误差产生的内生性问题，还可以增强估计准确性，实证结果如表 4-4 中列（3）所示。AR（1）与 AR（2）结果表明存在一阶自相关且不存在二阶自相关，Hansen 检验结果表明不存在过度识别问题，各项检验结果均满足系统 GMM 模型的构建要求，说明模型设定合理。实证结果显示，数字技术创新水平的系数为 0.0278，在 10% 的水平下显著，表明处理内生性问题后，数字技术创新显著增强制造业韧性的结论仍成立。

（三）替换核心变量

（1）替换被解释变量。基准回归中制造业韧性水平由熵权法测算，现更换测算方法，用主成分分析法重新测算制造业韧性水平，并将之用于进行回归，实证结果如表 4-5 中列（1）所示。由实证结果可知，数字技术创新水平的系数为 0.3589，且通过 1% 的显著性检验，表明数字技术创新显著增强制造业韧性，证明基准回归结果稳健。

（2）替换核心解释变量。改变数字技术创新水平衡量方法，采用丁仕潮和张飞扬（2023）的方法，从创新投入、创新产出和创新环境三个层面出发，构造数字技术创新指标体系，用熵权法测算 2010~2021 年全国 30 个省份数字技术创新水平，并将之用于回归，实证结果如表 4-5 中列（2）所示。由实证结果可知，数字技术创新水平的系数为 0.1988，且通过 1% 的显著性检验，表明数字技术创新与制造业韧性存在显著正向关系，证明基准回归结果稳健。

表 4-5　数字技术创新对制造业韧性影响的稳健性检验

| 变量 | 被解释变量：制造业韧性水平 | | | |
| --- | --- | --- | --- | --- |
| | 替换核心变量 | | 考虑疫情影响 | 剔除直辖市 |
| | （1） | （2） | （3） | （4） |
| $dig$ | 0.3589 *** | 0.1988 *** | 0.0599 *** | 0.0811 *** |
| | （0.0772） | （0.0274） | （0.0199） | （0.0178） |
| 常数项 | 0.0888 | 0.2918 *** | 0.2596 *** | 0.2720 *** |
| | （0.2517） | （0.0527） | （0.0587） | （0.0557） |
| 控制变量 | 控制 | 控制 | 控制 | 控制 |
| 时间固定效应 | 是 | 是 | 是 | 是 |
| 地区固定效应 | 是 | 是 | 是 | 是 |
| 样本量 | 360 | 360 | 360 | 312 |
| 调整后 $R^2$ | 0.6469 | 0.4430 | 0.3908 | 0.4036 |

### （四）改变样本量

（1）考虑疫情影响。2020 年疫情期间，大量企业停工停产，冲击全球经济发展格局，数字技术创新对制造业韧性的促进作用可能会因疫情影响产生结构性断点，所以剔除 2020 年样本重新估计基准回归模型，实证结果如表 4-5 中列（3）所示。由实证结果可知，数字技术创新对制造业韧性的促进作用在 1% 的水平下显著，证明基准回归结果稳健。

（2）剔除直辖市样本。直辖市经济发展水平、基础设施建设以及国家资金扶持政策可能与其他省份有差异，数字技术创新水平可能较高，产业发展基础可能较好，这些可能会对回归结果产生影响。因此，将北京、天津、上海、重庆四个直辖市的数据从样本中剔除，重新估计基准回归模型，结果如表 4-5 中列（4）所示。由实证结果可知，数字技术创新对制造业韧性的促进作用在 1% 的水平下显著，进一步证明基准回归结果稳健。

## 三　异质性检验

### （一）地区异质性

由于东部、中部和西部地区在经济发展水平与产业基础等方面存在差异，数字技术创新对东部、中部和西部地区制造业韧性的影响会有不同，故分地区研究数字技术创新对制造业韧性的影响，具体结果如表4-6所示。

表4-6　地区异质性

| 变量 | 被解释变量:制造业韧性水平 | | |
|---|---|---|---|
| | 东部地区<br>（1） | 中部地区<br>（2） | 西部地区<br>（3） |
| $dig$ | 0.0429 *** <br>（0.0129） | 0.2284 ** <br>（0.0944） | −0.1002 <br>（0.1859） |
| 常数项 | 0.2500 *** <br>（0.0512） | −0.2375 <br>（0.1675） | 0.3225 *** <br>（0.1000） |
| 控制变量 | 控制 | 控制 | 控制 |
| 时间固定效应 | 是 | 是 | 是 |
| 地区固定效应 | 是 | 是 | 是 |
| 样本量 | 132 | 96 | 132 |
| 调整后 $R^2$ | 0.6113 | 0.7896 | 0.6396 |

由列（1）中的实证结果可知，数字技术创新水平的系数为0.0429，且在1%的水平下显著，即数字技术创新显著促进东部地区制造业韧性水平提升。这是因为东部地区地理条件优越，拥有先进数字技术和开放活跃的创新氛围，产业基础良好，新型基础设施完善齐全，有充足的要素支撑制造业发展。另外，由于东部地区开放水平高，面临的市场风险会更大，需要借助数字技术让制造业迈向中高端，从而数字技术创新对制造业韧性的促进作用得到充分发挥。由列（2）中的实证结果可知，数字技术创新水平的系数为0.2284，且在5%的水平下显著，即数字技术创新显著促进中部地区制造业韧性水平提升。这是因为受地理因素影响，东部地区对中部地区经济发展存在辐射效应，将先进技术与产业转移至中部地区，且国家不断加大对中部地

区数字技术创新与制造业的扶持力度，数字技术创新红利在中部地区逐渐显现。由列（3）中的实证结果可知，数字技术创新对西部地区制造业韧性的影响不显著，这主要因为西部地区受地理条件限制，经济发展较为落后，产业基础薄弱，数字技术发展缓慢，产业结构多以劳动密集型与资本密集型等低技术含量制造业为主，经济发展较少依赖数字技术创新，制造业韧性增强难度较大。

### （二）制造业韧性子系统异质性

参考已有文献，构建的制造业韧性水平指标体系包含抵抗力、恢复力、革新力三个子系统。由熵权法测算结果可知，各子系统在制造业韧性中的权重不一，因此数字技术创新对制造业韧性各子系统的影响可能存在不同。将抵抗力指数、恢复力指数、革新力指数作为被解释变量进行回归，考察制造业韧性子系统异质性，具体结果如表 4-7 所示。

表 4-7  制造业韧性子系统异质性

| 变量 | 抵抗力<br>（1） | 恢复力<br>（2） | 革新力<br>（3） |
|---|---|---|---|
| *dig* | 0.0228 **<br>（0.0109） | 0.0518 **<br>（0.0190） | 0.1073 ***<br>（0.0300） |
| 常数项 | 0.6125 ***<br>（0.0548） | 0.2020<br>（0.1552） | −0.0536<br>（0.0580） |
| 控制变量 | 控制 | 控制 | 控制 |
| 时间固定效应 | 是 | 是 | 是 |
| 地区固定效应 | 是 | 是 | 是 |
| 样本量 | 360 | 360 | 360 |
| 调整后 $R^2$ | 0.3384 | 0.6195 | 0.6276 |

由实证结果可知，数字技术创新对抵抗力系统、恢复力系统、革新力系统均具有显著促进作用。具体结果为：数字技术创新对抵抗力系统、恢复力系统和革新力系统的影响系数分别为 0.0228、0.0518 和 0.1073。从影响程度来看，数字技术创新对革新力系统的促进作用最大且更显著，对恢复力系

统的促进作用要大于对抵抗力系统的促进作用，即革新力系统>恢复力系统>抵抗力系统。

（三）创新活跃度异质性

创新创业活跃度越高的地区对新思想的包容度越高，创新创业思想越活跃，进而数字技术创新环境越好。为了厘清各省份不同水平的创新活跃度是否会造成数字技术创新影响制造业韧性的差异，在此以各省份国内专利申请受理量均值为分类标准，将低于该值的省份定义为创新活跃度低的地区，高于该值的省份定义为创新活跃度高的地区，实证结果如表4-8中列（1）和列（2）所示。结果显示，在创新活跃度高的地区，数字技术创新水平的系数为0.0306，且在1%的水平下显著；在创新活跃度低的地区，数字技术创新对制造业韧性的作用不显著。可以看出创新活跃度是影响数字技术创新增强制造业韧性的重要因素，较高的创新活跃度才能支撑起数字技术创新对制造业韧性的积极作用。这是因为数字技术创新建立在基础创新上，创新活跃度高的地区拥有开放包容的创新环境和较强的创新基础能力，在研发新产品与新技术方面优势明显，有充足资金、人才、技术支持数字技术创新。针对创新活跃度较低的地区，要通过政策与资金扶持等方式激发地区创新活力，为数字技术创新营造良好氛围，增强制造业韧性。

表4-8　创新活跃度与数字基础设施水平异质性

| 变量 | 被解释变量:制造业韧性水平 | | | |
|---|---|---|---|---|
| | 创新活跃度高 | 创新活跃度低 | 高水平数字基础设施 | 低水平数字基础设施 |
| | （1） | （2） | （3） | （4） |
| $dig$ | 0.0306*** (0.0092) | 0.2478 (0.2112) | 0.0432*** (0.0132) | 0.0216 (0.0206) |
| 常数项 | 0.1166*** (0.0328) | 0.2200*** (0.0604) | 0.2320* (0.1309) | 0.3155*** (0.0773) |
| 控制变量 | 控制 | 控制 | 控制 | 控制 |
| 时间固定效应 | 是 | 是 | 是 | 是 |

续表

| 变量 | 被解释变量：制造业韧性水平 | | | |
|---|---|---|---|---|
| | 创新活跃度高 | 创新活跃度低 | 高水平数字基础设施 | 低水平数字基础设施 |
| | （1） | （2） | （3） | （4） |
| 地区固定效应 | 是 | 是 | 是 | 是 |
| 样本量 | 101 | 259 | 140 | 220 |
| 调整后 $R^2$ | 0.8850 | 0.2434 | 0.5199 | 0.5572 |

### （四）数字基础设施水平异质性

开展数字技术创新活动需要数字基础设施支持，数字基础设施水平可能会影响数字技术创新在增强制造业韧性过程中发挥的作用。因此，在此以各省份互联网宽带接入端口数均值为分类标准，将低于该值的省份定义为低水平数字基础设施地区，高于该值的省份定义为高水平数字基础设施地区，实证结果如表4-8中列（3）和列（4）所示。结果显示，在高水平数字基础设施地区，数字技术创新水平的系数为0.0432，且通过1%的显著性检验。因为高水平的数字基础设施能加速数字技术创新成果应用于制造业生产经营环节，有利于制造业创新发展，促使数字技术创新红利得到充分释放。在低水平数字基础设施地区，数字技术创新对制造业韧性的促进作用不显著。这是因为数字基础设施是数字技术创新的基础，低水平数字基础设施地区无法为数字技术创新提供基础支持且导致数字技术创新成果应用与推广渠道受阻，不利于数字技术创新的赋能效应发挥。说明数字技术创新对制造业韧性的作用会受数字基础设施水平影响，只有高水平的数字基础设施才能充分发挥数字技术创新的积极作用。因此，针对数字基础设施不完善的地区要加快建设步伐。

## 四 机制检验

### （一）资源错配

表4-9中列（1）探究数字技术创新与劳动力错配之间的相关关系，

从回归结果可知，数字技术创新水平的系数为 -0.7275，且在 1% 的水平下显著，这表明数字技术创新显著减少劳动力错配。列（2）探究劳动力错配与制造业韧性之间的相关关系，从回归结果可知，劳动力错配指数的系数为 -0.0541，且在 5% 的水平下显著，说明减少劳动力错配有助于增强制造业韧性。列（3）探究数字技术创新与资本错配之间的相关关系，从回归结果可知，数字技术创新水平的系数为 -0.2624，且在 1% 的水平下显著，这表明数字技术创新显著减少资本错配。列（4）探究资本错配与制造业韧性之间的相关关系，从回归结果可知，资本错配指数的系数为 -0.0429，且在 10% 的水平下显著，说明减少资本错配有助于增强制造业韧性。

表 4-9 资源错配的机制检验

| 变量 | 机制变量:劳动力错配指数 | | 机制变量:资本错配指数 | |
|---|---|---|---|---|
| | 劳动力错配 (1) | 制造业韧性 (2) | 资本错配 (3) | 制造业韧性 (4) |
| $dig$ | -0.7275*** (0.2215) | | -0.2624*** (0.0568) | |
| $M$ | | -0.0541** (0.0240) | | -0.0429* (0.0252) |
| 常数项 | 0.0398 (0.1219) | 0.1652*** (0.0416) | 0.1838* (0.0957) | 0.4562*** (0.0671) |
| 控制变量 | 控制 | 控制 | 控制 | 控制 |
| 时间固定效应 | 是 | 是 | 是 | 是 |
| 地区固定效应 | 是 | 是 | 是 | 是 |
| 样本量 | 240 | 240 | 240 | 240 |
| 调整后 $R^2$ | 0.0958 | 0.4149 | 0.2828 | 0.6918 |

（二）人力资本

表 4-10 中列（1）探究数字技术创新与人力资本之间的相关关系，从回归结果可知，数字技术创新水平的系数为 3.7221，且在 5% 的水平下显著，这表明数字技术创新对人力资本积累有正向促进作用。列（2）探究人

力资本与制造业韧性之间的相关关系，从回归结果可知，人力资本的系数为0.0068，且在5%的水平下显著，说明人力资本积累对制造业韧性有显著促进作用。

表4-10 人力资本与产业集聚的机制检验

| 变量 | 机制变量：人力资本 | | 机制变量：产业集聚 | |
|---|---|---|---|---|
| | 人力资本<br>（1） | 制造业韧性<br>（2） | 产业集聚<br>（3） | 制造业韧性<br>（4） |
| *dig* | 3.7221 **<br>（1.6614） | | 0.2726 *<br>（0.1599） | |
| M | | 0.0068 **<br>（0.0031） | | 0.0175 **<br>（0.0078） |
| 常数项 | -3.5327 **<br>（1.7014） | 0.2152 **<br>（0.1007） | -0.5184<br>（0.3550） | 0.2486 ***<br>（0.0608） |
| 控制变量 | 控制 | 控制 | 控制 | 控制 |
| 时间固定效应 | 是 | 是 | 是 | 是 |
| 地区固定效应 | 是 | 是 | 是 | 是 |
| 样本量 | 360 | 360 | 360 | 360 |
| 调整后 $R^2$ | 0.8989 | 0.5876 | 0.4965 | 0.3789 |

（三）产业集聚

表4-10中列（3）探究数字技术创新与产业集聚之间的相关关系，从回归结果可知，数字技术创新水平的系数为0.2726，且在10%的水平下显著，这表明数字技术创新对产业集聚有正向促进作用。列（4）探究产业集聚与制造业韧性之间的相关关系，从回归结果可知，产业集聚的系数为0.0175，且在5%的水平下显著，说明产业集聚对制造业韧性有显著促进作用。

# 第五节 主要结论与对策建议

本章以经济韧性概念为基础，从"适应"和"适应性"出发理解制造业韧性内涵。采用相关文献的方法，从抵抗力、恢复力、革新力三个层面构建制造业韧性水平指标体系，用熵权法测算 2010～2021 年中国 30 个省（自治区、直辖市）制造业韧性水平，在理论分析数字技术创新对制造业韧性影响的基础上，构建省级面板数据，实证检验数字技术创新与制造业韧性之间的关系，并探究数字技术创新如何通过资源错配、人力资本、产业集聚三种路径影响制造业韧性。（1）从全国层面来看，数字技术创新显著增强地区制造业韧性，基准回归结果在克服内生性问题和稳健性检验后依然成立。（2）数字技术创新对制造业韧性的影响存在异质性。地区异质性回归结果显示，数字技术创新对制造业韧性的促进作用在东部地区与中部地区显著，而在西部地区不显著。数字技术创新对制造业韧性子系统的影响存在异质性，对抵抗力系统、恢复力系统、革新力系统均存在显著正向效应，并呈现革新力系统>恢复力系统>抵抗力系统特征。数字技术创新对制造业韧性的促进作用在创新活跃度高的地区和高水平数字基础设施地区显著，在创新活跃度低的地区和低水平数字基础设施地区不显著。（3）资源错配、人力资本和产业集聚是数字技术创新影响制造业韧性过程中的重要机制。

根据上述研究结论，提出如下对策建议。第一，因地制宜制定制造业韧性增强战略。要结合当地实际，制定符合地区数字技术创新水平、经济基础和制造业发展状况的战略规划。东部地区要发挥数字技术创新和产业经济的溢出效应，辐射带动中部与西部地区发展，缩小数字技术创新的地区差距，填补数字经济发展鸿沟，增强我国整体制造业韧性。西部地区应将资源禀赋优势与数字技术结合，释放数字技术创新效能，通过模仿创新提升创新基础能力，促进传统制造业服务化、数字化、绿色化转型，提升地区制造业韧性水平。另外，可以颁布政策鼓励数字技术创新实现跨区域合作，加强省份之间、省份内部的沟通交流，加速数字技术创新研发进程和创新成果应用。

第二，运用系统性思维增强制造业韧性。制造业是复杂系统，抵抗力、恢复力、革新力在维持制造业韧性中发挥不同作用，由异质性检验结果可知，提高制造业革新力是增强制造业韧性的核心任务。制造业企业需要加强数字技术创新成果应用能力，加快数字技术转化为生产力，打破国外技术封锁和技术壁垒，推动制造业向中高端迈进，不断优化制造业产业结构。政府需要加大财政资金投入力度，通过财政补贴和税收优惠减少数字技术创新企业亏损，提高地区创新创业活跃度。金融市场需要利用数字技术创新实现普惠式发展，推出丰富多元的金融产品，减少制造业面临的资金风险。

第三，发挥资源配置、人力资本以及产业集聚对制造业韧性的积极作用。首先，提高生产要素配置效率，让生产要素自由流向有需要的产业和地区，进而增强制造业快速组织资源应对风险和加速恢复的能力，尤其是要保障生产要素在中小微企业和欠发达地区的合理配置，以免阻碍地区制造业韧性水平提升。其次，创新教育模式，培养制造业发展所需的专业化、复合型人才，优化地区生活环境，出台物质激励政策，吸引和留住高素质人才。也要定期组织技能培训，使从业者熟悉并掌握前沿数字技术。最后，打造产业集聚示范区，推动制造业集聚式发展，增强制造业的内部凝聚力并加强制造业与其他行业的联系，推动制造业产业链供应链稳定发展。还可以利用数字技术创新发挥虚拟集聚效应，加强制造业跨地区协作，增强制造业抗风险能力。

# 第五章 数字经济赋能商贸流通业高质量发展

　　商贸流通业是连接生产和消费的桥梁，其高质量发展备受党和政府重视。2020年9月召开的中央财经委员会第八次会议强调："流通体系在国民经济中发挥着基础性作用，构建新发展格局，必须把建设现代流通体系作为一项重要战略任务来抓。"2022年发布的《中共中央 国务院关于加快建设全国统一大市场的意见》提出："优化商贸流通基础设施布局，加快数字化建设，推动线上线下融合发展，形成更多商贸流通新平台新业态新模式"。改革开放以来，我国商贸流通业取得了巨大的成就，规模迅速扩张，业态不断迭代，作用不断增强，但仍然面临创新能力不足、管理效率低下、产销信息不对称等问题。进入新时代以来，商贸流通业在促消费、保供给方面，流通领域新技术新业态新模式在衔接生产与消费、支撑国民经济循环方面的作用更加突出。数字经济作为一种新经济形态，能够通过新技术发掘新产业，催生新模式，赋能传统产业，推动新旧动能转换。新一轮科技革命和产业变革正在加速进行，物联网、人工智能、大数据、云计算等信息技术不断创新并得到广泛应用，有力促进了数字经济的发展，为我国商贸流通业高质量发展创造了难得的机遇与条件。

　　随着数字经济的蓬勃发展，商贸流通业传统粗放式扩张的弊端逐步显现，切实提升流通效率和竞争力成为当前商贸流通业亟待解决的重要问题。2016年发布的《国务院办公厅关于深入实施"互联网+流通"行动计划的意见》提出，实施"互联网+流通"行动计划，有利于推进流通业创新发展，推动实体商业转型升级，拓展消费新领域，促进创业就业，增强经济发展新动能。数字经济有助于商贸流通业从流通效能、流通规模、物流效率方面增强竞争优势和提升经济效益，有望在商贸流通业高质量发展中发挥重要作用。

深刻理解、客观评价数字经济对商贸流通业高质量发展的影响，根据商贸流通业发展需要采取切实有效措施，以数字经济赋能商贸流通业，有序推动商贸流通业数字化、智慧化转型，成为我国建设全国统一大市场、构建"双循环"新发展格局的重要课题。鉴于此，本章在分析数字经济对商贸流通业高质量发展影响的基础上，进一步探究其背后的作用机制，以期为相关政策制定提供参考。

## 第一节　数字经济赋能商贸流通业高质量发展的文献综述

### 一　数字经济

作为促进经济增长的新引擎，数字经济引起了国内外学者的广泛关注。相关学者就如何测度数字经济的发展水平展开了激烈的讨论。当前，学者们主要从发展规模、数字化转型水平等方面对数字经济发展水平进行测度，这些研究既涉及宏观层面（许宪春和张美慧，2020；韩兆安等，2021；王军等，2021），也涉及微观层面（赵涛等，2020；赵宸宇等，2021）。在宏观层面，学者们主要从互联网发展、数字普惠金融、数字产业化、产业数字化等维度入手构建评价指标体系（杨慧梅和江璐，2021），并利用熵权法、主成分分析法进行相关测度（魏丽莉和侯宇琦，2022；柏培文和张云，2021）。比如，许宪春和张美慧（2020）借助行业增加值结构系数、数字经济调整系数、行业增加值率等指标，系统测算了2007~2017年我国数字经济的增加值和总产出等；王军等（2021）构建了包含数字经济发展载体、数字产业化、产业数字化、数字经济发展环境四个维度的省级数字经济发展水平评价指标体系。在微观层面，有研究使用文本分析法和专家打分法测算企业数字化转型指数，以此衡量企业数字化转型水平。

一些学者聚焦于数字经济的经济效应研究，主要基于要素配置（李治国和王杰，2021；黄永春等，2022）、技术创新（宋德勇等，2022）、效率提升（韦庄禹，2022）、绿色低碳（徐维祥等，2022）等视角。比如，黄永春等（2022）从要素配置视角分析了数字经济对城乡融合发展的影响，以及数字经济的门槛效应和空间溢出效应；田秀娟和李睿（2022）探讨了数字技术对实体经济转型的影响，发现数字技术与生产部门的集成整合有助于产业结构的优化调整和实体经济的数字化转型；唐要家等（2022）通过构建包含数据要素的内生增长模型，分析了数字经济对市场结构和创新绩效的影响。

## 二　商贸流通业发展

2018 年，王晓东在第四届贸易强国论坛暨中国流通产业高质量发展高层研讨会上提出，只有解决好去中间化和再中间化问题，才能实现流通产业高质量发展。肖亮和王家玮（2022）认为，现代流通体系的四大功能是信息传导、结构牵引、要素优化、科技创新。谢莉娟和王晓东（2021）认为，从本质来看，流通就是通过交换实现商品价值及其背后所有者经济利益的过程。王晓东和谢莉娟（2020）根据纯粹流通与生产性流通的劳动性质，将流通业划分为具有生产性劳动性质且被称为"第四个物质生产领域"的物流运输业和具有媒介性劳动性质并承接部分生产性劳动的批发零售业两大类。蒙天成和周利国（2021）讨论了"双循环"新发展格局下现代流通体系高质量发展的态势与推进策略，认为其重点是解决流通基础设施、流通环境市场化配置等方面问题。

商贸流通业发展水平测度与影响因素分析。有学者通过构建评价指标体系测度商贸流通业发展水平。比如，陈锦然等（2022）从规模、结构、效率、设施四个方面选取指标测度各省份流通业发展水平，并在此基础上考察流通业发展对国家价值链分工深化的影响；黄雨婷和文雯（2019）从规模、效率、竞争力三个方面选取指标测度流通业发展水平，考察流通业发展对经济增长的影响；任保显（2020）利用资本要素市场化程度、劳动要素市场化程度、劳动要素流通效率、经纪人适度指数、投资方向指数、产品增值指数测度流通业高质量发展水平；陈树广等（2022）从创新发展、协调发展、绿色发展、开放发展、共享发展、安全保障六个方面选取指标测度我国商贸流通业高质量发展水平。也有学者采用单一指标，如全要素生产率（李朝鲜，2022）、行业增加值（包振山等，2022）、商贸流通业从业人数占第三产业从业人数的比重等（孙先民和张国微，2022）测度商贸流通业发展水平。在关于商贸流通业发展影响因素的研究中，有研究考察了数字技术（李朝鲜，2022）、产业结构升级（包振山等，2022）对商贸流通业高质量发展的影响，还有研究考察政府补助（万长松，2022）、社会资本（彭晖等，2017）等对商贸流通业发展的影响。

### 三　数字经济对商贸流通业发展的影响

Venables（2001）指出，互联网有助于企业降低生产成本、组织管理成本、与上下游供应商或消费者的匹配和交流成本、物流运输成本等。Ding等（2020）认为，物联网、大数据、云计算、人工智能技术与先进管理的协同应用，能促使智慧物流中的货物运输、仓储、配送等环节实现信息共享、快速响应与资源整合。谢莉娟和王晓东（2020）以及刘向东等（2019）从数字化零售角度分析了数字经济对商贸流通业的影响，认为数字化零售以新一代信息技术为支撑，追求流通效率，能适应供求矛盾变化，缓解传统商贸流通业增长困境，但不会改变流通和零售的本质。周泽红和郭劲廷（2022）指出，数字化流通以数字平台为节点，推动生产组织方式从基于个别企业的断续生产向基于工业互联网产业链的连续生产演化，在加速实现商品价值的同时降低流通费用。谢莉娟（2015）指出，供应链逆向整合是流通组织应对互联网时代去中间化冲击、推动产业组织再造的新路径。俞彤晖和陈斐（2020）发现，商贸流通业的功能正在向生产组织、消费引导、价值提升方面扩展，智慧化转型逐渐成为我国商贸流通业高质量发展的重点方向。

关于数字经济对商贸流通业高质量发展影响的研究很少，主要基于数字化转型视角。Meng等（2022）通过实证分析发现，流通产业智慧化通过降低运输成本、提高全要素生产率、增加农村居民收入，促进区域经济协调发展与社会可持续发展。Loske和Klumpp（2022）发现数字化应用短期来看可能会导致流通企业效率降低，长期来看可能为流通企业带来持续竞争优势。余典范等（2022）通过构建数理模型探讨了互联网联系对地区间贸易成本的非对称影响，发现地区间贸易成本随着互联网联系的日益紧密而降低，且这种影响在互联网普及率较低的贸易目的地更显著。李朝鲜（2022）从企业角度探讨了数字技术驱动商贸流通企业高质量发展的效应与机制。

综上，现有研究从多个维度测度了数字经济和商贸流通业发展水平，考察了数字经济的经济效应，以及数字经济对商贸流通业发展的影响，但大多基于省级及以上层面，尚未从城市层面充分分析数字经济对商贸流通业发展的影响。为了进一步丰富商贸流通业发展相关研究，本章在城市层面选用221个地级及以上城市数据，选取指标测度商贸流通业高质量发展水平，从技术创新、产业共同集聚、消费结构升级三个方面分析数字经济对商贸流通业高质量发展的影响机制。

## 第二节　数字经济赋能商贸流通业高质量发展的理论分析

尽管现有研究表明，数字经济会在一定程度上对商贸流通业高质量发展产生影响，但其背后的理论机制尚未真正明晰。深入了解数字经济对商贸流通业高质量发展的赋能效应及其机制是开展后续研究的关键。基于相关文献，本节从数字经济的技术创新效应、产业共同集聚效应、消费结构升级效应入手，分析数字经济赋能商贸流通业高质量发展的理论机制。

### 一　技术创新效应

数字经济能促使企业改变创新模式（罗珉和李亮宇，2015），推动数字信息融入流通服务，方便企业精准监控商品销售与流通情况，根据消费者的潜在衍生需求，提供相应产品与服务。数字经济背景下，互联网商业模式的运用有助于拉近企业与消费者之间的距离，使消费者可以更加深入地参与产品生产和价值创造的全过程，推动企业创新发展（赵宸宇等，2021）。数字经济有助于创新主体之间的信息交流、知识共享、合作创新（邓荣荣和张翱祥，2022），从而有利于数字技术赋能作用的发挥。跨区域信息交流与知识共享有助于加强区域间合作创新，提升区域整体创新能力，创新主体联结能通过科技、金融和人才集聚优化城市创新环境，提高区域创新成果转化率。数字经济能促使企业不断进行产品、服务与技术创新，加快产品、服务与技术更迭，提升竞争力（李慧泉和简兆权，2022）。随着产品、服务与技术的不断更迭，商品市场不断扩容，给商贸流通业带来巨大机遇。随着竞争力的提升，数字化应用程度较高的企业会迅速抢占市场，挤压传统企业的市场空间，甚至凭借市场支配力量取得垄断地位（许恒等，2020）。数字技术的应用能促进信息交流与知识传播、流通系统管理与技术创新，减少市场上因信息不对称而导致的逆向选择和机会主义交易行为，提高商品资源供给效率。

## 二　产业共同集聚效应

数字经济能够加快商贸流通业再中间化进程，推动供应链整合与商贸流通业高质量发展。在商贸流通业重构过程中，通过优化供应链逆向整合，商贸流通业的职能由商品集散向资源聚合转变、由库存分担向关系调剂转变、由交换中介向智慧管理转变（谢莉娟，2015）。商贸流通业的再中间化使之与上游制造业的联系更加密切，在空间上趋于共同集聚。数字经济通过促进上下游企业间知识溢出、降低流通成本、提高劳动生产率，推动商贸流通业再中间化及其与上游制造业的共同集聚。维纳布尔斯（Venables，1996）指出，不完全竞争和运输成本是影响上下游产业区位的重要因素。在不完全竞争情况下，当运输成本处于中等水平时，上下游产业在空间上趋于集聚；当运输成本极低或极高时，上下游产业在空间上趋于离散。数字经济有助于缓解产业间资源错配问题，数字技术的应用有助于提高要素配置效率，降低流通费用，推动商贸流通业与制造业共同集聚。

数字经济通过增强生产端信息感知、推动产业链供应链深度融合，促进制造业与商贸流通业共同集聚，推动商贸流通业高质量发展。一方面，基于数字技术的高效畅通的信息传递与反馈渠道有助于降低产销两端信息不对称程度，增强制造业对市场需求信息的感知能力。数字技术创新能促进信息处理能力的提升和分析方法的革新。流通体系中大量消费端的碎片化需求在经过物联网、云计算、大数据等数字技术处理整合后，被回传至生产端，用以指导制造企业制订产品生产计划，降低库存水平，协同开发新产品和新工艺（Ding et al.，2020）。另一方面，数字经济有助于营造制造业与商贸流通业互促发展生态，实现产业链供应链有效互动、有机融合。数字经济通过促进上游制造业与商贸流通业合作，创新供应链协同运营模式，拓展物流新业态，推动制造业与商贸流通业在空间上共同集聚，提升产业链供应链现代化水平。

### 三 消费结构升级效应

数字经济会促进消费模式变革，引领消费结构升级（马香品，2020）。随着数字金融、物流运输、电子商务等配套行业的逐渐完善，销售模式由传统的线下模式向平台化、网络化模式转变，并衍生出海外代购、电商直播等多种类型，而电商平台的出现有助于解决市场信息不对称、结构性摩擦、交易运行成本过高等问题，提高市场交易效率，带动消费模式变革。随着数字普惠金融和移动支付的快速发展，消费者支付的便利度大大提高，同时由数字金融衍生而来的新型借贷方式能为消费者提供跨期消费选择，缓解流动性约束，推动消费结构升级（易行健和周利，2018）。数字技术的应用有助于制造业逆向分析消费者个性化需求，把握消费群体特征与偏好，发掘消费潜力（任保平等，2022）。电子商务的发展有助于商贸流通业重构流通框架，进行跨产业多角度流通，呈现多样化商品，精准匹配消费者多样化需求。数字金融的发展有助于降低离线交易成本，提升基础性消费水平，激发基础性消费潜力（何宗樾和宋旭光，2020）。数字经济逐步成为推动消费模式变革与消费结构升级的全新驱动力。数字经济既有利于消费环境的改善，也有利于消费结构的升级，通过提高享受型与发展型消费占比，从需求端推动商贸流通业高质量发展。

## 第三节　数字经济赋能商贸流通业高质量发展的研究设计

### 一　模型设定

为了考察数字经济对商贸流通业高质量发展的影响，本章构建如下双向固定效应模型：

$$cir_{it} = \alpha_0 + \alpha_1 digital_{it} + \alpha_2 X_{it} + u_i + u_t + \varepsilon_{it}$$

其中，$i$ 代表地区，$t$ 代表年份，$cir_{it}$ 代表 $i$ 地区 $t$ 年的商贸流通业高质量发展水平，$digital_{it}$ 代表 $i$ 地区 $t$ 年的数字经济发展水平。$X_{it}$ 代表一系列控制变量，包括金融发展水平、固定资产投资水平、政府干预程度和交通基础设施水平。$u_i$ 表示个体固定效应，$u_t$ 表示时间固定效应，$\varepsilon_{it}$ 代表随机扰动项。

进一步考察制造业与商贸流通业的共同集聚、消费结构升级、技术创新的调节作用，加入数字经济发展水平与调节变量的交乘项，构建如下模型：

$$cir_{it} = \theta_0 + \theta_1 digital_{it} + \theta_2 M_{it} + \theta_3 digital_{it} \times M_{it} + \theta_4 X_{it} + u_i + u_t + \varepsilon_{it}$$

其中，$M_{it}$ 为调节变量。

### 二　变量说明

#### （一）被解释变量

被解释变量为商贸流通业高质量发展水平（$cir$）。从流通规模、流通效益、流通转型、流通潜力、绿色流通、流通创新创业六个维度选取相关二级指标，构建商贸流通业高质量发展水平指标体系（见表1-8）。对各二级指标进行标准化处理，并利用熵权法确定权重，在此基础上测算商贸流通业高质量发展水平。

（二）核心解释变量

数字经济发展水平（*digital*）。构建城市数字经济发展水平指标体系（见表2-1），对指标数据进行标准化处理，利用熵权法确定权重，在此基础上测算数字经济发展水平。

（三）调节变量

（1）技术创新水平（*inno*）。城市专利授权总量越大，意味着城市创新水平越高。借鉴余泳泽和张少辉（2017）的方法，从创新活动产出角度，用专利授权总量（万项）衡量技术创新水平。

（2）产业共同集聚度（*coaggl*）。参考杨仁发（2013）与陈国亮和陈建军（2012）的方法，分两步计算制造业与商贸流通业共同集聚度。第一步，分别计算各城市制造业和商贸流通业的区位熵（即集聚程度）：

$$lq_{ij} = \frac{q_{ij}}{q_j} / \frac{q_i}{q}$$

其中，$lq_{ij}$是$i$城市$j$产业的区位熵，$q_{ij}$是$i$城市$j$产业产值，$q_i$是$i$城市所有产业产值，$q_j$是全国$j$产业的总产值，$q$是全国所有产业总产值。

第二步，用制造业和商贸流通业的区位熵计算制造业与商贸流通业共同集聚度：

$$coaggl_i = 1 - \left| \frac{lq_i^z - lq_i^s}{lq_i^z + lq_i^s} \right|$$

其中，$coaggl_i$为$i$城市的制造业与商贸流通业共同集聚度，$lq_i^z$为$i$城市的制造业区位熵，$lq_i^s$为$i$城市的商贸流通业区位熵。共同集聚度越高，则说明制造业与商贸流通业的共同集聚水平越高。

（3）消费结构升级（*consum*）。食品支出总额占个人消费支出总额的比重越低，说明该地区消费结构升级水平越高。借鉴石明明等（2019）、谢呈阳等（2021）的方法，用居民非食品消费支出占总消费支出的比重衡量消费结构升级。

（四）控制变量

（1）金融发展水平（*fin*）：金融业与商贸流通业相互影响，金融发展水平对商贸流通业高质量发展具有重要影响，较高的金融发展水平有助于降低商贸流通业融资成本，提高商贸流通业融资效率（李勇坚，2012）。用金融机构人民币贷款余额与地区生产总值的比值衡量金融发展水平。（2）固定资产投资水平（invest）：较高的固定资产投资水平有助于提高商贸流通业产出效率（柳思维和周洪洋，2016）。用固定资产投资额与地区生产总值的比值衡量固定资产投资水平。（3）政府干预程度（finexp）：政府对经济的适度干预有助于改善营商环境，促进经济高质量发展，政府的过度干预会导致资源配置的扭曲和市场活力的减弱（王晓东和王诗桦，2016）。用财政支出占地区生产总值的比重衡量政府干预程度。（4）交通基础设施水平（tra）：交通基础设施是商贸流通业发展的基础。借鉴龚新蜀等（2018）的方法，采用辖区内公路总里程与辖区面积的比值，并除以100衡量交通基础设施水平。

## 三　数据说明

本章选取2014~2020年我国221个地级及以上城市的面板数据进行实证分析。为了避免连续变量极端值的影响，对连续变量进行1%的双侧缩尾处理。采用插值法补齐部分缺失数据，剔除数据缺失严重的地级市。受数据可得性限制，未将香港、澳门和台湾、西藏地区的城市纳入分析范围。相关数据来自《中国城市统计年鉴》、各省份及其地级市统计年鉴、腾讯研究院网站、北京大学数字金融研究中心网站。变量的描述性统计结果见表5-1。

表5-1　变量描述性统计

| 变量 | 样本量 | 均值 | 标准差 | 最小值 | 最大值 |
| --- | --- | --- | --- | --- | --- |
| 商贸流通业高质量发展水平（cir） | 1547 | 0.1281 | 0.0946 | 0.0104 | 0.5475 |
| 数字经济发展水平（digital） | 1547 | 0.0789 | 0.0726 | 0.0185 | 0.5095 |
| 金融发展水平（fin） | 1547 | 1.1412 | 0.6746 | 0.2892 | 9.6221 |
| 固定资产投资水平（invest） | 1547 | 1.0234 | 0.5243 | 0.0163 | 5.6664 |
| 政府干预程度（finexp） | 1547 | 0.1999 | 0.0949 | 0.0661 | 0.7411 |
| 交通基础设施水平（tra） | 1547 | 0.1849 | 0.4258 | 0.0063 | 3.7317 |

## 第四节 数字经济赋能商贸流通业高质量
## 发展的实证分析

### 一 基准回归分析

为了考察数字经济对商贸流通业高质量发展的影响，根据基准模型进行回归分析，回归结果如表5-2所示。列（1）单独考察了数字经济与商贸流通业高质量发展的关系，结果显示数字经济发展水平的系数在5%的水平上显著为正，表明数字经济能够显著赋能商贸流通业高质量发展，提高区域内流通竞争力。在添加相关控制变量后，列（5）中数字经济发展水平的系数仍在5%的水平上显著为正，说明估计结果较为稳健，进一步验证了数字经济对商贸流通业高质量发展的赋能效应。

表 5-2　基准回归结果

| 变量 | （1） | （2） | （3） | （4） | （5） |
|---|---|---|---|---|---|
| *digital* | 0.1757 ** <br> (2.40) | 0.1546 ** <br> (2.12) | 0.1792 ** <br> (2.12) | 0.1548 ** <br> (2.12) | 0.1600 ** <br> (2.20) |
| *finexp* | | -0.1725 *** <br> (-4.57) | -0.1725 *** <br> (-4.57) | -0.1726 *** <br> (-4.50) | -0.1476 *** <br> (-3.80) |
| *tra* | | | -0.0011 <br> (-0.02) | -0.0011 <br> (-0.02) | -0.0011 <br> (-0.22) |
| *fin* | | | | -0.0018 <br> (-0.03) | 0.0005 <br> (0.11) |
| *invest* | | | | | -0.0133 *** <br> (-3.466) |
| 常数项 | 0.0195 *** <br> (3.19) | 0.0523 *** <br> (5.56) | 0.0522 *** <br> (5.48) | 0.0522 *** <br> (5.37) | 0.0583 *** <br> (5.92) |
| 时间固定效应 | 是 | 是 | 是 | 是 | 是 |
| 个体固定效应 | 是 | 是 | 是 | 是 | 是 |

| 变量 | （1） | （2） | （3） | （4） | （5） |
|---|---|---|---|---|---|
| $R^2$ | 0.5683 | 0.5751 | 0.5751 | 0.5751 | 0.5790 |
| N | 1547 | 1547 | 1547 | 1547 | 1547 |

注：*、**、***分别表示在10%、5%、1%的水平上显著，括号内数字为t值；余表同。

## 二 稳健性和内生性检验

在加入控制变量的基础上，本小节进行三种稳健性检验。一是剔除2020年的样本进行回归，以排除新冠疫情对商贸流通业高质量发展的冲击，具体结果见表5-3中列（1）。二是剔除北京、天津、上海、重庆四个直辖市的样本进行回归，以消除直辖市对估计结果的影响，具体结果见表5-3中列（2）。三是更换核心解释变量数字经济发展水平的衡量指标（更换为2015~2018年腾讯研究院的"互联网+"指数），重新估计，结果见表5-3中列（3）。可以发现，在上述三种估计结果中，核心解释变量数字经济发展水平的系数除了估计数值有所差异外，均显著为正，说明实证结果稳健。

表 5-3 稳健性检验结果

| 变量 | 剔除部分年份<br>（1） | 剔除部分样本<br>（2） | 替换核心解释变量<br>（3） |
|---|---|---|---|
| *digital* | 0.2678 ***<br>（3.12） | 0.1672 **<br>（2.44） | 0.0058 *<br>（1.88） |
| 常数项 | 0.0513 ***<br>（4.23） | 0.0551 ***<br>（6.03） | 0.0124<br>（0.95） |
| 控制变量 | 是 | 是 | 是 |
| 时间固定效应 | 是 | 是 | 是 |
| 个体固定效应 | 是 | 是 | 是 |
| $R^2$ | 0.5993 | 0.5911 | 0.7483 |
| N | 1326 | 1519 | 884 |

为了缓解可能存在的内生性问题，本小节采用两种方法进行内生性检验。一是参考杨慧梅和江璐（2021）的方法，以滞后一期的数字经济发展水平为工具变量进行两阶段最小二乘法回归，表5-4中列（1）和列（2）展示了基于工具变量的回归结果。首先，检验工具变量的有效性。从弱工具变量检验结果来看，Cragg-Donald Wald F 统计量为 3246.9510，远大于 10% 水平下的临界值 16.380，否定了存在弱工具变量的原假设；从不可识别工具变量的检验结果来看，Kleibergen-Paap rk LM 统计量为 83.0100，对应的 P 值为 0.000，否定了工具变量不可识别的原假设。因此，所选取的工具变量是有效的。从回归结果可以发现，在考虑内生性问题后，数字经济对商贸流通业高质量发展仍然表现出显著正向影响，与基准回归结果相比并未发生本质改变，这进一步佐证了基准回归得到的结论：数字经济能够赋能商贸流通业高质量发展。二是采用系统广义矩估计（SYS-GMM）模型缓解可能存在的内生性问题，回归结果见表5-4中列（3）。可以发现，各项检验均满足 SYS-GMM 模型的估计要求，扰动项一阶自相关且二阶不相关，说明模型设定合理。核心解释变量的回归结果仍显著为正，说明基准回归结果是可靠的。

表 5-4 内生性检验结果

| 变量 | 设置工具变量 | | 采用 SYS-GMM 模型 |
|---|---|---|---|
| | 第一阶段回归 | 第二阶段回归 | (3) |
| | (1) | (2) | |
| digital | | 0.9513 *** | 0.3854 *** |
| | | (56.98) | (2.61) |
| L. digital | 1.0725 *** | | |
| | (25.92) | | |
| L. cir | | | 0.3076 *** |
| | | | (2.26) |
| Kleibergen-Paap rk LM 统计量 | 83.0100 | | |
| Cragg-Donald Wald F 统计量 | 3246.9510 | | |
| AR(1) | | | 0.0410 |
| AR(2) | | | 0.8120 |

| 变量 | 设置工具变量 | | 采用 SYS-GMM 模型 |
| | 第一阶段回归 | 第二阶段回归 | （3） |
| --- | --- | --- | --- |
| | （1） | （2） | |
| Hansen | | | 0.1420 |
| 常数项 | 0.0007<br>（0.80） | 0.0619 ***<br>（20.88） | 0.0792<br>（1.43） |
| 控制变量 | 是 | 是 | 是 |
| 时间固定效应 | 是 | 是 | 是 |
| 个体固定效应 | 是 | 是 | 是 |
| $R^2$ | 0.9551 | 0.6811 | — |
| N | 1326 | 1326 | 1326 |

## 三 异质性分析

### （一）基于城市所在地区

为了考察在不同地区中，数字经济赋能商贸流通业高质量发展的差异，将全样本划分为东部、中部和西部样本，回归结果见表5-5。结果表明，东部地区样本下回归系数为正，但在统计上不显著，说明在东部地区数字经济对商贸流通业高质量发展未产生实质性影响，中部地区和西部地区样本下回归系数分别在5%和1%的水平上显著为正，说明在中西部地区数字经济可以显著赋能商贸流通业高质量发展。不同地区数字经济对商贸流通业高质量发展的影响存在差异的原因可能在于，东部地区城市的经济发展水平较高，市场竞争也更加激烈，商贸流通业的总体发展水平较高，提升空间较小，城市数字经济发展带来的数字红利有限，未能有效地在实际中反映。与东部地区相反，中部和西部地区的商贸流通业处在转型升级的关键时期，数字经济为商贸流通业高质量发展提供了新动力。

表 5-5 基于所在地区及与中心城市距离异质性的回归结果

| 变量 | 东部<br>（1） | 中部<br>（2） | 西部<br>（3） | 距离中心<br>城市较近<br>（4） | 距离中心<br>城市较远<br>（5） |
|---|---|---|---|---|---|
| *digital* | 0.0778<br>（0.56） | 0.1876**<br>（2.22） | 0.3368***<br>（2.75） | 0.2743***<br>（2.73） | −0.203*<br>（−1.87） |
| 常数项 | 0.1064***<br>（4.53） | 0.0307***<br>（2.69） | 0.0396***<br>（2.74） | 0.0706***<br>（3.83） | 0.066***<br>（6.17） |
| 控制变量 | 是 | 是 | 是 | 是 | 是 |
| 时间固定效应 | 是 | 是 | 是 | 是 | 是 |
| 个体固定效应 | 是 | 是 | 是 | 是 | 是 |
| $R^2$ | 0.5970 | 0.7033 | 0.5738 | 0.5787 | 0.622 |
| N | 616 | 567 | 364 | 770 | 777 |

（二）基于城市与中心城市距离

中心城市作为区域经济发展的增长极，通过与周边城市的互动优化，带动区域经济发展。一个城市与中心城市的距离越近，越有可能受到中心城市的正向辐射。为了考察与中心城市距离对数字经济赋能商贸流通业高质量发展的影响，将样本按照各城市与省级行政中心城市的直线距离进行划分，以中位数为界将样本划分为距离中心城市较近与距离中心城市较远两组样本，分组回归结果如表5-5中列（4）和列（5）所示。可以发现，同与中心城市距离较远的城市相比，在与中心城市距离较近的城市数字经济对商贸流通业高质量发展的赋能效应更强。这可能是因为，中心城市通常是经济活动中心和数字经济发展中心，一个城市距离中心城市越近，受到的影响越大。

（三）基于城市市场化水平

地区市场化水平也会影响数字经济对商贸流通业高质量发展的赋能效应。市场化水平越高的地区，要素越是能够根据市场需求自由流动，地区资源配置效率越高。在此根据樊纲等构建的市场化指数，以市场化指数中位数为标准，将样本划分为市场化水平较高和市场化水平较低两组，并分别对不同市场化水平下的两组样本进行回归，分组回归结果如表5-6中列（1）和列（2）所示。结果表明，在市场化水平较低的城市，数字经济对商贸流通业高质量发展的赋能效应不显著；在市场化水平较高的城市，数字经济对商贸流通业高质量发展的赋能效应显著。这可能是因为，与市场化水平较高的城市相比，在市场化水平较低的城市，要素配置更不均衡，市场壁垒更高，数字经济对商贸流通业高质量发展的赋能效应更容易被抵消。

表 5-6　基于市场化水平和人口规模异质性的回归结果

| 变量 | 市场化<br>水平较低<br>（1） | 市场化<br>水平较高<br>（2） | 人口>500万人<br>（3） | 人口≤500万人<br>（4） |
|---|---|---|---|---|
| *digital* | 0.0427<br>（0.32） | 0.2291**<br>（2.38） | 0.2433**<br>（2.02） | −0.0490<br>（−0.55） |
| 常数项 | 0.0580***<br>（3.33） | 0.0682***<br>（3.78） | 0.1219***<br>（5.13） | 0.0451***<br>（3.60） |
| 控制变量 | 是 | 是 | 是 | 是 |
| 时间固定效应 | 是 | 是 | 是 | 是 |
| 个体固定效应 | 是 | 是 | 是 | 是 |
| $R^2$ | 0.5745 | 0.5904 | 0.6239 | 0.6243 |
| N | 774 | 773 | 642 | 905 |

### （四）基于城市人口规模

为了考察不同的城市规模下数字经济赋能商贸流通业高质量发展的差异性，参考韦庄禹（2022）的做法，将全样本以500万人为分界线，分为城市人口规模大于500万人的样本和人口规模小于等于500万人的样本，将常住人口在500万人以上的城市视为大城市，常住人口规模在500万人及以下的视为中小城市，对两组样本进行回归分析。表5-6中列（3）和列（4）的结果显示，在中小城市，数字经济对商贸流通业高质量发展的赋能效应不显著；在大城市，数字经济对商贸流通业高质量发展的赋能效应显著。这可能是因为，与中小城市相比，大城市人口更多，消费潜力、市场规模更大。

## 四 机制检验

本小节参考柏培文和张云（2021）以及江艇（2022）的做法来检验调节机制。首先，为了防止多重共线性，将核心解释变量和调节变量进行中心化处理，然后进行回归估计，估计结果如表5-7所示。可以发现，在控制其他影响因素的情况下，三个交乘项的系数均显著为正，这说明数字经济可以通过技术创新、产业共同集聚、消费结构升级对商贸流通业高质量发展产生赋能效应。

表5-7 机制检验结果

| 变量 | （1） | （2） | （3） |
|---|---|---|---|
| $digital \times consum$ | 2.7215 *** <br> （4.25） | | |
| $digital \times coaggl$ | | 0.7208 *** <br> （3.21） | |
| $digital \times inno$ | | | 0.0418 *** <br> （3.26） |
| 常数项 | 0.0678 ** <br> （2.05） | 0.0476 *** <br> （4.58） | 0.0514 *** <br> （5.44） |
| 控制变量 | 是 | 是 | 是 |
| 时间固定效应 | 是 | 是 | 是 |
| 个体固定效应 | 是 | 是 | 是 |
| $R^2$ | 0.5849 | 0.5839 | 0.6418 |
| N | 1547 | 1547 | 1547 |

# 第五节 主要结论与对策建议

本章基于技术创新效应、产业共同集聚效应和消费结构升级效应三个方面理论分析了数字经济对商贸流通业高质量发展的赋能效应，基于流通规模、流通效益、流通转型、流通潜力、绿色流通和流通创新创业六个方面构建商贸流通业高质量发展水平指标体系，基于数字产业化、产业数字化、数字经济发展环境三个方面构建数字经济发展水平指标体系。构建2014~2020年我国221个地级及以上城市的面板数据，采用双向固定效应模型实证检验数字经济对商贸流通业高质量发展的赋能效应及其机制。（1）数字经济能够赋能商贸流通业高质量发展，且通过一系列稳健性与内生性检验后结论依然成立。（2）异质性分析结果表明，数字经济对商贸流通业高质量发展的赋能效应在位于中西部地区、与中心城市距离较近、市场化水平较高、人口规模较大的城市表现得更明显。（3）数字经济可通过技术创新、制造业与商贸流通业共同集聚、消费结构升级赋能商贸流通业高质量发展。

根据上述研究结论，提出如下对策建议。第一，积极推动数字产业化和产业数字化，提升数字经济发展水平，夯实数字经济发展的基础。要支持关键数字技术创新，鼓励商贸流通企业通过应用数字技术提高流通效率。从数字产业化角度来看，应大力扶持信息技术服务业、计算机通信制造业等数字产业发展，为商贸流通业数字化提供技术和服务支撑。从产业数字化角度来看，应通过税收减免、技术支持等措施降低商贸流通业数字化转型成本和技术壁垒，推动商贸流通业数字化转型。根据数字经济发展水平和商贸流通业所处的发展阶段，因地制宜制定相关产业政策。在数字经济发展水平较低的中西部地区，应重点加强数字基础设施建设，积极推动商贸流通业数字化转型；在数字经济发展水平较高的东部地区，应重点提升商贸流通业产出效率，鼓励数字技术创新，建设商贸流通数字示范区，发挥其辐射带动作用。

第二，加快建设公共大数据平台，为商贸流通业上下游产业提供数据支持与服务，破除数据壁垒，联通供应链上下游，实现真正意义上的数据流通。商贸流通业连接着生产端和消费端。一方面，商贸流通业可以通过公共大数据平台进行完整有效的信息传递。这既有助于深度挖掘消费端的个性化需求，也有助于及时反馈市场信息，保证生产端的供给畅通，实现商贸流通业上下游有效对接，优化供给侧产能配置，建设高效畅通的智慧流通体系。另一方面，政府通过对公共大数据平台进行监管，既能在一定程度上防范数据安全风险，也能根据上下游反馈的数据信息监测市场波动，对潜在风险进行预警。建立健全相关法律法规，加强对技术性垄断和不正当竞争行为的监管，优化营商环境，引导商贸流通业合规良序高质量发展，以免率先进行数字化转型的企业过度抢占市场、构筑市场壁垒、损害市场效率。

# 第六章　数字经济赋能服务业高质量发展

党的二十大报告指出，高质量发展是全面建设社会主义现代化国家的首要任务。2023 年，我国第三产业取得显著的发展成果，其增加值达到 6.9 万亿美元，在 GDP 中的占比为 54.6%，第三产业对 GDP 增长的贡献率达到 60.2%。<sup>①</sup> 随着社会主义市场经济的发展，服务业在国民经济中所占的比重逐渐增加，在调节生产关系和扩大内需、推动产业结构升级和深化供给侧改革等方面起到强大支撑作用。在经济发展转型和产业结构优化升级的过程中，服务业已经成为建设现代化市场经济体系、推动高质量发展的不可忽视的环节。然而，我国服务业存在与制造业融合发展不够、劳动生产率低、现代服务业发展不足以及产业内部结构失衡等问题。因此，推动服务业的高质量发展，更好地发挥它对实体经济的支撑作用，是经济发展的重中之重。

现阶段，随着大数据、云计算等前沿技术的持续创新与发展，我们正迎来数字经济发展的崭新阶段。数字经济既是创新驱动型经济的重要组成部分，也是当今经济增长的重要引擎之一，通过数字化、网络化和智能化技术，数字经济能够促进生产力的发展、创新能力的释放，促进经济结构的变革和产业模式的创新从而推动经济的持续增长。作为新兴的技术应用，数字经济在升级生产技术、创新消费方式的同时，有效地促进资源的优化配置，为经济社会高质量发展注入强大动力。在数字技术的加持下，各种新模式和新业态出现，它们在一定程度上促进社会资源的充分利用，为当下的经济社

---

① 数据来源：国家统计局。

会生活提供很多便利。同时，数字经济的发展无疑会为服务业的发展模式、生产方式等带来转变，促进服务业的数字化转型，提升服务业生产效率等，从而为服务业发展提供动力。

## 第一节　数字经济赋能服务业高质量发展的文献综述

### 一　服务业高质量发展

推动服务业高质量发展是促进产业结构升级、构建现代化产业体系的重要抓手，了解服务业高质量发展的内涵，有助于更好地推动服务业的高质量发展。关于服务业高质量发展的内涵界定，学者们有不一样的看法。夏杰长和姚战琪（2018）指出服务业的开放对于其发展具有重要作用，而服务业的高质量发展则要求服务业与其他产业深度融合，推动传统服务业的转型升级。金碚（2018）认为高质量发展要顺应社会主要矛盾的变化，即为了满足人民日益增长的美好生活需求，服务业的高质量发展必须紧密适应市场需求的变化。姜长云（2019）提出，在实现服务业高质量发展的进程中，需要重视服务业发展质量的稳定，考察社会对服务的需求及其结构的变化，并评估这些需求的变化能否与市场需求相匹配，从而确保服务业的持续发展。陈景华和徐金（2021）在研究中指出，现代服务业的高质量发展应展现出创新、协调、持续、开放和共享的发展特性。他们基于新发展理念，分析现代服务业发展的现状及其差异。洪群联（2021）在明确服务业高质量发展内涵的基础上，进一步以新发展理念为导向，构建服务业高质量发展的指标体系。

关于服务业高质量发展的衡量，国内外学者进行了大量的研究。部分学者使用服务业劳动生产率来反映服务业高质量发展的现状（张云和曹啸，2022；周卫民等，2022；李帅娜，2021），李籽墨和余国新（2023）基于超效率 SBM 模型测度中国生产性服务业高质量发展水平，并讨论其空间差异。另有学者构建服务业高质量发展多维评价指标体系，肖磊等（2018）从发展现状、经济增长和成长潜力三个角度构建服务业发展评价指标体系，从而全面揭示各地区服务业的发展状况。赵瑞和申玉铭（2020）以黄河流域57个地级城市为主要研究对象，从发展规模、发展结构和发展效益三个角度评价黄河流域的服务业高质量发展水平。李燕萍和李乐（2022）为了系统考察我国人力资源服务业的发展态势，从规模扩张、结构优化、创新发展、协调并进和对外开放五个角度构建人力资源服务业的评价指标体系。崔宏桥等（2022）从服务业的创新、结构、融合以及规模四个方面，构建评价我国服务业高质量发展水平的指标体系，得出我国服务业高质量发展存在不均衡问题。夏杰长等（2022）为研究浙江省的服务业发展质量，从规模与效率、创新质量、高端专业服务等多个维度出发，构建较为全面的评价指标体系，并探究服务业发展质量与区域发展差距之间的关系。陈景华等（2022）基于新发展理念，构建评价山东省现代服务业高质量发展的指标体系。以上研究表明，大部分学者基于多维度、多角度的分析，构建较为全面的指标体系，这些为理解和开展服务业高质量发展的内涵和测度提供了重要的参考。

## 二 数字经济与服务业发展

关于数字经济与服务业发展之间关系的研究较为丰富，但主要体现在服务业的某一维度。具体来看，主要包括以下三个方面。一是数字经济促进服务业生产效率的提升。刘国武等（2023）通过实证检验发现，数字经济的发展能够促进服务业生产效率的提升，为服务业的高质量发展提供有力支撑。李帅娜（2021）研究发现，数字技术对服务业生产率具有积极的影响并且存在异质性冲击。二是数字经济推动服务业结构升级。戴魁早等（2023）指出数字经济的发展显著促进我国城市服务业结构升级，且政府治理效能可以强化数字经济的促进作用。周少甫和陈亚辉（2022）从服务业结构升级的角度，实证研究发现数字经济的发展能推动服务业的结构升级，从而促进地区经济发展。三是数字经济可以缓解服务业"成本病"问题。庞瑞芝和李帅娜（2022）研究发现虽然目前服务业存在"鲍莫尔成本病"问题，但是数字经济的发展可以减弱"成本病"效应。李晓华（2022）认为我国存在服务业"成本病"问题，数字经济的发展可以通过提升服务业生产效率，在一定程度上缓解"成本病"问题。

随着新一代信息技术的发展，数字经济作为社会经济发展的新动能，对要素配置效率产生了重要影响。数字经济发展能够显著地提高资本、劳动和土地等生产要素的配置效率（黄永春等，2022；Labaye and Remes，2015）。刘诚和夏杰长（2023）研究发现数字平台可以降低城市资源错配程度，从而提高资源配置效率。从资源配置的要素来看，已有研究主要集中在以下三个方面。一是劳动力配置效率。Acemoglu 和 Restrepo（2018）研究表明，数字技术打破了劳动者在时间和空间上面临的限制，为劳动者提供了更多就业选择，进而可以提高劳动力配置效率。吕康银等（2023）提出数字经济发展通过提升企业技术创新水平、企业人力资本水平和促进企业数字化转型三个方面，促进企业劳动力配置效率的提升，并且能够优化劳动力的空间配置，实现劳动力的跨地市流动。二是资本配置效率。孙芳城等（2023）认为企业数字化转型对企业发展具有积极效应，包括信息获取的便捷性、融资渠道的多样性以及治理方式的高效性等，从而能够优化企业的投资决策，提高资本的配置效率。张宗新和张帅（2022）从资本要素错配的角度出发，验证数字金融的发展可以显著减少金融市场摩擦，纠正资本要素错配，提高资本配置效率，且数字经济对资本错配的纠正效果总体呈现上升态势。三是技术配置效率。李慧泉和简兆权（2022）基于资源配置理论，实证检验数字经济的发展显著提高技术企业的资源配置水平，使用门槛模型分析发现数字经济对技术企业的资源配置的影响具有"边际效应"递增的非线性特征。

资源配置效率的提高不仅有助于提高服务业的生产效率和效益，还能够为服务业的可持续发展奠定坚实基础。戴魁早等（2023）发现要素配置效率的提高可以促进城市服务业结构升级。张玲等（2024）基于劳动要素配置角度，分析得出在服务平台数字化转型过程中，通过用工模式选择可以优化资源配置，从而促进服务业企业的高质量发展。黄少安和孙璋（2023）研究发现自贸区的建设可以优化市场秩序以及减轻融资约束，从而推动服务业生产要素的快速流通，使得服务业资源配置得到优化，实现服务业企业的最优化生产和服务。韩沈超（2023）指出互联网的发展能够显著提升服务业在全球价值链中的参与度，其中主要的推动路径是提升资源配置效率，从而提高服务业生产率，且这种促进作用在生产性服务业中更为明显。可以看出，在服务业发展过程中，资源配置效率的提高起着至关重要的作用。

## 第二节　数字经济赋能服务业高质量发展的理论分析

### 一　数字经济对服务业高质量发展的影响

服务业的高质量发展体现在企业的转型升级、业态模式的创新与产业的融合发展等各个方面，而数字经济时代出现的新的平台经济，使得服务业的发展逐渐多样化，由此数字经济成为服务业高质量发展的主要动力。

从微观层面来看，随着数字经济时代的到来，服务业企业开始新一轮数字化转型，以更好地融入全球创新网络，显著提升绩效（李雪松等，2022；Gregory，2019）。具体来看，体现在以下三个方面。一是借助数字技术可以提供个性化服务，提高服务质量。数据分析技术可以帮助企业更好地了解和掌握客户的需求和偏好，根据消费者需求定制个性化服务。同时，企业可以运用数字技术对服务进行监管，提高服务质量。通过数字化的评估系统，对企业所提供的服务进行全面评估，从而倒逼企业提高其服务的标准和质量。二是数字经济的发展可以升级服务业企业的生产流程和业务模式，提高服务业生产效率。数字化的生产设备可以优化企业的劳动力配置、缩短企业生产周期，数字经济为服务业带来在线平台、共享经济等新的业务模式，服务提供者可以更好地满足消费者的需求，提供更具竞争力的服务产品，从而提高服务业生产效率。三是数字经济的发展可以降低服务业企业成本。在线平台和数字化技术的使用，能够提升服务业企业的管理效率，并且通过对数字系统和在线平台的运用，服务业企业可以实现自动化处理，这有助于降低服务业交易过程中的人力成本以及时间成本。综上所述，数字经济促进服务业企业提高服务质量、提升生产效率以及降低经营成本等，最终推动服务业企业的高质量发展。

从宏观层面来看，数据作为一种新的要素加入生产活动中，为服务业高质量发展注入新动能（荆文君和孙宝文，2019）。具体来看，体现在以下三个方面。一是拓展服务领域边界，推动服务业创新。数字经济为服务业的发展提供新的机遇和可能性，通过数字化技术，服务业可以进入新的领域。通过对数字技术的运用实现服务业的创新发展，推出新产品、新业态，为消费者提供多样化和个性化的服务，满足消费者多样的需求，提高服务业发展质量。二是优化服务供给结构，促进产业协同发展。新兴的数字服务平台和在线服务市场促进信息的共享以及拓宽服务产品渠道，推动服务提供者不断进步和发展，优化服务供给的结构，促进产业的协同发展。三是数字经济打破传统行业的边界，促进服务业与其他行业的融合。服务业可以借助数字经济拓展业务领域，提供更多元、更优质的服务，实现与制造业、农业等行业的融合，创造更多的跨界合作和增值服务，向全产业链延伸，从而实现高质量发展。

## 二　基于资源配置效率的传导机制

本章认为数字经济能够赋能服务业高质量发展的重要原因在于，数字经济发展能够显著地提高资本、劳动和技术等生产要素的配置效率，而作为影响服务业发展的重要因素，资源配置效率的提高将推动服务业生产效率上升（Hsieh and Klenow，2009；项松林，2020），进而有助于实现服务业的高质量发展。

一是劳动力配置效率。数字经济提高劳动力配置效率主要体现在以下三个方面。首先，数字技术的发展提高劳动生产效率。自动化和人工智能等技术的应用大大减少重复性劳动，需要更多能够适应数字经济时代要求的劳动力，劳动力通过不断学习和更新知识，不断提升技能素养和生产水平，从而促进生产效率的提高。其次，数字经济促使信息的共享和透明。线上招聘平台、人才市场等数字化工具使得雇主和求职者可以更容易地找到彼此，由此劳动力市场的匹配效率得到提高。数字经济的发展催生了线上线下相结合的新模式，线上平台的信息披露有利于解决线下就业岗位的信息不对称问题，为就业者提供更多的就业机会，提高劳动力的配置效率。最后，数字经济提供更灵活的工作模式。远程办公、自由职业等，使劳动力可以更方便地在不同行业和地区之间流动，从而更有效地匹配需求。

服务业范畴跨度较大，既包括劳动密集型传统服务业，也包括知识密集型新兴服务业，它们对人才和资源的需求较大。提高劳动力资源配置效率使得人才在不同地区和行业间得到更加合理的配置，从而进一步提高服务业的生产效率和经济效益，实现服务业的高质量发展。一方面，劳动力配置的改善可以提高人力资源供给水平，促进服务业人才队伍建设（江小涓，2011）。有效的劳动力配置可以帮助服务业更好地管理人力资源，避免人力资源的浪费和过度使用，从而提高劳动力配置效率，并且可以确保服务人员具备适当的技能，加快服务业人才队伍建设，使之能够更好地满足客户需求，提供高质量和高效率的服务，以提升客户体验，实现服务业的可持续发展。另一方面，提升劳动力配置效率可以促进服务业的数字化转型。劳动力的有效配置可以更好地融合数字技术，促使服务业更灵活地创新服务模式，采用更高效的技术流程，实现转型升级，提供更具竞争力和创新性的服务，进而高质量发展。

二是资本配置效率。数字经济提高资本配置效率主要体现在以下三个方面。首先，数字经济实现的数据和信息共享，使资本市场更加透明。通过信息技术的运用，投资者能够更准确地评估项目的风险和收益，这有助于更好地分配资本，使资金流向最有潜力的项目和行业。同时，数字平台的信息共享可以降低资金的交易成本，使得资本的流动更加高效，有助于促进资本的有效配置。其次，数字技术的应用使得可以根据不同需求做出资本的最优化决策。数据搜集、数据分析等技术的应用，使得可以更加精准地获得相关信息，有助于降低信息的不对称所带来的风险（徐伟呈和范爱军，2022），满足投资者多样化的需求，在一定程度上提高资本配置效率。最后，数字经济催生的新产业和新业态，吸引资本的流入。云计算、大数据、人工智能、物联网等新兴产业的发展，吸引大量资本的投入，数字技术所带来的信息获取及投资模式的改变会在一定程度上消解企业"用脚投票"的现象，避免资本的过度投资，从而提升资本的配置效率。

资本配置效率的提高可以优化投资方向，资金流入服务业，为服务业发展提供有力支持，因此资本配置效率的提升对服务业的高质量发展具有积极影响。一方面，资本配置效率的提升可以促进服务业创新。资本的有效配置使资金能够流向服务业中具有前景的项目，资金支持可以促进服务业的创新发展。因此，服务业产品质量和服务业效率得到提升，满足消费者的多样化需求，从而实现服务业高质量发展。另一方面，资本配置效率的提升有助于提高服务业企业的竞争力。资本配置效率的提高促进服务业实现更合理的产业布局，推动传统服务业的转型升级，缓解中小企业融资难问题，为服务业注入新的增长动力，服务业企业可以在市场中更具竞争力，从而实现服务业的高质量发展。

三是技术配置效率。数字经济提高技术配置效率主要体现在以下三个方面。首先，数字经济的发展有利于技术的精准运用。企业运用数字技术更高效地管理和分析数据，了解哪些方面需要技术的投入，从而提高技术的运用效率，实现技术资源的高效配置。数字经济推动技术的创新。其次，数字经济带来智能化和自动化技术的发展，企业可以实现生产过程的智能化，利用数字平台预测市场需求，从而催生技术创新，提高技术资源的利用效率。最后，数字经济的发展促进技术资源的共享。数字经济催生出在线平台等新业态，为企业间的技术交流和合作提供便利，促进技术资源的优化配置。技术资源的共享有助于降低技术创新的门槛和风险，提高技术配置效率，为服务业的高质量发展提供动力。

通过合理运用创新和共享技术资源，可以实现技术配置的优化，新兴技术的运用推动服务业高质量发展。一方面，技术配置效率的提升可以促进服务业的转型升级。对于生产性服务业而言，自动化、智能化等生产技术的发展和运用，改变生产方式和管理模式。随着技术的不断进步和应用，服务业向数字化、个性化方向发展，催生出新的服务模式，实现从传统服务到智能服务的转变，实现转型升级，进而实现高质量发展。另一方面，技术配置效率的提升促进服务业创新。运用数字技术开发出新的服务模式和业务模式，为服务业发展带来新的动力，从而促进服务业的高质量发展。

## 第三节　数字经济赋能服务业高质量发展的研究设计

### 一　模型设定

根据上文的理论分析，为了检验数字经济对服务业高质量发展的赋能效应，构建如下模型：

$$ser_{it} = a_0 + a_1 dig_{it} + a_2 X_{it} + g_i + d_t + e_{it}$$

式中，$i$ 和 $t$ 分别代表城市和年份，$g$ 为个体固定效应，$d$ 为时间固定效应，$e$ 代表随机扰动项；$ser$ 表示服务业高质量发展水平；$dig$ 表示数字经济发展水平；$X$ 代表控制变量，包括经济发展水平、金融发展水平、外商投资水平、人口密度和城镇化水平。

为了检验资源配置效率下数字经济赋能服务业高质量发展的传导机制，借鉴诸竹君等（2022）的做法，构建如下机制检验模型：

$$m_{it} = b_0 + b_1 dig_{it} + b_2 X_{it} + g_i + d_t + e_{it}$$
$$ser_{it} = h_0 + h_1 m_{it} + h_2 X_{it} + g_i + d_t + e_{it}$$

式中，$m$ 表示资源配置效率，分别是资本配置效率（$capital$）、劳动力配置效率（$labor$）和技术配置效率（$tech$）。

### 二　变量设定

#### （一）被解释变量

服务业高质量发展水平（$ser$）。从服务业发展的经济效益、结构优化、发展环境、开放程度以及共享水平五个方面构建服务业高质量发展水平的评价指标体系（如表1-9所示），进一步利用熵权法计算出指标的权重，最终获得城市的服务业高质量发展指数。

（二）核心解释变量

数字经济发展水平（$dig$）。基于构建的数字经济发展水平指标体系（如表2-1所示），采用熵权法计算出指标的权重，最终得到188个城市的数字经济发展指数。

（三）机制变量

根据白俊红和刘宇英（2018）对资源错配水平的测算，具体计算方法为：

$$\gamma_{L,i} = \frac{1}{1+\tau_{L,i}}, \gamma_{K,i} = \frac{1}{1+\tau_{K,i}}$$

其中 $\gamma_{L,i}$ 和 $\gamma_{K,i}$ 为要素价格绝对扭曲系数，代表资源扭曲加成情况。$\tau_{L,i}$ 与 $\tau_{K,i}$ 分别表示劳动力错配指数与资本错配指数。在实际的运算中采用价格相对扭曲系数来替代：

$$\hat{\gamma}_{L,i} = \left(\frac{L_i}{L}\right) \bigg/ \left(\frac{s_i\beta_{L,i}}{\beta_L}\right), \hat{\gamma}_{K,i} = \left(\frac{K_i}{K}\right) \bigg/ \left(\frac{s_i\beta_{K,i}}{\beta_K}\right)$$

其中 $s_i$ 衡量的是 $i$ 城市的产出占总产出的比重；$\beta_{L,i}$ 与 $\beta_{K,i}$ 分别表示假设生产函数规模报酬不变条件下用索洛余值法测算的劳动要素与资本要素产出弹性；$\beta_L = \sum_i^N s_i\beta_{L,i}$ 指劳动的贡献值，$\beta_K = \sum_i^N s_i\beta_{K,i}$ 指资本的贡献值；$L_i/L$ 表示 $i$ 城市实际使用的劳动力占总劳动力的比重；$K_i/K$ 表示 $i$ 城市实际使用的资本量占总资本的比重；$s_i\beta_{L,i}/\beta_L$ 与 $s_i\beta_{K,i}/\beta_K$ 分别表示当劳动力和资本有效配置时 $i$ 城市两者的理论比例。

由于资源错配包括资源配置不足和过度两种情况，为了确保回归分析的一致性，在此借鉴季书涵等（2016）的做法，对资本和劳动力错配进行绝对值处理。具体而言，资源错配指数的大小反映资源错配的程度，即资源错配指数越大，说明资源错配状况越严重，资源配置效率越低。为了更直观地反映资源配置效率的提高，对资源错配指数进行取倒数处理，得到资本配置效率（$capital$）

和劳动力配置效率（*labor*），该指数越大，说明资源配置效率越高。

此外，借鉴戴魁早（2018）的做法，选取技术市场成交额衡量各省份技术市场发展程度，将之作为技术配置效率（*tech*）的衡量指标。考虑到本章以地级及以上城市作为研究主体，而技术市场成交额仅披露到省级，因此借鉴袁航和夏杰长（2023）的做法，对数据进行如下处理：一是在省级层面计算地级城市生产总值的比重；二是用该比重乘以省级层面的技术市场成交额，即得到市级技术市场成交额。

（四）控制变量

参考相关研究（贾洪文等，2021），加入如下的控制变量。（1）金融发展水平（*fin*）。金融发展水平的提升有助于提供更多的融资渠道和金融服务，促进服务业企业的创新发展和规模扩张，推动服务业高质量发展。以城市的年末机构存贷款余额与生产总值的比值进行衡量。（2）人口密度（*den*）。人口密度高的城市往往有着更大的市场规模和更多的消费需求，这会为服务业的发展提供更多的发展空间。采用单位面积人口进行衡量。（3）经济发展水平（*pgdp*）。经济发展水平的提高有助于推动服务业朝着更加多元化的方向发展。采用城市的人均生产总值进行衡量。（4）外商投资水平（*for*）。外商投资不仅会为服务业带来资金和技术等支持，为服务业发展注入新的活力，还会带来先进技术和管理经验，加速服务业的转型升级。使用外商直接投资额与生产总值的比值进行衡量。（5）城镇化水平（*urban*）。城镇化有助于完善基础设施，激发庞大的市场需求，推动服务业需求的快速扩张。采用城镇人口占全部人口的比重进行衡量。

## 第四节　数字经济赋能服务业高质量发展的实证分析

### 一　基准回归分析

为了实证检验数字经济与服务业高质量发展之间的关系，使用普通最小二乘、随机效应以及固定效应三种模型进行回归，回归结果如表6-1所示。

从列（1）~列（3）可以看出，在三种方法下，数字经济对服务业高质量发展均存在显著的正向促进作用，表明数字经济能够赋能服务业高质量发展。通过 Hausman 检验可以看出，在1%的显著性下拒绝原假设，因此应选用固定效应模型进行实证分析。在固定效应模型下，数字经济发展水平的回归系数在1%的水平下显著为正，表明数字经济能够赋能服务业高质量发展。

表 6-1　数字经济对服务业高质量发展的影响

| 变量 | 被解释变量：服务业高质量发展水平（ser） | | | |
|---|---|---|---|---|
| | （1）<br>OLS | （2）<br>RE | （3）<br>FE | （4）<br>FE |
| dig | 0.2474 ***<br>（12.8337） | 0.1790 ***<br>（8.8594） | 0.1896 ***<br>（8.8312） | 0.0656 ***<br>（2.7131） |
| fin | 0.0056 ***<br>（2.8812） | 0.0135 ***<br>（5.8190） | 0.0144 ***<br>（5.7026） | 0.0043 *<br>（1.7238） |
| den | 0.0024 ***<br>（8.8161） | 0.0027 ***<br>（5.2378） | 0.0009<br>（1.0525） | 0.0023 ***<br>（3.3531） |
| pgdp | 0.0324 ***<br>（15.7990） | 0.0147 ***<br>（5.7107） | 0.0078 ***<br>（2.9825） | 0.0105 ***<br>（4.1425） |
| for | 0.1043 **<br>（2.4418） | 0.0148 ***<br>（6.9227） | 0.1708 ***<br>（5.8995） | 0.1271 ***<br>（5.1501） |
| urban | 0.0546 ***<br>（5.3875） | −0.0195<br>（−1.6193） | 0.0326 **<br>（2.4361） | −0.0049<br>（−0.3983） |
| 常数项 | −0.1904 ***<br>（−8.2703） | 0.0727 ***<br>（2.8219） | 0.1472 ***<br>（5.2765） | 0.1075 ***<br>（3.8598） |
| 年份固定效应 | 不控制 | 不控制 | 不控制 | 控制 |
| 城市固定效应 | 不控制 | 不控制 | 控制 | 控制 |
| Hausman 检验 | P = 0.000 | | | |
| N | 1692 | 1692 | 1692 | 1692 |
| R² | 0.4651 | 0.1056 | 0.1133 | 0.3673 |

注：*、** 和 *** 分别表示在10%、5%和1%的水平下显著，括号内为 t 值；余表同。

从控制变量来看，金融发展水平的系数显著为正，说明随着金融发展水平的提升，服务业能够更有效地利用金融工具来管理风险、提高效率。经济发展显著促进服务业高质量发展，因为经济发展水平越高、基础设施建设越好的地区，服务业的发展机会越多，越是可能培育发展新兴服务业，从而越有利于服务业的高质量发展。外商投资对服务业高质量发展也存在显著的正向促进作用，外商直接投资的增加可以提供给地区更多的建设资金，增强地区经济发展活力，进而有利于服务业高质量发展。人口密度对服务业高质量发展也存在着显著的促进作用，人口密度越大的城市，服务需求越多，服务业发展的前景越好，越有利于服务业高质量发展。然而，城镇化对服务业高质量发展的影响不显著。

## 二　稳健性与内生性检验

### （一）工具变量法

虽然基准回归中使用固定效应模型，并加入会影响服务业高质量发展的其他因素作为控制变量，但无法避免可能存在的内生性问题，可能的原因在于：一是影响服务业高质量发展的因素较多，难以考虑完全；二是数字经济和服务业高质量发展之间可能存在双向因果关系，服务业发展质量越好的地区，其数字经济发展程度也就越高。为了缓解内生性问题，在此通过构建工具变量，使用两阶段最小二乘法进行内生性检验。

参考黄群慧等（2019）的做法，选择各城市1984年每百人固定电话数量作为数字经济发展水平的工具变量，由于各城市1984年每百人固定电话数量是横截面数据，而本章研究采用的是城市面板数据，因此为了将横截面数据处理为面板数据，参考 Nunn 和 Qian（2014）的处理方法，具体使用各城市1984年每百人固定电话数量与上一年全国互联网用户数的交乘项（$IV1$）作为数字经济发展水平的工具变量。回归结果如表 6-2 所示，列（1）中工具变量的回归系数显著，满足相关性要求。LM 统计量的 P 值为 0，因此显著拒绝"工具变量识别不足"的原假设，Wald F 统计量大于弱识别检验 10% 水平上的临界值 16.38，因此拒绝"存在弱工具变量"的原假设，说明该工具变量的选取较为合理。第二阶段回归结果显示，数字经济发展水平的回归系数在 1% 的水平下显著为正，说明数字经济能够显著赋能服务业高质量发展，与上文的基准回归结果一致。

表 6-2　内生性检验结果

| 变量 | IV1 | | IV2 | |
| --- | --- | --- | --- | --- |
| | （1） | （2） | （3） | （4） |
| | 第一阶段 | 第二阶段 | 第一阶段 | 第二阶段 |
| IV | 0.0621 *** <br> (13.3885) | | 0.2815 *** <br> (9.4430) | |
| dig | | 0.1169 *** <br> (1.9109) | | 0.3841 *** <br> (4.3910) |
| 常数项 | -0.4340 *** <br> (-18.7263) | -0.2140 *** <br> (-6.3833) | -0.3114 *** <br> (-10.8814) | -0.0720 <br> (-1.6033) |
| 控制变量 | 控制 | 控制 | 控制 | 控制 |
| Kleibergen-Paap rk LM | 39.493 *** | | 42.621 *** | |
| Kleibergen - Paap rk Wald F | 66.767 *** | | 31.755 *** | |
| 年份固定效应 | 控制 | 控制 | 控制 | 控制 |
| 城市固定效应 | 控制 | 控制 | 控制 | 控制 |
| N | 1692 | 1692 | 1692 | 1692 |
| R$^2$ | 0.6472 | 0.4793 | 0.6242 | 0.4366 |

此外，更换工具变量再次进行检验，由于各城市数字经济发展水平受到经济发展水平的影响，借鉴杨仁发和郑媛媛（2023）的方法，用其他城市 $c$（$c \neq i$）数字经济发展指数的加权（IV2）作为 $i$ 城市数字经济发展水平的工具变量，其中权重为其他城市 $c$ 与 $i$ 城市人均生产总值的相似性指数。城市之间经济发展水平接近，其数字经济发展水平也接近，因此该城市的数字经济发展水平与工具变量存在相关，但其他城市的数字经济发展指数加权不会影响该城市服务业的高质量发展，因此认为该工具变量较为合理。更换工具变量后进行回归的结果，如列（3）和列（4）所示。工具变量的回归系数显著，满足相关性要求。LM 统计量的 P 值为 0，因此显著拒绝"工具变量识别不足"的原假设，Wald F 统计量大于弱识别检验 10%水平上的临界值 16.38，因此拒绝"存在弱工具变量"的原假设，说明该工具变量的选取较为合理。从第二阶段中数字经济发展水平的回归系数可以看出，数字经济能

够显著赋能服务业高质量发展，与基准回归结果一致。

（二）剔除直辖市

考虑到直辖市的经济发展水平以及直辖市的发展政策不同于其他城市，为了避免城市之间的不可比性带来的回归结果的不可靠，因此剔除北京市、天津市、上海市和重庆市四个直辖市后进行稳健性检验。从表6-3中的列（1）可以看出，数字经济发展水平的回归系数显著为正，回归结果与基准回归结果一致，表明基准回归结果具有稳健性。

表6-3 稳健性检验结果

| 变量 | 被解释变量:服务业高质量发展水平($ser$) | | |
| --- | --- | --- | --- |
| | （1）<br>剔除直辖市 | （2）<br>"宽带中国" | （3）<br>更换核心解释变量 |
| $dig$ | 0.1802*** <br>（7.8330） | | 0.0095*** <br>（5.0321） |
| "宽带中国"试点 | | 0.0136*** <br>（6.7301） | |
| 常数项 | 0.1471*** <br>（5.2831） | 0.0636* <br>（1.8807） | 0.1047*** <br>（3.6543） |
| 控制变量 | 控制 | 控制 | 控制 |
| 年份固定效应 | 控制 | 控制 | 控制 |
| 城市固定效应 | 控制 | 控制 | 控制 |
| N | 1656 | 1692 | 1692 |
| $R^2$ | 0.1281 | 0.0973 | 0.0835 |

（三）外生政策冲击

"宽带中国"政策旨在推进我国宽带建设，完善城市数字基础设施。考虑到数字经济的发展与基础设施密切相关，因此为了进一步检验基准回归结果是否可靠，选择"宽带中国"试点政策作为一项外生冲击，用双重差分法进行实证检验。具体而言，将当年在"宽带中国"示范城市名单中的城市赋值为1，否则赋值为0，进行回归分析。检验结果如表6-3列（2）所示，回归系数在1%的水平下显著为正，表明"宽带中国"试点对服务业高质量发展有显著的促进作用，验证了基准回归结果。

（四）更换核心解释变量

为了检验回归结果的稳健性，在此采用主成分分析法替代原先的熵权法，重新测度数字经济发展水平，并将重新测得的数字经济发展水平作为核心解释变量的替换变量。从表6-3列（3）的回归结果可以看出，在更换测算方法后，数字经济发展水平的回归系数依然显著为正。表明数字经济对服务业高质量发展存在赋能效应，从而验证了基准回归结果。

## 三 异质性分析

考虑到由于城市之间的地理区位、人口数量和经济发展状况不同，数字经济对服务业高质量发展的影响可能会不同。因此，本小节将从地理区位、城市规模、市场化水平以及人力资本水平四个方面探讨数字经济对服务业高质量发展的异质性影响。

（一）地理区位

按照地理位置将样本分为东部、中部和西部，城市区位的异质性回归结果见表6-4中的列（1）～列（3）。可以看出，对于东部和中部地区而言，数字经济对服务业高质量发展具有显著的赋能效应，而在西部地区赋能效应不显著。原因可能是：一方面，东中部地区经济发展水平相对较高、服务业发展基础较好，因此数字经济发展水平的提升能够推动服务业高质量发展；另一方面，西部地区在数字经济的发展上仍存在数字基础设施不完善、网络覆盖不足以及技术不强等问题，这些因素会制约其数字经济的发展潜力。与此同时，由于缺乏人才吸引力和产业集聚效应不足，西部地区缺乏支撑数字经济发展所需的人才和产业，使得数字经济对服务业高质量发展的赋能效应不显著。

表 6-4　异质性检验结果（1）

| 变量 | 被解释变量:服务业高质量发展水平（ser） | | | | |
|---|---|---|---|---|---|
| | （1）<br>东部 | （2）<br>中部 | （3）<br>西部 | （4）<br>大城市 | （5）<br>小城市 |
| $dig$ | 0.1545 ***<br>（6.1220） | 0.2180 ***<br>（4.6481） | 0.0441<br>（1.0169） | 0.1603 ***<br>（6.4050） | 0.0638 **<br>（1.7175） |
| 常数项 | 0.0979 **<br>（2.4221） | 0.2340 ***<br>（4.3824） | 0.0954<br>（1.5826） | 0.0735 ***<br>（1.7848） | 0.1756 ***<br>（4.6406） |
| 控制变量 | 控制 | 控制 | 控制 | 控制 | 控制 |
| 年份固定效应 | 控制 | 控制 | 控制 | 控制 | 控制 |
| 城市固定效应 | 控制 | 控制 | 控制 | 控制 | 控制 |
| N | 684 | 621 | 387 | 666 | 1026 |
| $R^2$ | 0.1533 | 0.0945 | 0.1142 | 0.1856 | 0.2083 |

### （二）城市规模

按照城市常住人口数量进行划分，借鉴韦庄禹（2022）的做法，将城市常住人口在 500 万以上的城市划分为大城市，常住人口在 500 万及以下的城市划分为小城市。表 6-4 中的列（4）和列（5）报告了城市规模异质性回归结果。可以看出，无论是在大城市还是小城市，数字经济都可以赋能服务业高质量发展。不过，与小城市相比，大城市的数字经济在服务业高质量发展方面的作用更为突出。这是因为大城市由于人口密集和经济活动频繁，具有较好的基础设施和较高的数字化普及率。这些为数字经济的发展提供了更加有利的环境，促进了数字技术的广泛应用，同时由于服务行业规模庞大且涉及面广，基础设施水平的提高可为服务业高质量发展奠定基础，提高服务业的生产效率。而在小城市中，基础设施可能相对滞后，从而限制了数字经济的发展潜力，导致它对服务业高质量发展的赋能效应较弱。

### （三）市场化水平

参考谢乔昕和张宇（2021）的做法，以市场化水平的均值为标准，将样本分为市场化水平高和市场化水平低的地区，并进行回归检验。表 6-5 中的列（1）和列（2）汇报了按照市场化水平划分后的回归结果。可以看出，在市场化水平高的城市中，数字经济对服务业高质量发展的赋能效应更为显著。可能的原因在于，市场化水平高的城市拥有更为完善的市场机制和法律体系，可以为数字经济的发展提供良好的法治环境和市场秩序。另外，市场化水平高的城市经济发展环境较好，吸引大量的人才和资本涌入，形成更加活跃的创新技术市场，数字经济可以更加充分地发挥其促进服务业创新和生产效率提升的作用，推动服务业的高质量发展。然而，市场化水平低的城市可能由于市场机制不够完善，存在市场失灵等情况，使得数字经济对服务业高质量发展的赋能效应较弱。

表 6-5　异质性检验结果（2）

| 变量 | 被解释变量:服务业高质量发展水平($ser$) | | | |
|---|---|---|---|---|
| | （1）市场化水平高 | （2）市场化水平低 | （3）人力资本水平高 | （4）人力资本水平低 |
| $dig$ | 0.1832 *** | 0.0719 ** | 0.1864 *** | 0.0513 * |
| | （6.5508） | （2.0970） | （7.2256） | （1.2268） |
| 常数项 | 0.1228 *** | 0.0888 ** | 0.0797 * | 0.1328 *** |
| | （2.7717） | （2.3214） | （1.8877） | （3.2256） |
| 控制变量 | 控制 | 控制 | 控制 | 控制 |
| 年份固定效应 | 控制 | 控制 | 控制 | 控制 |
| 城市固定效应 | 控制 | 控制 | 控制 | 控制 |
| N | 672 | 1020 | 870 | 822 |
| $R^2$ | 0.1855 | 0.2064 | 0.1527 | 0.1983 |

（四）人力资本水平

用人均受教育年限来衡量各城市的人力资本水平，参考王冬梅等（2023）的做法按照人力资本水平的中位数进行分组，大于中位数的为人力资本水平高的城市，小于中位数的为人力资本水平低的城市。表6-5中的列（3）和列（4）汇报了按照人力资本水平划分后的回归结果。从中可以看出，在人力资本水平高的城市，数字经济发展水平的回归系数在1%的显著性水平下为0.1864，而对于人力资本水平低的城市而言，数字经济对服务业高质量发展的赋能效应较弱。可能的原因在于，人力资本水平高的地区有利于数字技术的广泛应用和普及，这些城市的劳动力具备较高的数字素养和技术技能，可以更高效地运用数字技术投入生产活动和服务中，能够更快地掌握和应用新兴技术，推动服务业的数字转型与升级，提升服务质量和效率。此外，人才的匮乏会导致服务业的人才供给不足，服务业范畴跨度较大，既包括劳动密集型传统服务业，也包括知识密集型新兴服务业，对人才和资源的需求较大，所以人力资本水平低的城市服务业的高质量发展受阻。

## 四　机制检验

本小节将聚焦劳动力配置效率、资本配置效率和技术配置效率三个方面，对资源配置效率的传导机制进行检验。

从表6-6中的列（1）和列（2）可以看出，数字经济发展水平的系数在1%的水平上显著为正，表明数字经济能够促进劳动力配置效率提升，且列（2）中劳动力配置效率的系数显著为正，即劳动力配置效率的提升可以促进服务业高质量发展。这表明数字经济通过提高劳动力配置效率赋能服务业高质量发展。

表6-6　机制检验结果

| 变量 | (1)<br>labor | (2)<br>ser | (3)<br>capital | (4)<br>ser | (5)<br>tech | (6)<br>ser |
|---|---|---|---|---|---|---|
| dig | 0.6684 ***<br>(3.1413) | | 0.7860 ***<br>(4.7389) | | 0.1810 ***<br>(13.6621) | |
| labor | | 0.0084 ***<br>(3.6426) | | | | |
| capital | | | | 0.0660 ***<br>(1.9848) | | |
| tech | | | | | | 0.0901 **<br>(2.4729) |
| 常数项 | 0.2071<br>(0.7339) | 0.1331 ***<br>(5.5901) | 0.7230 ***<br>(3.2861) | 0.0341<br>(1.3792) | 0.0198<br>(1.1249) | −0.0548 **<br>(−2.2946) |
| 控制变量 | 控制 | 控制 | 控制 | 控制 | 控制 | 控制 |
| 年份固定效应 | 控制 | 控制 | 控制 | 控制 | 控制 | 控制 |
| 城市固定效应 | 控制 | 控制 | 控制 | 控制 | 控制 | 控制 |
| N | 1692 | 1692 | 1692 | 1692 | 1692 | 1692 |
| $R^2$ | 0.0171 | 0.2725 | 0.0791 | 0.0697 | 0.2253 | 0.2165 |

列（3）表示数字经济对资本配置效率的影响，估计系数在1%的水平下显著为正，表明数字经济可以提升资本配置效率。列（4）汇报了资本配置效率对服务业高质量发展的影响，资本配置效率的系数显著为正，表明资本配置效率提升能显著促进服务业高质量发展。以上回归结果表明数字经济可以通过提升资本配置效率，赋能服务业高质量发展。

列（5）中数字经济发展水平的系数在1%的水平上显著为正，说明数字经济对技术配置效率提升的作用显著。列（6）汇报了技术配置效率对服务业高质量发展的影响，回归系数在5%的水平下显著为正，说明技术配置效率提升可以显著促进服务业高质量发展。这表明数字经济可以通过提升技术配置效率赋能服务业高质量发展。

## 第五节　主要结论与对策建议

本章理论分析了数字经济对服务业高质量发展的直接影响以及资源配置效率的作用机制。基于2013~2021年中国188个城市的面板数据，研究发现数字经济对服务业高质量发展具有赋能效应。这一结论在经过内生性与稳健性检验后依旧成立。异质性分析结果表明，数字经济对东部和中部地区城市、大城市、市场化水平高以及人力资本水平高的城市服务业高质量发展的赋能效应更为显著。机制检验结果表明，数字经济通过提高劳动力配置效率、资本配置效率和技术配置效率三条路径赋能服务业高质量发展。

根据上述研究结论，提出如下对策建议。第一，充分发挥数字经济对服务业高质量发展的赋能效应。加强人工智能、大数据、物联网等新兴技术的应用，提升服务业的智能化水平，为客户提供更加精准、个性化的服务，帮助服务业企业更好地了解市场需求，优化资源配置，提高运营效率，为服务业高质量发展提供有力支撑。同时，需要推动相关的数字经济基础设施建设。数字基础设施水平提升，有助于实现更快的数据处理和存储，完善数字支付和信用体系等，将为服务业的数字化转型提供有力保障。此外，要积极培育和壮大数字经济市场。鼓励企业开展数字化转型，推动数字经济与实体经济深度融合，培育一批具有创新能力和国际竞争力的数字经济企业。

第二，形成数字经济区域协调发展。各地区在推动数字经济与服务业融合发展的过程中，应充分立足本地数字经济发展情况和资源禀赋状况。不同地区在数字经济发展方面存在明显的差异性和互补性，需要因地制宜，制定具有本地特色的数字经济发展战略。各地区应打破行政壁垒，加强政策沟通，推动数字经济领域的资源共享、优势互补和协同发展，通过构建共享共赢的数字经济生态系统，实现数字经济的互利共赢和共同繁荣。

第三，加快市场化改革进程，推进市场化水平的提升。通过简政放权、放管结合、优化服务等方式，进一步激发市场主体的活力和创造力。通过加强反垄断和反不正当竞争执法，维护公平竞争的市场环境，让各类市场主体在公平竞争中实现优胜劣汰，打破行业垄断和地方保护，推动形成统一开放、竞争有序的市场体系，推动服务业的高质量发展。加强法治建设，完善法律法规体系，为服务业的发展提供有力的法治保障。加强监管体系建设，提高监管效能，确保市场运行的规范和有序，尊重市场规律，充分发挥市场在资源配置中的决定性作用，增强要素流动性，促进资源的自由流动和优化配置。通过加快市场化改革进程，推进市场化水平的提升，有效提升资源配置效率。

第四，加强地区教育，提高城市的人力资本水平。加大地区教育投入力度，确保教育资源得到合理分配和高效利用。不仅应增加基础教育、高等教育等各个阶段的教育投入，还应关注职业教育和继续教育的发展，为劳动者提供多样化的学习机会和成长路径。通过培养高素质人才，为数字经济的发展提供强有力的人才支持，人才的培养使劳动者能够迅速适应数字经济的发展需求，推动数字经济不断创新和突破。同时，还应引导劳动者对数字经济运用能力的培养。通过开设相关课程、举办培训班等方式，帮助劳动者提升数字技能和信息素养。

# 第七章　数字经济赋能国内价值链循环

　　党的十九届五中全会提出加快构建以国内大循环为主体、国内国际双循环相互促进的新发展格局，《中华人民共和国国民经济和社会发展第十四个五年规划和 2035 年远景目标纲要》进一步对新发展格局进行详细的规划部署。"强调国内大循环的主体作用"是党中央立足国内外发展局势的重要研判，外部冲击频发造成全球生产网络的震荡甚至断裂，产业链向国家内部收敛的趋势加快，全球分工格局加速解构和重塑。

　　国内经济循环是新发展阶段实现高水平自立自强的必由之路。一方面，国内靠出口和投资拉动的经济增长弊端凸显，产业结构升级面临瓶颈制约，产业链现代化水平低，重点领域关键环节攻关难，发展不平衡不充分问题依旧突出等制约高质量发展。另一方面，我国已具备完备的工业体系，形成超大规模的大国经济基础，拥有巨大的市场潜力，中国经济现代化进程从"量"的积累向"质"的突破转变，将发展立足点放在国内成为必然选择。但国内价值链循环发展存在一些突出堵点，产业链资源整合能力和协同效率低，价值链高端供给结构性短缺，创新链赋能效应有待激发。

　　数字经济是畅通国内价值链循环的有力抓手，数字技术持续赋能各领域线上线下融合，直播电商、社区电商等电子商务创新发展模式推动消费市场提质扩容；通过对供应链资源的数字化整合构造"平台经济+服务生态圈"，强化产业链资源共享能力和网络化协同能力，推动产业链向高端攀升；数字经济加速创新要素传播和外溢，推动区域创新资源集聚和创新效率提升。可见，数字经济能够加强对实体经济的渗透融合，优化国内产业链供应链，加速技术的创新和扩散，为国内价值链循环提供动力。

## 第一节 数字经济赋能国内价值链循环的文献综述

### 一 国内价值链循环

国内价值链反映增加值在国内分工市场中的循环，是国内大循环发展的重要表征（黎峰，2016）。部分研究尝试对国内价值链循环的发展现状进行刻画。首先，现有研究主要采用以下三种方法进行测算分析。一是以全球价值链分工中发生在本国境内的生产活动来识别国内价值链，即以全球价值链长度中纯国内生产长度来衡量国内价值链循环（吕越和包雅楠，2019；佟家栋和范龙飞，2022）。二是将国家层面出口价值来源分解框架应用于国内地区层面，构建地区间价值链贸易强度、国内价值链参与度和长度衡量国内价值链分工水平，以反映国内价值链循环发展情况（黎峰，2016；苏丹妮等，2019；王迎等，2023）。三是考察地区参与国内和全球双重价值链分工水平，通过将区域间投入产出表与国际投入产出表对接以构建区域增加值分解框架，以各地区嵌入双重价值链的增加值收益和参与度等来体现国内价值链循环发展水平（何雅兴等，2021；王彬等，2023）。

其次，在测算分析的基础上，相关研究对我国价值链循环的发展特征进行刻画。干春晖和满姝（2023）研究发现，我国经济发展对内循环的依赖程度呈现先降低后提升的 U 形变化，内循环依赖程度提升主要是由于我国经济发展转向质量效率优先的集约式增长。葛阳琴等（2024）研究发现，中国经济由内循环起主导作用，且国内循环主要以区域内分工贸易为主，国际循环以最终品和简单全球价值链活动为主，国内国际双循环嵌入度均不高。冯晓华和邱思远（2023）考察中国城市层面国内国际双循环发展情况，结果表明中国城市层面双循环体现出"国内循环为主体，国际循环为补充"的局势。

最后，有研究着重探讨了国内价值链循环的内生动力，相关研究从数字经济（孙文婷和郭梦华，2023）、新型基础设施建设（余泳泽和胡鹏，2023）、统一大市场建设（刘江，2023）、高水平对外开放（戴翔和杨双至，2021）等角度实证检验了国内价值链循环的推动因素。也有部分研究探讨了国内价值链循环对经济发展的重要作用。钟粤俊等（2023）研究发现，区域间劳动力流动成本和贸易成本能够提高中国能源利用效率，中国经济能够实现在集聚中降碳。涂强楠等（2022）研究发现国内价值链循环有利于增强经济韧性。洪俊杰和隋佳良（2023）研究发现国内价值链循环显著推动制造业出口企业全球价值链地位提升。

## 二　数字经济

数字经济是一种新的经济活动，现有的核算体系无法对数字经济规模进行准确统计。面对数字经济对经济发展的重要性不断增强，国际机构、各国政府和相关学者均对数字经济的测度展开深入研究。一是构建指标体系法。由于数字经济内涵的丰富性和多维性，从不同维度选取核算指标从而构建数字经济发展指标体系是较为普遍的做法。如世界经济论坛发布网络就绪指数、欧盟统计局构建数字经济与社会指数、中国信息通信研究院构建中国数字经济指数等。二是增加值法，即测算数字经济创造的增加值。Porat（1977）最早利用增加值法测算信息经济规模，根据信息产业或服务是否进入市场交易将信息部门划分为两级，并利用最终需求法构建测算体系，为后续利用增加值法测度数字经济奠定了基础。许宪春和张美慧（2020）从数字化赋权基础设施、数字化媒体和数字化交易三个方面确定数字经济产品和产业，利用行业增加值结构系数、数字经济调整系数和行业增加值率对数字经济增加值进行测算。蔡跃洲和牛新星（2021）将细分行业增加值合并得到数字产业化增加值规模，并估算ICT替代效应和ICT协同效应的增加值，得到产业数字化增加值规模。

现有研究对数字经济的经济效应、环境效应和社会效应做出诸多探讨。经济效应方面，孙晋云等（2023）探讨数字经济对创新格局的影响，研究发现数字经济有利于构建创新网络，推动研发要素向外围区域流动，减弱"中心地区"对外围地区创新的虹吸效应从而缩小区域创新差异。刘洋和陈晓东（2021）探讨数字经济对产业结构升级的影响，研究发现数字经济能够推动产业结构合理化和产业结构高级化。袁瀚坤和韩民春（2023）探讨数字经济对贸易质量的影响，研究发现数字经济显著提升企业一般贸易额，抑制企业加工贸易额，从而推动中国贸易结构转型升级。环境效应方面，相关研究肯定了数字经济在节能减排中的积极作用（Wang and Guo，2022），从跨国层面、中国省级层面、城市层面实证检验了数字经济对碳减排具有积极作用，且数字经济的碳减排效应具有显著的正向空间溢出（佘群芝和吴柳，2022；杨昕和赵守国，2022；徐维祥等，2022）。数字经济还有利于企业整合创新资源，促进信息共享和知识集成，推动企业绿色技术创新（于飞等，2019；Yin and Li，2022；Feng et al.，2022）。社会效应方面，诸多研究肯定了数字经济的就业创造效应（Acemoglu and Restrepo，2018；李磊等，2021），但也有研究提出数字经济对低技能劳动力就业存在较大冲击（张车伟等，2017），挤出低技能劳动力（Lordan and Neumark，2018）。

### 三 数字经济与国内价值链循环

如何有效畅通国内价值链循环成为研究的热点话题，其中数字经济更是被重点讨论。相关研究认为数字经济能够推动产业结构升级、促进消费提质扩容从而助力国内价值链循环发展（丁守海和徐政，2021；胡汉辉和申杰，2022）。更多研究则从国内价值链视角来考察数字经济对国内价值链循环的影响。张云和柏培文（2023）构建省份—行业层面双循环参与度、贸易摩擦系数、相对资本扭曲程度和相对劳动力扭曲程度等一系列指标，实证检验数智化对双循环参与度的影响，研究发现数智化能显著推动国内价值链上游参与度上升并降低贸易摩擦系数，从而提升产品市场一体化水平，数智化显著降低相对资本扭曲和劳动力扭曲程度，提升要素市场一体化水平，由此有利于国内价值链循环。数智化也显著促进全球价值链下游参与度上升，推动国外价值链循环。孙文婷和郭梦华（2023）以国内区域间价值链的嵌入度衡量国内价值链循环，实证检验数字技术对国内价值链循环的影响，结果表明数字技术显著推动国内价值链循环，且劳动消费和降低成本发挥机制作用。王彬等（2023）构建嵌入式世界投入产出表测算省内、国内和全球价值链协同发展情况，实证研究数字经济对三重价值链协同发展的影响，研究发现数字经济有利于促进各省份省内价值链、国内价值链和全球价值链的协同发展，从而畅通国内国际双循环。王迎等（2023）研究发现，数字经济有利于提高国内价值链分工水平，从而深化区域间分工。

## 第二节　数字经济赋能国内价值链循环的理论分析

马克思主义政治经济学提出的三个层次经济循环理论是从"微观-中观-宏观"角度对国民经济循环的深度透视，尤其是"总循环"将社会再生产归纳为生产、流通、消费和分配四个主要环节，精准刻画社会再生产不断进行和周而复始的过程（谢伏瞻等，2020）。价值链视角下国内经济循环体现在生产、消费和流通环节，数字经济发展下新的技术范式广泛应用，改善生产方式、提高生产率，推动内需市场数量和质量的提升，降低交易成本，推动流通的现代化，从而打通生产、流通、消费环节的突出堵点，畅通国内大循环。

### 一　数字经济对国内价值链循环的直接影响

（1）数字经济对生产环节的渗透赋能效应。数字经济具备的规模经济、范围经济及强渗透性特征正重塑生产模式，推动生产环节的深刻变革。具体来看，数字经济有利于提高生产效率，数字经济以数据作为关键生产要素投入生产环节，促使生产由要素驱动向数据驱动转变，借助数字平台存储并整合海量数据，"搜寻匹配"和"声誉机制"等智能算法支撑厂商以最低成本匹配所需要素，极大消除了时空错位造成的信息摩擦成本（Goldfare and Tucker，2019）。数字经济推动形成数字创新机制，数字经济与技术创新融合发展有助于打造颠覆性技术创新范式，形成"数据+算法+

算力"的集成创新能力，通过对碎片化知识的收集聚合增加创新要素存量，并将数据作为创新要素的传播载体，推动形成多主体跨边界的协同分布式创新，构造厂商、消费者、供应商、研究机构一体的多元创新主体和创新集群（张昕蔚，2019）。数字技术推动产业链和创新链联动发展。数字经济扩大企业围绕产业链部署创新链的广度和深度，利用数字技术打造多目标协同的创新链管理体系，通过数字流联通产业链上不同节点的技术创新，借助规模经济、范围经济等数字经济特性加速创新成果的转化，基于大数据计算解决多目标资源冲突问题，根据决策者的研发周期、研发目标提供最优的创新资源配置方案，提高"双链"融合效率。

（2）数字经济对流通环节的效率提升效应。智能化、数字化变革促使流通环节的改造和重构，提升流通产业链上下游协同能力，推动流通体系现代化发展。数字经济下智慧物流模式推动运输体系的降本增效。物联网、大数据等数字技术渗透和赋能物流产业链，物流数据平台实时收集和处理物流信息，并实现物流体系中供货方、采购方和物流企业等多主体实时信息交互共享，降低物流环节的信息不对称程度。大数据、云计算技术对海量数据的挖掘、清洗和处理，为生产企业供应链管理、运输车辆最优路线、仓储商品布局等提供决策支持。智能分拣机、智能调度、无人驾驶、无人配送等新业态极大降低物流运营成本，智慧物流平台实现对供应链上下游企业的库存管理，物流链与供应链跨界深度融合形成"零售+物流+运营"的全产业链条服务，提高物流行业的运行效率和集成创新效率（祝合良，2022）。数字经济推动商贸流通的业态模式创新发展，5G、虚拟现实等数字技术对传统商贸基础设施进行改造升级，区块链等数字技术支持流通信用、流通检测等一系列服务体系的建立，流通模式扁平化发展有助于打造短小灵活的供应链，减少商贸流通环节从而提高商贸流通效率。信息技术推动电子商务的创新发展，电子商务平台通过大数据挖掘用户需求并精准匹配，助力线上线下双线融合等商贸流通新业态发展。

（3）数字经济对消费环节的扩容提质效应。数字技术推动产品创新、渠道创新和服务创新引致产品和服务质量的提升，消费方式的变革和消费环境的改变，实现消费环节的扩容提质（杜丹清，2017）。数字经济有利于推动供需匹配，数字平台为服务消费发展提供"载体"，服务的"触网可及"改变传统服务业受空间距离的桎梏的特性。线上平台通过对商品和服务的编码和网络化集聚，降低消费者的甄别和比较成本，人工智能、大数据技术挖掘用户需求并精准匹配，提升流量转化率和增强用户黏性，服务平台帮助消费者对服务的定位、决策和购买，拓展服务消费的信息触及范围。数字化转型下厂商与消费者实现互动，网络协同化推动厂商根据用户的消费偏好进行定制化和个性化生产，推动产品的多样化和品质化升级。数字平台推动消费的多元化，供应商竞争加剧倒逼产品或服务质量提升和品类多样，提高有效供给对消费侧升级的响应能力。数字经济有利于创造新消费，电子商务打破传统市场的地域限制，线上营销的场景化通过跨时空全景感知匹配消费需求从而拓宽消费边界（Lendle et al.，2016）。数字技术推动跨时空流通场景打造，短视频、直播电商、社区电商等电子商务新业态实现内容驱动式发展，依托消费内容的生活化和多元化激发消费兴趣。数字经济下行业协同创新，打造数字文旅、在线医疗、在线体育、在线教育等消费新场景，推动体验消费、享受型消费等新型消费模式发展。

## 二　数字经济对国内价值链循环的间接影响

数字经济的扩散性、渗透性特征为抑制市场分割提供可能。数字技术的普及和数字基础设施的完善有助于连接区域性市场，数据要素为其他要素跨区域流动提供载体，缓解信息不对称问题，降低市场的交易成本，推动资源跨区域整合。数字平台发展减少资源错配和市场扭曲，通过线上平台对区域内资源的链接，资源向市场高效率部分流动。线上平台缩短时空距离，将跨地区的资源和厂商整合进来，扩大企业间要素配置网络，提升匹配效率。数字经济下双边市场向多边市场转换，市场的供给方、中间服务商和需求方信息被集中在虚拟市场进行处理和扩散，以线上、线下市场并行推动市场整合。

从消费市场来看，电子商务与产业链深度融合发展，电商平台优化传统农产品供应链模式，优化农产品流通体系，B2B垂直电商平台加速商品交易信息和撮合服务渗透制造环节，推动产销一体化协同，C2M 定制化模式满足小批量、个性化需求，强化流通环节的网络化协同能力。从资本市场来看，数字技术实现资本要素与用户的直接对接从而推动资本的跨部门流动，数字金融的普惠性利于解决民营企业和小规模投资者的融资歧视问题。从劳动力市场来看，数字经济的泛在连接创造的远程办公等就业形态打破劳动力流动的时空壁垒，"机器换人"实现重复简单工作的高效、批量处理，创造更多知识密集型工作并提供强力辅助支持。打造积极有效的市场是实现国内价值链循环的应有之义，建设全国统一大市场有利于更好发挥市场的资源配置功能，通过破除地方保护和区域壁垒带来的市场分割，发挥超大市场规模优势，激活内需潜力。市场的信号传递功能有利于加强对供需关系的引导，提高匹配效率（刘雅珍和刘志彪，2023），从而推动国内价值链循环。

## 第三节　数字经济赋能国内价值链循环的研究设计

### 一　模型设定

基于上述理论分析，为了检验数字经济对国内价值链长度的影响，以识别数字经济能否畅通国内价值链循环，本章基于 2012~2021 年的三维面板数据，构建计量模型：

$$plv\_NVC_{ijt} = \alpha_0 + \alpha_1 DEI_{ijt} + \beta Z + \varphi_{ij} + \gamma_t + \varepsilon_{ijt}$$

其中，$plv\_NVC_{ijt}$ 为 $i$ 省份 $j$ 行业 $t$ 年的国内价值链长度，$DEI_{ijt}$ 为 $i$ 省份 $j$ 行业 $t$ 年的数字经济发展水平，$Z$ 为一系列控制变量，包括城镇化率、政府规制、外贸依存度、经济发展水平和人口密度，$\varphi_{ij}$、$\gamma_t$ 分别是省份-行业固定效应和年份固定效应，$\varepsilon_{ijt}$ 为残差项；系数 $\alpha_1$ 的大小及显著性是本章研究主要关注的，反映了数字经济对国内价值链循环的影响。

### 二　变量说明

（1）被解释变量：国内价值链循环（$plv\_NVC$）。采用国内价值链长度衡量国内价值链循环发展水平，具体测算见第一章第二节第六小节。

（2）核心解释变量：从数字基础设施、数字产业化、产业数字化、数字发展环境和数字应用5个维度，构建包含12个一级指标、27个二级指标的指标体系（见表1-4），采用面板熵权法这一客观赋权法对各省区市数字经济发展水平进行测算，得到中国省级数字经济发展指数。

不同行业对数字经济的依赖程度不同，其数字化转型水平也不同。本章综合《数字经济及其核心产业统计分类（2021）》和投入产出表的行业划分，选取通信设备、计算机和其他电子设备制造业以及信息传输、软件和信息技术服务业这两个行业构建数字行业。完全消耗系数法衡量某一行业生产过程中直接和间接消耗的其他部门的要素投入，在此采用各行业对数字行业的完全消耗系数来衡量行业数字化比率。借鉴 Arnold 等（2016）的做法，采用行业数字化比率赋权将各省份数字经济发展水平进一步细分到行业层面。测算公式为：

$$Digital_{ijt} = a_{ijt}^{d} + \sum_{k=1}^{n} a_{ijt}^{k} a_{ikt}^{d} + \sum_{s=1}^{n} \sum_{k=1}^{n} a_{ijt}^{k} a_{ikt}^{s} a_{ist}^{d} + \cdots\cdots$$

式中，等式右侧第一项表示 $i$ 省份 $j$ 行业在 $t$ 年对数字行业要素的直接消耗量，第二项和第三项分别表示对第一轮和第二轮的间接消耗，其后依此类推，各项之和就是各行业的数字化比率。"省份—行业"层面数字经济发展水平采用各省份数字经济发展水平与各行业数字化比率的乘积：

$$DEI_{ijt} = DIG_{it} \times Digital_{ijt}$$

其中，$DEI_{ijt}$ 为 $i$ 省份 $j$ 行业在 $t$ 年的数字经济发展水平，$DIG_{it}$ 为 $i$ 省份在 $t$ 年的数字经济发展水平，$Digital_{ijt}$ 则为 $i$ 省份 $j$ 行业在 $t$ 年的数字化比率。

（3）中介变量：市场可以细分为消费市场、资本市场和劳动力市场，相应的市场分割可以划分为消费市场分割（segcon）、资本市场分割（segcap）和劳动力市场分割（seglab）。围绕市场分割的测算，相关研究从贸易流量、贸易成本、价格指数维度展开，贸易流量和贸易成本除受市场整合程度影响外还易被经济规模、商品替代弹性等因素影响，加之省际贸易数数字经济赋能产业高质量发展 ——

据的稀缺性，造成估计结果的不准确。利用价格指数法测算市场分割是更被认可和普遍采用的方法（桂琦寒等，2006）。

基于此，在此沿用基于冰山成本模型构造的价值指数法，利用相对价格方差均值来衡量市场分割，如相对价格方差均值降低，即两地价格波动范围缩小，表明因贸易壁垒等因素造成的市场分割减弱，市场整合度提升。消费市场分割采用居民消费价格分类指数来计算，具体选取 20 类连续统计的商品[①]；资本市场分割采用固定资产投资价格指数来计算，选取建筑安装工程、设备工程与器具和其他资本三类；劳动力市场分割采用职工平均实际工资指数来计算，选取国有单位、城镇集体单位和其他单位三类。

第一步，选取各省份 $k$ 类商品零售价格指数测算省级相对价格的绝对值：

$$\left|P_{int}^{k}\right| = \left|\ln(P_{it}^{k}/P_{i(t-1)}^{k}) - \ln(P_{nt}^{k}/P_{n(t-1)}^{k})\right|$$

其中，$i$ 和 $n$ 为不同省份，$t$ 为年份，$k$ 为商品种类，且 $i \neq n$。$P_{it}^{k}$ 为 $i$ 省份在 $t$ 年 $k$ 类商品的零售价格指数。

第二步，采用去均值的方法消除特定种类（$k$ 类）商品的固定效应带来的系统偏误：

$$P_{int}^{k} = \left|P_{int}^{k}\right| - \left|\overline{P_{t}^{k}}\right|$$

第三步，计算 $i$ 省份和 $n$ 省份间 $k$ 类商品的相对价格方差 var（$P_{int}^{k}$）[②]，得到 $i$ 省份和其他省份间 $k$ 类商品的市场分割指数，其中 $N$ 为 30：

$$\mathrm{var}(P_{it}^{k}) = \sum_{i \neq n} \mathrm{var}(P_{int}^{k})/(N-1)$$

第四步，采用全部商品的相对价格方差的均值得到各省份市场分割指

---

[①] 具体包括粮食类、蛋类、水产品类、菜类、干鲜瓜果类、饮料烟酒类、服装鞋帽类、纺织品类、家用电器及音像器材类、文化办公用品类、日用品类、体育娱乐用品类、交通及通信用品类、中西药品及医疗保健用品类、家具类、化妆品类、金银珠宝类、书报杂志及电子出版物类、燃料类、建筑材料及五金电料类。

[②] 30 个省份均存在 29 组方差，共 10 年样本期，得到 8700 组方差。

数，其中 $K$ 为商品总数：

$$seg_{it} = \sum_k \text{var}(P_{it}^k)/K$$

（4）控制变量。参考王彬等（2023）的做法，选取如下控制变量：城镇化率（$ur$），采用各省份城镇人口占总人口的比重进行衡量；政府规制（$gov$），采用各省份政府财政支出与生产总值的比值进行衡量；外贸依存度（$tra$），采用各省份进出口总额与生产总值的比值进行衡量；经济发展水平（$pgdp$），采用各省份人均生产总值进行衡量；人口密度（$pdensity$），采用各省份总人口与行政面积的比值进行衡量。

### 三 数据说明

本章构建 2012~2021 年中国 30 个省级行政区 42 个行业的"省份—行业—年份"三维面板数据（囿于数据的可得性，西藏、香港、澳门和台湾不纳入研究范围），数字经济发展水平指标体系涉及的数据主要来源于《中国统计年鉴》《中国工业统计年鉴》《中国人口和就业统计年鉴》《中国政府网络透明度指数评估报告》《政务微博影响力报告》《中国信息社会发展报告》以及国际机器人联合会、北京大学数字金融研究中心等。国内价值链长度采用中国碳核算数据库 2012 年、2015 年和 2017 年中国区域间投入产出表计算得到，由于投入产出表为非连续数据，2012~2014 年国内价值链长度均采用 2012 年测量结果，依此类推。控制变量数据均来自《中国统计年鉴》，部分缺失值采用线性插值法补齐。各变量的描述性统计结果见表 7-1。

表 7-1 描述性统计结果

| 变量名称 | 样本量 | 均值 | 标准差 | 最小值 | 最大值 |
|---|---|---|---|---|---|
| 国内价值链循环（$plv\_NVC$） | 12377 | 4.694 | 0.821 | 2.802 | 6.601 |
| 数字经济发展水平（$DEI$） | 12600 | 0.018 | 0.019 | 0.002 | 0.120 |
| 城镇化率（$ur$） | 12600 | 60.23 | 11.79 | 36.30 | 89.60 |
| 政府规制（$gov$） | 12600 | 0.251 | 0.102 | 0.107 | 0.643 |
| 外贸依存度（$tra$） | 12600 | 61.94 | 68.10 | 15.922 | 361.6 |

续表

| 变量名称 | 样本量 | 均值 | 标准差 | 最小值 | 最大值 |
|---|---|---|---|---|---|
| 经济发展水平（$pgdp$） | 12600 | 6.018 | 2.877 | 1.910 | 18.40 |
| 人口密度（$pdensity$） | 12600 | 0.048 | 0.071 | 0.008 | 0.391 |
| 消费市场分割（$segcon$） | 12600 | 23.81 | 5.966 | 11.228 | 43.220 |
| 资本市场分割（$segcap$） | 10080 | 1.547 | 1.981 | 0.2863 | 14.557 |
| 劳动力市场分割（$seglab$） | 12600 | 26.317 | 13.302 | 8.601 | 71.728 |

# 第四节　数字经济赋能国内价值链循环的实证分析

## 一　基准回归分析

数字经济赋能国内价值链循环的基准回归结果如表 7-2 所示。其中，列（1）~列（5）控制了年份和行业-省份固定效应，并依次加入控制变量，从列（5）来看，数字经济发展水平的系数为 0.7181，且在 1% 的水平上显著，结果表明数字经济能有效畅通国内价值链循环。从控制变量来看，政府管制和城镇化率的提升有利于推动国内价值链循环发展，外贸依存度的影响系数显著为负，表明进口中间品或最终消费品越多越不利于内需结构优化和消费升级，从而不利于国内价值链循环。经济发展水平和人口密度对国内价值链循环的影响为负，可能的原因是，经济发展水平和人口密度高的地区多为经济发达地区，它们主要以发展外向型经济来推动经济发展和产业升级，与国内市场的经济联系较弱，因此部分行业参与国内价值链循环的程度较低。

表 7-2　数字经济赋能国内价值链循环的基准回归结果

| 变量 | （1） | （2） | （3） | （4） | （5） |
|---|---|---|---|---|---|
| $DEI$ | 0.6956*** | 0.7039*** | 0.7019*** | 0.7095*** | 0.7181*** |
| | (5.20) | (5.28) | (5.27) | (5.32) | (5.39) |
| $ur$ | 0.0062** | 0.0110*** | 0.0126*** | 0.0101*** | 0.0126*** |
| | (2.34) | (4.07) | (3.54) | (2.81) | (3.43) |

续表

| 变量 | （1） | （2） | （3） | （4） | （5） |
|------|------|------|------|------|------|
| *gov* | | 1.4184 *** <br> （8.51） | 1.4565 *** <br> （8.29） | 0.9985 *** <br> （4.60） | 1.1144 *** <br> （5.08） |
| *tra* | | | −0.0002 <br> （−0.68） | −0.0007 ** <br> （−2.31） | −0.0011 *** <br> （−3.60） |
| *pgdp* | | | | −0.0254 *** <br> （−3.59） | −0.0175 ** <br> （−2.37） |
| *pdensity* | | | | | −15.5937 *** <br> （−3.58） |
| 常数项 | 4.0460 *** <br> （27.96） | 3.4474 *** <br> （21.48） | 3.3664 *** <br> （16.87） | 3.7562 *** <br> （16.54） | 4.3104 *** <br> （15.69） |
| 年份固定 | 是 | 是 | 是 | 是 | 是 |
| 省份-行业固定 | 是 | 是 | 是 | 是 | 是 |
| 样本量 | 12377 | 12377 | 12377 | 12377 | 12377 |
| $R^2$ | 0.224 | 0.229 | 0.229 | 0.230 | 0.231 |

注：***、**、*分别表示1%、5%、10%的显著性水平，括号里的数值为t值；余表同。

## 二　稳健性与内生性检验

采用更换核心变量、滞后一期、剔除疫情冲击等方法进行稳健性检验。一是采用后向国内价值链长度衡量被解释变量。前向国内价值链长度衡量的是从初始投入到最终需求间的距离，而后向国内价值链长度则是从最终需求到初始投入的距离。采用后向国内价值链长度作为国内价值链循环的替代变量，回归结果如表7-3列（1）所示，数字经济发展水平的系数为0.4396，且在1%的水平上显著，即数字经济仍能畅通国内价值链循环。

表7-3 稳健性检验结果

| 变量 | (1) | (2) | (3) | (4) | (5) | (6) |
|---|---|---|---|---|---|---|
| | 更换核心变量 | | | | 滞后一期 | 剔除疫情冲击 |
| DEI | 0.4396 *** | 3.4806 *** | 0.0017 *** | 0.2234 *** | 0.6570 *** | 2.4972 *** |
| | (5.72) | (5.75) | (5.35) | (5.25) | (3.86) | (3.77) |
| 常数项 | 4.9788 *** | 4.3153 *** | 4.3224 *** | -0.3543 *** | 4.5644 *** | 4.9137 *** |
| | (31.36) | (15.71) | (15.73) | (-4.03) | (15.25) | (12.79) |
| 控制变量 | 是 | 是 | 是 | 是 | 是 | 是 |
| 年份固定 | 是 | 是 | 是 | 是 | 是 | 是 |
| 省份-行业固定 | 是 | 是 | 是 | 是 | 是 | 是 |
| 样本量 | 12465 | 12377 | 12377 | 12466 | 12465 | 9901 |
| $R^2$ | 0.517 | 0.231 | 0.231 | 0.033 | 0.517 | 0.249 |

二是采用直接消耗系数作为数字化比率。使用直接消耗系数计算各行业数字化投入水平，作为各行业数字化比率赋权得到"省份—行业"层面数字经济发展水平。回归结果如表7-3列（2）所示，数字经济对国内价值链循环的影响系数仍在1%的水平上显著为正，基准回归结果仍成立。

三是采用各省份百度指数中数字经济相关词汇数量替换各省份数字经济发展水平。爬取百度指数中"数字经济"和"数字化"等与数字经济相关词汇，用词汇数量作为各省份数字经济发展水平的替代变量。回归结果如表7-3列（3）所示，数字经济对国内价值链循环的影响仍显著为正。

四是借鉴王欠欠和田野（2022）的做法，以嵌入省际分工的中间品增加值定义国内价值链循环。各省份各部门的增加值可以被分解为用于本省份生产的中间品投入、用于生产本省份销往外省的最终品生产的中间品投入以及用于生产跨省份分工的中间品投入，嵌入省际分工的中间品增加值能够衡量国内价值链循环的强弱。回归结果如表7-3列（4）所示，数字经济仍显著推动国内价值链循环。

五是进行滞后一期处理。打通生产、流通和消费等经济运转环节并畅通国内价值链循环是一个长期过程，数字经济对国内价值链循环的影响可能存在时滞效应，同时为了控制其他要素的干扰，对核心解释变量和控制变量进行滞后一期处理。回归结果如表 7-3 列（5）所示，数字经济仍显著推动国内价值链循环，得到的结论依旧稳健。

六是剔除疫情冲击。新冠疫情的严重冲击下，国内省际贸易普遍停顿，国内价值链循环受阻，因此删除 2020~2021 年的研究样本，仅考察 2012~2019 年数字经济对国内价值链循环的影响。回归结果如表 7-3 列（6）所示，剔除新冠疫情冲击后，数字经济对国内价值链循环的影响系数为 2.4972，且在 1% 的水平上显著。

采用工具变量法，寻找合适的工具变量进行内生性检验。一是使用各省份 1984 年固定电话普及率作为数字经济发展水平的工具变量。数字经济由通信技术发展而来，固定电话的普及是数字经济发展的基础，固定电话普及率高的地区，数字经济发展情况也较好，但固定电话的普及很难影响现在国内数字经济发展情况，因此 1984 年固定电话普及率满足工具变量的相关性和外生性要求。考虑到 1984 年固定电话普及率是截面数据从而难以匹配面板数据，因此将之与人均宽带端口数交乘，并与各年行业数字化比率相乘，得到"省份—行业"层面工具变量。

二是使用其他省份数字经济发展水平的加权作为数字经济发展水平的工具变量。我国数字经济发展与地区经济发展存在相关性，经济发展水平高的省份，数字经济发展水平也较高，因此以其他省份与 $i$ 省份的人均生产总值相似指数作为权重，将其他省份数字经济发展水平的加权作为 $i$ 省份数字经济发展水平的工具变量，进而基于各年行业数字化比率，得到"省份—行业"层面工具变量。

采用最小二乘法进行估计，回归结果如表 7-4 所示。相关统计量验证了工具变量与内生变量具有相关性，且拒绝了识别不足的原假设，表明工具变量选取合理。工具变量对数字经济的影响显著为正，表明工具变量满足相关性要求。在克服部分内生性影响后，数字经济对国内价值链循环的影响系数均在 1% 的水平上显著为正，表明基准回归结果是稳健可靠的。

表 7-4 内生性检验结果

| 变量 | （1） | （2） | （3） | （4） |
|---|---|---|---|---|
| | 1984 年固定电话普及率 | | 其他省份数字经济发展水平的加权 | |
| DEI | | 0.9634*** | | 0.6914*** |
| | | (5.65) | | (4.87) |
| IV | 0.0004*** | | 1.0948** | |
| | (138.26) | | (284.40) | |
| 控制变量 | 是 | 是 | 是 | 是 |
| 年份固定 | 是 | 是 | 是 | 是 |
| 省份-行业固定 | 是 | 是 | 是 | 是 |
| Anderson canon. corr. LM | 19116.86*** | | 80884.19*** | |
| Cragg-Donald Wald F | 6736.56*** | | 9783.77*** | |
| 样本量 | 11560 | 11560 | 12377 | 12377 |
| $R^2$ | — | 0.230 | — | 0.231 |

## 三 异质性分析

### （一）产业异质性

考虑到农业和矿采选业的产业链条较短，中间品和最终品多在国内市场消费，即产业链内向化发展程度高，此处仅考虑数字经济对制造业和服务业国内价值链循环的影响差异，将制造业划分为劳动密集型和资本知识密集型，服务业划分为生产性服务业和非生产性服务业，考察数字经济对国内价值链循环影响的产业异质性。

数字经济对制造业细分行业国内价值链循环的影响如表 7-5 列（1）和列（2）所示。数字经济对劳动密集型制造业国内价值链长度的影响系数为 3.0932，且在 10% 的水平上显著，表明数字经济能够显著地促进劳动密集型制造业国内价值链循环。我国劳动密集型制造业已具备较为成熟的生产技术和工艺流程，掌握关键技术和核心环节，因此数字经济推动下劳动密集型制造业的生产分工进一步细化、产品质量进一步升级，而产品质量升级也与日益提升的消费需求相契合，有助于畅通劳动密集型制造业国内价值链循环。数字经济对资本知识密集型制造业国内价值链循环的影响并不显著，主要是因为资本知识密集型制造业的部分核心技术和关键零部件仍依赖进口，因此数字经济不能推动资本知识密集型制造业国内价值链循环发展。

表 7-5 产业异质性分析结果

| 变量 | 制造业 | | 服务业 | |
|---|---|---|---|---|
| | （1） | （2） | （3） | （4） |
| | 劳动密集型 | 资本知识密集型 | 生产性 | 非生产性 |
| *DEI* | 3.0932 * | −0.3080 | 0.6698 *** | 8.3457 ** |
| | (1.93) | (−0.50) | (3.88) | (2.38) |
| 常数项 | 2.6695 *** | 4.6563 *** | 3.8890 *** | 4.7877 *** |
| | (4.53) | (11.03) | (4.34) | (6.59) |
| 控制变量 | 是 | 是 | 是 | 是 |
| 年份固定 | 是 | 是 | 是 | 是 |
| 省份-行业固定 | 是 | 是 | 是 | 是 |
| 样本量 | 1742 | 3869 | 1500 | 2700 |
| $R^2$ | 0.341 | 0.273 | 0.237 | 0.163 |

数字经济对服务业细分行业国内价值链循环的影响如表 7-5 列（3）和列（4）所示，数字经济显著推动生产性服务业和非生产性服务业国内价值链循环。服务业受限于"不可分割性"较少进行跨区域贸易，数字经济发展下，数据要素成为服务业流通载体，大大提高服务业的可贸易程度，数字技术推动服务业专业化分工的泛化与深化，提升服务业生产效率，从而实现服务业的规模经济和范围经济。数字经济渗透下服务业创新发展，个性化和智能化服务产品加速涌现，满足消费者日益增长的服务需求。其中生产性服务业与制造业存在相互作用、相互依赖和相互发展的互动关系，生产性服务业通过向生产过程中提供服务要素提高制造业效率，因此生产性服务业发展也受到重视和激励，国内价值链循环发展水平较高。相较于生产性服务业，消费性服务业和公共性服务业发展则较为滞

后，但数字经济下消费新模式和新场景的不断涌现，极大地推动了消费性服务业发展，同时数字技术支撑下公共性服务业效率提升，催生出在线医疗、在线教育等新业态，因此数字经济推动非生产性服务业国内价值链循环的边际效应更大。

（二）数字经济子维度异质性

数字经济发展水平指标体系中各维度发展水平与数字化比率交乘，得到各省份各行业数字基础设施发展水平（$DIG\_a$）、数字产业化发展水平（$DIG\_b$）、产业数字化发展水平（$DIG\_c$）、数字发展环境发展水平（$DIG\_d$）和数字应用发展水平（$DIG\_e$），进一步考察数字经济子维度对国内价值链循环影响的异质性。

数字经济各子维度对国内价值链循环的影响如表7-6所示，数字基础设施、数字产业化、产业数字化、数字发展环境和数字应用对国内价值链循环的影响系数均在1%的水平上显著为正，结果表明数字经济各维度均能有效畅通国内价值链循环。从影响差异来看，产业数字化和数字应用的影响系数分别为6.8409和6.0844，它们对国内价值链循环的影响最大。数字基础设施的影响次之，影响系数为3.7154。数字产业化和数字发展环境的影响最小，影响系数分别为2.1955和2.0584。可能的原因有：一方面中国数字经济发展中，产业数字化和数字应用发展情况较好，另一方面产业数字化和数字应用强调数字经济在生产环节和社会治理环节的渗透融合和应用情况，具有更强的赋能效应。前者作用于供给端，通过对传统产业的渗透融合驱动产业效率提升、优化要素配置、激发技术创新从而推动产业升级，解决供给缺口和过剩产能等经济循环堵点。后者作用于需求端，通过社会生活和政府治理中的应用场景拓展，推动消费的数字化和智能化升级，数字经济新业态和新模式有利于消费扩容和内需增长，为国内价值链循环提供内生动力。数字产业化、数字基础设施和数字发展环境作为软硬件支撑，无法直接发挥效用，因此对国内价值链循环的赋能效应较小。

表 7-6 数字经济子维度异质性分析结果

| 变量 | (1) | (2) | (3) | (4) | (5) |
|---|---|---|---|---|---|
| DIG_a | 3.7154 *** (5.95) | | | | |
| DIG_b | | 2.1955 *** (5.09) | | | |
| DIG_c | | | 6.8409 *** (3.46) | | |
| DIG_d | | | | 2.0584 *** (5.26) | |
| DIG_e | | | | | 6.0844 *** (4.88) |
| 常数项 | 4.3196 *** (15.73) | 4.2880 *** (15.61) | 4.3478 *** (15.79) | 4.2982 *** (15.65) | 4.3502 *** (15.82) |
| 控制变量 | 是 | 是 | 是 | 是 | 是 |
| 年份固定 | 是 | 是 | 是 | 是 | 是 |
| 省份-行业固定 | 是 | 是 | 是 | 是 | 是 |
| 样本量 | 12377 | 12377 | 12377 | 12377 | 12377 |
| $R^2$ | 0.231 | 0.231 | 0.230 | 0.231 | 0.230 |

（三）行业位置异质性

根据各行业各年国内价值链位置的均值，按照行业位置划分为价值链上游位置和下游位置，考察数字经济对不同位置行业的国内价值链循环影响的异质性。结果如表 7-7 列（1）和列（2）所示，数字经济对价值链上游位置行业的国内价值链循环的影响为正，但并不显著，数字经济显著推动了价值链下游位置行业国内价值链循环。价值链上游位置蕴含更加复杂产品和更高附加值特征，多为研发、设计和市场品牌塑造等高端环节，而中国在基础研究和前沿技术研究上仍存在较大追赶空间，各省份创新能力的空间非均衡性和极化现象凸显，中国价值链高端环节面临国外关键技术"卡脖子"和国内创新能力亟须激发、协同创新发展有待进一步加强的双重压力，因此价值链上游位置的行业国内价值链循环中存在一定的"痛点"和"堵点"，数字经济不能畅通上游位置行业国内价值链循环。下游位置多为低附加值的加工、组装环节，中国在该环节具有较成熟的分工机制，数字化、智能化进一步提升这些环节的生产效率，推动产品的迭代，创造国内市场的有效供给，从而畅通下游位置行业国内价值链循环。

表 7-7  行业位置异质性分析结果

| 变量 | (1)<br>上游位置 | (2)<br>下游位置 |
| --- | --- | --- |
| DEI | 0.1958<br>(1.38) | 0.7440***<br>(6.24) |
| 常数项 | 4.9603***<br>(16.88) | 4.1806***<br>(14.53) |
| 控制变量 | 是 | 是 |
| 年份固定 | 是 | 是 |
| 省份-行业固定 | 是 | 是 |
| 样本量 | 6154 | 6154 |
| R² | 0.335 | 0.332 |

### 四  机制检验

为了验证数字经济能否通过抑制市场分割，间接推动国内价值链循环，在此参考 Liu 和 Mao（2019）以及 Akerman 等（2022）的做法，首先考察数字经济对市场分割的影响，其次根据三大市场分割的均值，将样本划分为低水平市场分割组和高水平市场分割组，对比数字经济对国内价值链循环的影响。

如表 7-8 所示，数字经济对消费市场分割的影响系数为-10.8139，在1%的水平上显著，表明数字经济有利于降低消费市场分割水平。在低水平消费市场分割下数字经济对国内价值链循环的影响系数显著为正，但在高水平消费市场分割下数字经济对国内价值链循环的影响不显著，结果表明降低消费市场分割水平是数字经济间接推动国内价值链循环的机制。

表 7-8 机制检验结果

| 栏目 | 变量 | seg<br>（1）<br>整体 | plv_NVC<br>（2）<br>低水平市场分割 | plv_NVC<br>（3）<br>高水平市场分割 |
|---|---|---|---|---|
| Panel A:消费市场分割 | DEI | -10.8139 ***<br>（-8.23） | 0.7440 ***<br>（6.24） | 0.1958<br>（1.38） |
| | 样本量 | 12600 | 6154 | 6223 |
| | R² | 0.690 | 0.332 | 0.338 |
| Panel B:资本市场分割 | DEI | -0.3487 ***<br>（-3.21） | 3.0087 ***<br>（3.49） | 2.0043 *<br>（1.69） |
| | 样本量 | 10080 | 6689 | 3212 |
| | R² | 0.891 | 0.247 | 0.250 |
| Panel C:劳动力市场分割 | DEI | -10.5922 ***<br>（-7.11） | 0.6975 ***<br>（3.89） | 0.6233 **<br>（2.30） |
| | 样本量 | 12600 | 6154 | 6223 |
| | R² | 0.690 | 0.332 | 0.338 |
| 控制变量 | | 是 | 是 | 是 |
| 年份固定 | | 是 | 是 | 是 |
| 省份-行业固定 | | 是 | 是 | 是 |

注：seg 分别表示 segcon、segcap 和 seglab。

数字经济对资本市场分割的影响系数为-0.3487，且在 1% 的水平上显著，表明数字经济能够降低资本市场分割水平。数字经济对国内价值链循环的影响在低水平资本市场分割和高水平资本市场分割下均显著，但影响系数对比表明在低水平资本市场分割下数字经济对国内价值链循环的赋能效应更强，结果表明降低资本市场分割水平是数字经济间接推动国内价值链循环的机制。

数字经济对劳动力市场分割的影响系数为-10.5922，且在 1% 的水平上显著，表明数字经济能够降低劳动市场分割水平。数字经济对国内价值链循环的影响在低水平劳动力市场分割和高水平劳动力市场分割下均显著，但在低水平劳动力市场分割下数字经济对国内价值链循环的赋能效应更大，结果表明降低劳动力市场分割水平是数字经济间接推动国内价值链循环的机制。

## 第五节　主要结论与对策建议

　　畅通国内价值链循环是实现产业高质量发展的关键点，本章聚焦数字经济对国内价值链循环的影响，利用区域间投入产出表分解得到"省份—行业"层面国内价值链长度，以衡量国内价值链循环发展水平，构建数字经济发展水平指标体系测算各省份数字经济发展水平，利用各行业对数字产业的完全消耗系数将各省份数字经济发展水平细化到"省份—行业"层面，实证检验数字经济对国内价值链循环的赋能效应及其作用机制。

　　（1）数字经济显著赋能国内价值链循环。该结论在更换核心变量、滞后一期处理、剔除疫情冲击等稳健性检验，以及寻找合适的工具变量进行内生性检验后，依旧成立。（2）异质性分析结果表明，数字经济能推动劳动密集型制造业国内价值链循环，且对非生产性服务业国内价值链循环的赋能效应更大；数字经济能够推动价值链下游位置行业的国内价值链循环，但对上游位置行业的影响并不显著；数字经济各子维度均有利于国内价值链循环，但产业数字化和数字应用的赋能效应最大。（3）机制检验结果表明，数字经济能够降低商品、资本和劳动力市场的分割水平，从而赋能国内价值链循环。

　　根据上述研究结论，提出如下对策建议。第一，多方位激发数字经济对国内大循环的赋能效应。研究结论表明数字基础设施、数字产业化和数字发展环境对国内大循环的赋能效应仍有待进一步激发。因此，应加快完善新型基础设施，设立数字基础设施建设专项资金，推动国家大数据综合试验区、国家智慧城市试点、信息消费示范城市等发挥政策联动效应，激发数字经济发展示范区和先行区的引领作用，也要注重区域间发展不平衡问题，补齐中西部地区在 5G 应用、光纤网络、大数据处理中心等数字基础设施方面的短板。加强数字产业化发展，加大通信设备、计算机和其他电子设备制造业等产业的研发力度，推动在高端芯片、关键算法以及重要操作系统等数字经济核心领域的突破式发展。加大对数字经济领域的人才培养与引进力度，加强知识产权保护，完善数字经济监管政策，优化数字经济发展环境。

第二，以数字经济为重要抓手，畅通国内大循环。要推动"上云用数赋智"行动的深入发展，推动大数据、云计算、人工智能等数字技术对实体企业的渗透赋能，加强实体企业关键工序、关键环节的数字化、智能化改造。发挥数字平台功能，鼓励大型数字平台建立公共性信息共享机制和提供基础服务，打造企业供应链、物联网、工业互联网和数字平台融合发展的智慧生态体系，支持个性化定制、网络化协同、服务化延伸等新模式新业态创新发展，以分工深化和产业结构升级打通生产环节的突出堵点。以数字技术激发核心技术攻关活力，加强数字经济对价值链高端环节的赋能效应，提升对知识密集型制造业企业的政府创新补贴水平，鼓励生产性服务业的发展和集聚，推动数据要素向先进制造业和高端服务业企业流动，助力关键技术突破，解决核心环节"卡脖子"问题，从而补齐高端供给短板。

第三，加快构建全国统一大市场。一方面，要强化流通环节的数字化转型，通过数字技术对传统商贸和物流基础设施改造升级，发展高效智慧的现代流通体系，鼓励智能分拣、智能调度、无人驾驶、无人配送等物流体系新业态发展。推动商贸流通业态创新，提升流通平台的信息收集和整合能力，鼓励电子商务等新业态的创新发展，推动供需精准匹配，促进商品要素的跨区域流动。另一方面，要营造公平有序的市场竞争环境，构建网络监管体系，不断完善市场准入和监管制度，打破地方保护和行政垄断等各类制度壁垒。建设跨区域的投资平台和劳动力就业信息平台，推动劳动力和资本要素的跨区域流动。

# 第八章　数字经济赋能全球价值链演进

　　全球价值链分工是国际分工的主要模式和推动全球经济循环的关键链条。近年来，单边主义、贸易保护主义持续升温，全球经济进入下行周期，投资活跃度下降和需求疲软引致由全球价值链引领的跨国贸易增长放缓，全球价值链的回流收缩以及"孤岛效应"使得全球价值链由高速推进期转入深度调整期，体现出本土化、近岸化、区域化和数字化等演进特征。在发达国家的贸易政策内倾化以及再工业化战略下，高端制造业产业链回缩以及配套中低端制造业回流等引起制造业全球价值链纵向分工回缩，全球价值链平均参与率降低。同时，区域贸易协定发展促进全球价值链横向集聚，在空间布局上形成北美、欧洲和东亚区域价值链"三足鼎立"的网络格局，使得区域内价值链、产业链融合进一步深化。与此同时，当前国际地缘政治冲突和贸易摩擦加剧，加之新冠疫情对全球价值链分工体系的冲击，在世界政治经济格局不稳定性与不确定性因素增多背景下全球供应链脆弱性凸显，传统供应链视阈下各国基于比较优势嵌入价值链特定环节的分工模式放大外部冲击，国家供应链产业链安全被提到战略高度。

　　一方面，数字经济下价值链智能化、网络化转型促进生产环节标准化与个性化发展，推动产业链间的功能互补和跨界协同，加速产业融合并提高生产效率和创新效率，实现资源在全球范围内跨空间、跨行业的配置最优，从而为构建兼顾效率、安全与韧性的全球价值链分工体系提供可能性。另一方面，价值链数字化发展伴随风险滋生与放大，数字经济下全球价值链的危机传导将使得信息流动的"滚雪球效应"被放大,加剧危机对价值链安全性与稳定性的冲击。基于此,本章构建"国家—行业—年份"三维面板数据,理论分析并实证检验数字经济对全球价值链演进的赋能效应,为数字经济时代下全球价值链分工格局演变提供经验证据。

## 第一节 数字经济赋能全球价值链演进的文献综述

### 一 全球价值链演进水平测算

Hummels 等(2001)提出垂直专业化概念,并建立了一系列国家进出口层面的全球价值链相关测算指标,通过构建 HIY 模型将一国出口分解为垂直专业化出口和其他出口,以此测度一国或地区全球价值链参与度。随后,学者对垂直专业化率进行优化。Koopman 等(2010)采用国家间投入产出表将一国出口中的增加值进行更为细致的划分,通过对国内增加值和国外增加值做更加精确的计算,提出全球价值链参与度和全球价值链地位指数两个测算指标:前者用以衡量一国在全球价值链分工网络中的活跃程度,后者用以衡量一国在全球价值链分工环节中所获附加值大小。Koopman 等(2014)进一步分离重复计算部分,将出口总额划分为 9 个部分,能更加精准地测算一国在全球价值链中的地位。Wang 等(2013)和王直等(2015)进一步扩展 Koopman 等的分解方法,提出了国家部门层面、双边层面和双边部门层面的总贸易流分解法,将总贸易流分解为 16 个部分,建立了一套完整的增加值贸易核算法则。从前向关联和后向关联角度对增加值贸易进行分解,并提出全球价值链参与度、全球价值链位置、显性比较优势等一系列测算指标。

生产阶段数也被称为生产分割长度,是指生产一种产品时从原材料投入到最终产品制成中增加值被记为总产出的次数。Dietzenbacher 等(2005)提出用平均传递步长衡量一国生产网络中产业部门间的关联程度,Inomata(2008)修正了平均传递步长以衡量各产品部门间的生产长度。随后,Fally

（2011）和 Antràs 等（2012）提出衡量一行业与消费端间平均距离的上游度指数，指数越大表明该行业在价值链上越处于上游环节。倪红福等（2016）将 Fally（2011）的单国投入产出模型拓展到多国层面，并进一步将全球生产阶段数拆分为国内长度和国际长度。Miller 和 Temurshoev（2017）利用多国投入产出模型，在上游度基础上提出下游度指数，用以衡量一行业与初始要素投入的平均距离，且上游度与下游度间存在正相关，上游度和下游度越大表明该行业越处于价值链的上游环节。Wang 等（2017）提出前向价值链长度和后向价值链长度的测算，并将它们分为国内长度、传统贸易长度和国际长度，并根据前向与后向价值链长度的比值提出全球价值链位置指数的衡量。

## 二　数字经济与全球价值链演进

全球价值链地位反映国家或行业在全球产业分工中获取增加值的能力，围绕数字经济对全球价值链地位的影响研究已较为丰富。跨国层面，齐俊妍和任奕达（2021）研究发现数字经济渗透通过贸易成本降低效应和人力资本结构升级效应推动全球价值链地位上升，且贸易壁垒对数字经济推动全球价值链地位上升发挥负向调节效应。刘斌和潘彤（2020）采用出口国和出口市场分行业的四维数据考察人工智能对全球价值链地位的影响，研究发现人工智能发展有利于提升各国各行业全球价值地位，贸易成本降低效应、技术创新效应和资源配置效率提高效应是其中的作用机制。赵立斌和张梦雪（2023）以一国流向他国的国内增加值占比表征全球价值链结构性权力，检验发现数字技术创新溢出有助于增强全球价值链结构性权力。此外，围绕数字经济的不同层面，相关研究就数字产品贸易（金玉萍等，2023）、数字基础设施（李津等，2020）、数据要素投入（梁经伟等，2023）、互联网（刘斌和顾聪，2019）、人工智能（周洺竹等，2022）等对全球价值链地位的影响做出充分论述。

全球价值链参与度反映各国嵌入全球价值链的程度，相关研究也对数字经济如何影响全球价值链参与度进行了较为详细的研究。数字经济下各国技术创新增强和资源配置优化可以提升全球价值链参与度（荆林波和袁平红，2019）。跨国层面，刘斌和顾聪（2019）构建双边价值链关联衡量各国全球价值链参与度，实证检验发现互联网通过削减贸易成本、缩短交货时间和延伸生产步长驱动各国间的价值链关联。刘德学和吴旭梅（2021）基于信息通信技术数量和质量双重视角考察它们对制造业全球价值链嵌入的影响，研究发现信息通信技术数量和质量均有利于提高各国制造业全球价值链嵌入度，但数量对全球价值链嵌入度的积极影响更大。国内省份和城市层面，张玺和李光勤（2022）研究发现工业智能化能够提高劳动生产率、改善劳动力配置从而提升城市全球价值链嵌入度。孙黎和许唯聪（2021）从空间溢出视角考察了数字经济对全球价值链嵌入的影响，研究发现数字经济增强了各地区全球价值链嵌入的空间辐射效应。企业层面，徐晓慧等（2023）实证研究发现企业数字化转型能降低经营成本、拓展贸易网络、提高出口产品质量等从而提升企业全球价值链嵌入度；耿景珠等（2023）从生产效率提升和供应链效率提升两条机制验证了数字化对企业嵌入全球价值链的赋能效应。

此外，吴友群等（2022b）从制造业地位指数、RCA 指数以及生产长度等多维视角，实证检验制造业数字化投入对全球价值链分工的影响，研究发现数字化投入显著提升全球价值链地位、增强竞争优势和提高价值链分工地位。刘宇英和盛斌（2023）检验了数字经济对企业全球价值链国内链长的影响，研究发现数字经济促进了中国企业生产环节的内向化，提高了企业嵌入全球价值链的生产长度。

既有文献对数字经济下全球价值链演进的特征事实、变化趋势及风险剖析进行了深入研究，也探讨了数字经济影响全球价值链的效应识别、机制路径等内容，这些为本章研究奠定了基础。从现有文献来看，主要存在以下不足。较少从全球价值链长度入手考察全球价值链演进。新一轮全球价值链布局调整下，各国延伸价值链长度、补齐价值链关键环节是推动全球价值链向优演进的重要方式（李天健和赵学军，2022）。全球价值链长度能够综合体现各国参与全球价值链分工的嵌入程度和具体位置，但现有研究多从参与度或地位角度研究数字经济对全球价值链的影响，忽略全球价值链长度研究的重要性。

## 第二节　数字经济赋能全球价值链演进的理论分析

数字经济是现代数字化技术与国民经济运行紧密结合的产物，是指以数字技术为基础，以数据要素为关键资源，以数字平台为主要载体，以一系列新模式和业态为表现形式的经济活动（陈晓红等，2022）。数字经济通过网络连接、渗透赋能和价值创造效应直接推动全球价值链演进的深化，并通过贸易成本降低和产业关联增强间接影响全球价值链演进。

### 一　数字经济对全球价值链演进的直接影响

信息通信技术支撑产品生产在全球范围内的分解和重构，极大地推动了全球价值链分工网络的扩张。新一代信息技术革命下，数字经济带来的技术进步更是全球价值链演进的重要驱动力，推动全球价值链分工格局从垂直专业化向网络连接转变。具体来看，数字经济推动全球价值链演进主要体现出以下三种效应。一是网络连接效应。数字技术发展为生产的进一步分割提供可能，数字基础设施实现海量数据快速对接和共享，打破制度环境和商业环境对企业融入全球分工网络的“桎梏”，缩短传统的时间和空间上的“距离”，通过拓展融资渠道、减少信息不对称、加速技术和商业模式扩散等，为企业嵌入全球价值链生产提供机会（Foster et al.，2018；华岳等，2022）。数字技术和数字平台实现更大范围的资源配置，生产端的需求方、服务方和供应方资源接入共享平台，虚拟数字映像的建立能够实现生产过程中要素供给和需求方的精准匹配。消费端的生产商通过快速数据处理获取消费趋势和产品偏好，推出更多个性化、定制化产品，数字平台企业提供用户画像刻画和营销场景搭建服务以打造全球消费市场，进一步推动全球价值链分工扩张。

二是渗透赋能效应。数字经济渗透全球价值链研发、生产、销售等诸多环节，推动生产过程的网络化、协同化和生态化。传统生产企业对数字技术的应用，促进生产流程的数字化转型，提高远程协作的分工效率。数字经济"长尾效应"的发挥赋予全球价值链个性化与多样化特征，平台经济下商品可获得性的增强推动个性化产品和定制化服务需求融入全球价值链分工体系。数字平台创新全球价值链治理结构，以虚拟中介取代实体中介，创新双边市场交流机制，通过买方直接向制造商进行需求反馈加快产品研发。数字技术实现智能感知、柔性生产，增强产品的差异化特性，物联网、区块链提升生产、物流和交付效率，推动全球价值链网络深化（吕越等，2023a）。

三是价值创造效应。数字经济的重要特征是将"数据要素"纳入关键生产要素中，通过对劳动、资本等生产要素的替代，推动全球价值链生产网络中企业生产效率提升和生产成本降低。数字经济发展改变产业组织范式，催生出与产品价值链并行的数字价值链，核心数字产业成为数字经济赋能实体经济的基石，数据产品、数字服务及数字技术越来越多地作为中间投入品参与全球价值链分工环节，数字平台为全球价值链上双边或多边的匹配交易和价值创造提供载体。数字经济创造全球价值链分工新的节点，数字经济能够催生新兴业态和创新传统产业的关联配套服务，推动全球价值链分工的不断细化和深化（Ivanov，2022）。新技术极大增强技术和服务的可贸易性，专业化程度的提升实现范围经济和规模经济，进一步推进服务业全球价值链分工（江小涓和罗立彬，2019）。

当然，数字经济对全球价值链演进也存在不利影响，数字经济改变基于劳动力套利的制造业分工，数字技术推动离岸外包向近岸外包转变，劳动密集型制造业的全球价值链缩短（Rodrik，2018）。数字技术有可能加剧价值链分配失衡，生产阶段高度智能化和自动化降低生产环节附加值，研发环节和销售环节借助数字经济推动生产率处于前沿面，增加值向价值链两端转移使得"微笑曲线"更加陡峭，而发展中国家更易被锁定在低端环节。

## 二　数字经济对全球价值链演进的间接影响

数字经济通过降低贸易成本推动全球价值链演进。数字基础设施强化企业对数字技术的应用，线上磋商能够打破物理时空约束，降低企业沟通成本，提高沟通效率。数字经济发展为企业搜寻信息提供丰富的渠道，人工智能等技术手段实现对信息洪流中企业需求的精准抓取和匹配，降低信息搜寻和匹配成本。互联网信息平台以先"连接"再"聚合"的方式，打造资源共享结构，通过数字画像、用户分析满足用户个性化与定制化需求，优化企业营销服务，拓宽企业销售渠道，降低企业销售成本等。智能物流下包装、运输、装卸等环节的一体化有利于运输成本降低。电子支付、线上交易、市场研究和在线广告等功能降低交易成本。区块链、物联网等技术应用降低价值链分工中的违约风险，数据库中对企业信用的验证和智能合约等在很大程度上降低跨国分工中的信息不对称程度，减少跨国交易中的信誉验证成本及违约后的追溯成本。工业互联网平台联通产品、生产和销售，通过对实时互联数据的收集和分析，降低全球价值链分工环节的控制成本。全球价值链分工网络中中间品多次跨国境流转累积的贸易成本是国际贸易的决定性因素，数字经济发展带来的贸易成本降低能够进一步促进全球价值链分工（Melitz，2003）。

数字经济通过增强产业关联推动全球价值链演进。一方面，数字经济下数字产业加强对生产网络中上下游产业部门的渗透融合，提高产业关联程度。作为全球生产网络中效率最前沿面，数字产业具备的技术进步外部性特征有利于打破行业间信息壁垒，数字技术与传统产业的融合共生推动全球价值链网络中的技术关联（Baqaee and Farhi，2020）。数字产业作为主导产业发挥回顾效应，它对产品和服务投入更高质量和更多元化的要求通过供需链传导促进传统产业的融合和创新发展。数字产业自身又为其他产业提供高质量数据要素投入从而发挥前向效应，产业间以模块分解、功能匹配和技术集成进行梯度连接，实现功能互补与融合。另一方面，数字经济突破物理空间的边界限制，提高产业关联程度。数字经济减少交易费用、提高交易效率从而进一步推动分工的区域分离，数字平台将生产资源连接到虚拟网络中，能够驱动资源重新编排从而为全球范围内资源配置提供更多方案。拓展企业合作网络结构，将参与全球价值链的各国生产厂商、服务供应商、融资机构等聚集起来形成低成本、高效率的"协同—沟通"生态系统，企业通过接入平台和生态系统实现与他国企业的全周期协作（Gnangnon and Iyer，2018）。国际产业关联增强提高国际产业间的依赖程度，从而有利于全球价值链演进的深化。

## 第三节　数字经济赋能全球价值链演进的研究设计

### 一　模型设定

基于上述理论分析，构建"国家—行业—年份"三维面板数据，实证分析数字经济对全球价值链演进的影响。计量模型建立如下：

$$plv\_gvc_{ijt} = \alpha_0 + \alpha_1 DEI_{ijt} + \theta X_{it} + \gamma_j + \gamma_t + \gamma_i + \varepsilon_{ijt}$$

其中，$plv\_gvc_{ijt}$ 为 $i$ 国 $j$ 行业 $t$ 年的前向全球价值链长度，$DEI_{ijt}$ 为 $i$ 国 $j$ 行业 $t$ 年的数字经济发展水平，$X_{it}$ 为一系列控制变量，包括经济规模、进口依存度、出口依存度、制度质量和基础设施建设，$\gamma_j$、$\gamma_t$、$\gamma_i$ 分别是行业、年份和国家固定效应，$\varepsilon_{ijt}$ 为残差项。系数 $\alpha_1$ 的大小及显著性是本章研究主要关注的，它反映的是数字经济对全球价值链演进的影响。

### 二　变量说明

（1）被解释变量：全球价值链演进水平（$plv\_gvc$），采用前向全球价值链长度作为替代变量，具体测算见第一章第二节第七小节。

（2）核心解释变量：数字经济发展水平（$DEI$）。采用前文测算得到的"国家—行业"层面数字经济发展水平，具体测算见第一章第一节。

（3）控制变量：参考现有文献，选取以下控制变量。（1）经济规模（$lngdp$），采用 GDP 的对数值进行衡量。（2）进口依存度（$imp$），采用各国商品和服务的进口额与 GDP 的比值进行衡量。（3）出口依存度（$exp$），采用各国商品和服务的出口额与 GDP 的比值进行衡量。（4）制度环境（$inst$），采用美国传统基金会和《华尔街日报》联合发布的经济自由度指数

进行衡量。⑤基础设施建设（*tra*），采用世界银行发布的物流绩效指数进行
衡量。

### 三 数据来源

数字经济相关指标数据来自世界经济论坛、世界银行的世界发展指标数
据库，各国各行业价值链长度采用经济合作与发展组织最新公布的世界投入
产出表计算得到。考虑结果的可比性，将 2016~2018 年投入产出表的行业
合并为 36 个行业，且私人家庭雇佣服务业（D97T98）因数据缺失而删除，
最终得到 2008~2018 年 61 个国家 35 个行业的三维面板数据。控制变量数
据来自世界银行数据库、美国传统基金会等。部分空缺值采用插值法进行补
齐，各变量的描述性统计结果见表 8-1。

表 8-1　变量描述性统计

| 变量 | 样本量 | 均值 | 标准差 | 最小值 | 最大值 |
| --- | --- | --- | --- | --- | --- |
| 数字经济发展水平（*DEI*） | 23485 | 0.030 | 0.044 | 0 | 0.663 |
| 全球价值链演进水平（*plv_gvc*） | 23485 | 4.037 | 0.695 | 2.355 | 6.920 |
| 经济规模（*lngdp*） | 23485 | 26.446 | 1.652 | 22.886 | 30.657 |
| 进口依存度（*imp*） | 23485 | 46.399 | 27.104 | 11.255 | 163.712 |
| 出口依存度（*exp*） | 23485 | 48.937 | 30.929 | 10.706 | 196.420 |
| 制度环境（*inst*） | 23485 | 62.353 | 11.600 | 1 | 84.200 |
| 基础设施建设（*tra*） | 23485 | 0.309 | 0.076 | 0.237 | 1.681 |

## 第四节　数字经济赋能全球价值链演进的实证分析

### 一 基准回归分析

表 8-2 汇报了数字经济对全球价值链长度的影响。为了克服遗漏变量
带来的内生性问题，构建行业、年份和国家的三重固定效应模型，其中列

（1）为不加入控制变量的结果，数字经济发展水平的估计系数显著为正，初步表明数字经济发展水平越高，越有利于全球价值链长度的增加。在此基础上，列（2）、列（3）和列（4）加入控制变量，并逐步增加行业、年份和国家固定效应，发现数字经济发展水平的估计系数均在1%的水平上显著为正，表明数字经济能够推动全球价值链长度的增加。统计意义表明，数字经济发展水平的提升有利于全球价值链分工网络进一步扩张和深化，即数字经济有利于进一步促进全球价值链演进。

表8-2 数字经济赋能全球价值链演进的基准回归

| 变量 | 被解释变量:全球价值链演进水平（plv_gvc） | | | |
| --- | --- | --- | --- | --- |
| | （1） | （2） | （3） | （4） |
| DEI | 1.0067*** | 1.1744*** | 1.2091*** | 0.9875*** |
| | （7.77） | （8.43） | （8.56） | （7.63） |
| lngdp | | 0.0078*** | 0.0071** | 0.2054*** |
| | | （2.76） | （2.52） | （9.15） |
| imp | | -0.0194*** | -0.0197*** | -0.0047*** |
| | | （-29.06） | （-29.22） | （-3.91） |
| exp | | 0.0138*** | 0.0140*** | 0.0026*** |
| | | （25.47） | （25.65） | （2.73） |
| inst | | -0.0042*** | -0.0045*** | -0.0007** |
| | | （-15.36） | （-15.43） | （-2.07） |
| tra | | 0.4960*** | 0.5085*** | 0.1103** |
| | | （9.97） | （10.47） | （2.01） |
| 行业固定效应 | 是 | 是 | 是 | 是 |
| 年份固定效应 | 是 | 否 | 是 | 是 |
| 国家固定效应 | 是 | 否 | 否 | 是 |
| 样本量 | 23485 | 23485 | 23485 | 23485 |
| 调整后 $R^2$ | 0.715 | 0.609 | 0.611 | 0.717 |

注：*、** 与 *** 分别表示10%、5%与1%的显著性水平，括号内为稳健标准误；余表同。

控制变量方面，经济规模扩大、出口依存度提高和基础设施完善能够显著增加全球价值链长度，而进口依存度提高与制度环境"优化"则不利于全球价值链长度的增加。主要是因为进口依存度过高易形成"进口依赖"，从而抑制本国技术创新，不利于进一步嵌入全球价值链分工网络。制度环境较优的发达国家退出生产环节的价值链分工，占据研发设计等高端环节，制造环境较差的发展中国家则积极参与到全球价值链分工，但嵌入全球价值链分工的深度不足，对企业参与跨国分工产生一定的不利影响。

## 二 稳健性和内生性检验

### （一）稳健性检验

（1）更换数字经济发展水平的测算方式。联合国国际电信联盟从信息通信技术接入、使用和技能三个维度构建 ICT 发展指数，该指数能够较为权威且全面地反映各国信息通信技术发展水平。信息通信技术是数字经济发展的重要驱动力，故采用各国 ICT 发展指数来替代各国数字经济发展水平，并将之与各国各行业数字化比率交乘得到各国各行业数字经济发展水平。具体估计结果见表 8-3 列（1），结果表明数字经济仍显著推动全球价值链长度增加，基准回归结果稳健。

表 8-3　稳健性检验

| 变量 | （1） | （2） | （3） | （4） |
|---|---|---|---|---|
| *DEI* | 0. 0952 *** | 1. 0384 *** | 0. 2910 *** | 1. 7006 *** |
|  | （6. 45） | （8. 34） | （9. 75） | （13. 36） |
| 控制变量 | 是 | 是 | 是 | 是 |
| 样本量 | 23485 | 23485 | 23485 | 23485 |
| 调整后 R$^2$ | 0. 717 | 0. 665 | 0. 678 | 0. 548 |

注：行业固定效应、国家固定效应和年份固定效应均控制，余表同。

（2）更换全球价值链演进水平的替代变量。一是采用后向全球价值链长度替换被解释变量，估计结果见表 8-3 列（2）。结果表明数字经济显著推动后向全球价值链长度的增加。二是采用全球价值链位置指数替换被解释变量，全球价值链长度能够反映各国参与价值链分工的广度，全球价值链位置则反映该国参与全球价值链分工的高度。参考 Wang 等（2017）的做法，构建全球价值链位置指数，估计结果见表 8-3 列（3）。结果表明数字经济发展有利于全球价值链地位提升。三是采用全球价值链上游度替换被解释变量，上游度考察一行业距离经济系统最终使用领域的距离。参考 Antràs 等（2012）的衡量方法得到各国各行业上游度，具体估计结果见表 8-3 列（4）。结果表明数字经济能够推动全球价值链上游度的增加。上述说明本章研究结论是稳健可靠的。

（二）内生性检验

根据上文结论，数字经济能够推动各国全球价值链分工深化，但嵌入全球价值链带来的学习效应和竞争效应也会促进国家数字经济发展，从而产生反向因果，此外数字经济对全球价值链分工的影响也会受到国家政策等因素的干扰，造成内生性问题。基于此，在此通过两种方法尝试解决内生性问题。

一是构造合适的工具变量，采用两阶段最小二乘法检验①。在现有文献的基础上，构建以下工具变量。

（1）将各国 1984 年每百人固定电话数量与各国互联网使用人数比率相乘，再与各国行业数字化比率相乘作为“国家—行业”层面数字经济发展水平的工具变量（$IV_1$）。数字经济依托现代通信技术发展，而通信技术的发展由固定电话普及开始，历史上固定电话数量多的国家，数字经济发展水平也较高，但历史上的固定电话数难以对现在的全球价值链分工产生影响，满足工具变量的相关性与外生性要求。

（2）将上一年各行业平均数字化投入水平与各国数字经济发展水平相乘作为“国家—行业”层面数字经济发展水平的工具变量（$IV_2$）。借鉴李磊等（2021）构建行业层面工具变量的思路，一国某行业通过创新或引进新技术加快数字化进程，能够通过技术的溢出发挥示范效应，该行业产品竞争力的提升又会发挥竞争效应，倒逼其他国家该行业数字化的增强，因此影

---

① 采用两阶段广义矩估计（GMM）来纠正内生性和可能存在的异方差问题，所得结果与两阶段最小二乘法下的完全相同。

响到各国行业数字经济的发展。而上一年度行业平均数字化投入水平不能体现各国数字经济对行业的渗透度，很难影响到"国家—行业"层面的全球价值链分工，因此工具变量选取是合适的。

（3）以本国外其他国家数字经济发展水平的加权以及不同收入层次国家数字经济发展水平均值，与各国行业数字化比率相乘作为"国家—行业"层面数字经济发展水平的工具变量（$IV_3$ 和 $IV_4$）。一国参与全球价值链分工不仅受数字经济的影响，还受到经济发展政策的影响，在此借鉴 Beverelli 等（2017）的思路，两国间经济发展水平接近，数字经济发展程度也接近，因此将 $i$ 国与 $j$ 国人均 GDP 的相似度指数作为权重，得到其他国家数字经济的加权作为 $i$ 国数字经济发展水平的工具变量。数字经济发展水平与工具变量存在相关性，但其他国家的数字经济发展水平加权不会影响本国全球价值链分工。同样地，不同收入层次国家数字经济发展水平均值能够体现该层次内国家的数字经济发展水平，但不同收入层次数字经济发展水平均值不包含各国发展特征。工具变量满足相关性和外生性条件。

采用上述四类工具变量进行两阶段最小二乘回归的结果分别如表 8-4 列（1）~列（4）所示，Kleibergen-Paap rk LM 统计量和 Kleibergen-Paap rk Wald F 统计量表明工具变量与潜在内生变量具有相关性，且拒绝了识别不足的原假设，工具变量选取合理。第一阶段的回归结果验证工具变量的相关性，第二阶段的回归结果表明数字经济对全球价值链长度的影响均在 1% 的水平上显著为正。在借助工具变量解决部分内生性问题后，数字经济仍能显著推动全球价值链长度增加，本章结论依旧成立。

表 8-4　内生性检验

| 变量 | 工具变量法 | | | | 组内差分法 |
|---|---|---|---|---|---|
| | （1） | （2） | （3） | （4） | （5） |
| *DEI* | 0.6586*** | 1.0301*** | 0.9879*** | 0.8806*** | 0.9482*** |
| | (3.70) | (6.82) | (7.56) | (6.77) | (7.82) |
| 控制变量 | 是 | 是 | 是 | 是 | 是 |
| Kleibergen-Paap rk LM | 308.42*** | 233.82*** | 363.60*** | 358.51*** | — |

续表

| 变量 | 工具变量法 | | | | 组内差分法 |
|---|---|---|---|---|---|
| | （1） | （2） | （3） | （4） | （5） |
| Kleibergen-Paap rk Wald F | 897.74*** | 1732.00*** | 31531.13*** | 58248.34*** | — |
| 样本量 | 23485 | 23485 | 23485 | 23485 | 21350 |
| 调整后 $R^2$ | 0.717 | 0.717 | 0.719 | 0.717 | 0.040 |

二是采用组内差分法。一部分不随时间变动的遗漏变量会带来内生性问题，造成估计结果的不准确，而采用差分变换能够有效剔除这类遗漏变量。组内差分法的回归结果如表8-4列（5）所示，数字经济对全球价值链长度的影响显著为正，表明借助组内差分法考虑内生性问题后，数字经济能够推动全球价值链演进的结论依然成立。

## 三 异质性分析

### （一）产业异质性

数字经济重塑产业分工格局，不同产业分工演进趋势存在差异，考虑到农业和采矿业较少参与全球价值链分工，此处将样本聚焦制造业和服务业，考察数字经济对不同产业全球价值链长度影响的异质性。

借鉴廖涵和谢靖（2018）的做法，根据要素密集度将制造业分为劳动密集型、资本密集型和知识密集型，考察数字经济对制造业整体及其按要素密集度分行业的全球价值链长度的影响，具体估计结果如表8-5所示。列（1）中的结果表明数字经济对制造业整体全球价值链长度的影响为正，但并不显著。列（2）~列（4）显示，数字经济降低劳动密集型制造业的跨国分工水平，较大缩短劳动密集型制造业的全球价值链长度，但有利于资本密集型制造业全球价值链长度的提升，对知识密集型制造业全球价值链分工的影响并不显著。

表 8-5　制造业的异质性检验

| 变量 | 整体<br>（1） | 劳动密集型<br>（2） | 资本密集型<br>（3） | 知识密集型<br>（4） |
|---|---|---|---|---|
| DEI | 0.2867<br>（0.55） | −2.7943 **<br>（−2.40） | 2.1512 **<br>（2.01） | 0.6371<br>（0.98） |
| 控制变量 | 是 | 是 | 是 | 是 |
| 样本量 | 10736 | 2684 | 4697 | 3355 |
| 调整后 $R^2$ | 0.585 | 0.663 | 0.538 | 0.630 |
| 经验 P 值 | — | （2）（3）间为 0.000；（2）（4）间为 0.000；（3）（4）间为 0.000 | | |

注：经验 P 值用于检验组间差异的显著性，通过 Bootstrap 抽样 1000 次得到。

可能的原因在于以下方面。一方面，数字经济推动价值链治理模式转变为平台驱动模式，推动全球价值链分工由碎片化向区域化转变，依靠数字经济推动纵向一体化生产成为新趋势。劳动密集型制造业分工中，发达国家占据研发设计等高附加值环节，发展中国家则依靠劳动力成本优势承接加工装配环节，数字经济带来的智能化、信息化大大降低劳动密集型制造业对劳动力的需求，国内价值链对全球价值链的可替代性进一步加强，因此数字经济下劳动密集型制造业全球价值链收缩明显。另一方面，互联网平台和智能化生产实现对生产过程的实时掌控，数字经济下资本密集型产业投入配比发生变化，提高资本、设备的使用效率，促进资本密集型制造业生产环节的离岸外包，推动资本密集型制造业全球价值链分工扩张。尽管数字经济有利于知识溢出，但关键技术研发竞争加剧，发达国家利用技术优势在全球价值链分工中构造技术壁垒，因此数字经济不能有效推动知识密集型制造业的全球价值链分工。

借鉴刘会政和朱光（2019）的做法，将服务业分为生产性服务业和非生产性服务业，考察数字经济对服务业及其细分行业全球价值链长度的影响。具体估计结果如表 8-6 所示。列（1）中的结果表明数字经济显著推动服务业全球价值链长度的增加。列（2）和列（3）中的结果表明数字经济有利于延长生产性服务业全球价值链长度，但对非生产性服务业全球价值链长度的影响并不显著。可能的原因在于：服务业受限于"不可储存性"和缺乏规模经济，较少进行跨国贸易及分工（江小涓和罗立彬，2019），但在互联网等通信技术的快速发展下，传统服务要素依靠数字载体能够实现全球范围内的流动和配置，打破跨国服务贸易的时空限制，增强服务的可贸易性。数字成为新的传播载体加快服务业技术溢出，实现服务贸易的规模经济与范围经济，服务业全产业链条的数字化转型实现服务业态创新，衍生跨境电商、数字金融等新模式、新业态，拓展服务贸易的深度和广度，因此数字经济能够推动服务业全球价值链长度的增加。从服务业细分行业来看，通信、研发、金融等生产性服务业对数字经济具有更高的依赖度和敏感度，且生产性服务业具有较高的附加值，生产性服务要素作为中间投入品嵌入生产有利于制造业生产率提升，是各国提高国际竞争力的重要载体，数字经济更是推动生产性服务业全球价值链分工网络不断向规模扩张和模式创新演进。而非生产性服务业受限于对流通载体的依赖和不可分割，较难进行跨国分工，各国对非生产性服务业中间品的需求规模小、异质性强也制约非生产性服务业全球价值链分工网络的扩张。

表 8-6 服务业的异质性检验

| 变量 | 整体<br>（1） | 生产性<br>（2） | 非生产性<br>（3） |
|---|---|---|---|
| *DEI* | 1.0180 *** | 1.4103 *** | 0.1461 |
| | (8.32) | (11.10) | (0.31) |
| 控制变量 | 是 | 是 | 是 |
| 样本量 | 8723 | 3355 | 5368 |
| 调整后 R$^2$ | 0.680 | 0.655 | 0.672 |
| 经验 P 值 | — | 0.000 | |

**（二）数字技术投入来源异质性**

数字技术具有高开放度和强流动性特征，各国数字技术的交流和共享增强，在全球化背景下，一国数字经济发展受到本国来源数字技术投入和外国来源数字技术投入的共同影响。根据来源将数字技术投入分为本国数字技术投入和外国数字技术投入，分析数字经济影响全球价值链长度的数字技术投入来源异质性。回归结果如表 8-7 列（1）和列（2）所示，本国数字技术投入来源下的数字经济对全球价值链长度的影响在 1% 的水平上显著为正，而外国数字技术投入来源下的数字经济对全球价值链长度的影响则显著为负，结果表明本国数字技术投入来源下的数字经济能够促进本国参与跨国分工，从而增加全球价值链长度，但外国数字技术投入来源下的数字经济缩短本国全球价值链长度。本国数字技术投入下数字经济推动劳动密集型产业向知识资本密集型产业升级，有利于本国向价值链上下游延伸，参与到更多生产环节，并推动全球价值链向高端攀升，而外国数字技术投入可能会因为数字经济发展强国的数字垄断，挤出本国数字创新，从而减弱该国参与全球价值链的优势。

表 8-7　数字技术投入来源、行业位置的异质性检验

| 变量 | 数字技术投入来源 | | 行业位置 | |
|---|---|---|---|---|
| | 本国<br>（1） | 外国<br>（2） | 上游位置<br>（3） | 下游位置<br>（4） |
| $DEI$ | 2.0485 ***<br>（14.54） | −1.8938 ***<br>（−3.78） | 0.1677<br>（1.15） | 0.6229 ***<br>（4.36） |
| 控制变量 | 是 | 是 | 是 | 是 |
| 样本量 | 23485 | 23485 | 11597 | 11506 |
| 调整后 $R^2$ | 0.719 | 0.717 | 0.810 | 0.818 |
| 经验 P 值 | — | | 0.034 | |

（三）行业位置异质性

全球价值链上游位置承担研发设计、品牌管理和核心设备等环节，具备更复杂产品和更高附加值，数字经济需要协同生产研发能力共同推动上游位置行业的全球价值链演进，因此数字经济对不同位置行业的全球价值链演进存在非平衡影响。根据各年各行业全球价值链地位指数的均值，将行业划分为上游位置行业和下游位置行业，分析数字经济影响全球价值链长度的行业位置异质性。回归结果如表 8-7 列（3）和列（4）所示，数字经济能够显著推动下游位置行业的全球价值链长度增加，但对上游位置行业全球价值链

长度的影响并不显著。这主要是因为：从上游和下游位置的分工环节来看，上游位置为知识要素密集的环节，下游位置为加工装配等生产环节，发达国家往往掌握核心技术，试图遏制发展中国家高科技领域发展，将发展中国家锁定在跨国分工的低端环节，虽然数字经济存在一定的知识技术溢出，但技术封锁遏制数字经济推动上游位置行业全球价值链分工的深化，而数字技术推动生产效率的提升、分工成本的降低，位于下游位置的生产环节的全球分工体系逐步完善。从数字经济的应用范围来看，数字经济在下游位置行业应用范围更广、应用场景更多、应用层次更加深入，因此数字经济显著推动了下游位置行业全球价值链长度的增加。

## 四　机制检验

基于上述理论分析，本小节参考 Liu 和 Mao（2019）的做法，考察数字经济通过降低贸易成本和增强产业关联两条渠道对全球价值链演进的间接影响。

### （一）降低贸易成本

跨国贸易中信息搜寻成本、交流成本等贸易成本是影响全球价值链合作的重要因素，数字经济能够通过影响贸易成本间接影响各国参与全球价值链分工。目前，微观层面主要采用商品的进口关税来衡量贸易成本，而在宏观层面，由于贸易成本包括的运输成本、关税成本、合规成本等难以直接获取，参考 Novy（2013）的做法，采用双边贸易流量来测算各国分行业的中间品贸易成本。若国家间贸易流量相较于各国内部贸易流量增加，则说明贸易成本下降。测算公式如下：

$$cost_{cjt} = \sum_s \sum_i \left( \frac{I_{cc}^{ij} I_{ss}^{ij}}{I_{cs}^{ij} I_{sc}^{ij}} \right)^{\frac{1}{2(\sigma-1)}}$$

其中，$cost_{cjt}$ 表示 $c$ 国 $j$ 行业 $t$ 年的贸易成本，$I_{cc}^{ij}$ 为 $c$ 国 $i$ 行业向 $c$ 国 $j$ 行业投入的中间品，$I_{ss}^{ij}$ 为 $s$ 国 $i$ 行业向 $s$ 国 $j$ 行业投入的中间品，$I_{cs}^{ij}$ 为 $c$ 国 $i$ 行业向 $s$ 国 $j$ 行业投入的中间品，$I_{sc}^{ij}$ 为 $s$ 国 $i$ 行业向 $c$ 国 $j$ 行业投入的中间品。$\sigma$ 为贸易产品之间的替代弹性，依照 Novy（2013）的研究将 $\sigma$ 赋值为 8。

数字经济对全球价值链长度影响的贸易成本机制检验结果如表 8-8 列
（1）所示，数字经济对贸易成本的影响系数为 -6.7368，且在 5% 的水平上
显著，表明数字经济显著降低跨国贸易中的贸易成本。

表 8-8　影响机制检验

| 变量 | 贸易成本 | 产业关联 | |
| --- | --- | --- | --- |
| | （1） | （2） | （3） |
| *DEI* | -6.7368 ** | 1.7672 *** | 0.9641 *** |
| | （-1.99） | （23.96） | （5.13） |
| 控制变量 | 是 | 是 | 是 |
| 样本量 | 22608 | 23485 | 23485 |
| 调整后 $R^2$ | 0.512 | 0.704 | 0.501 |

### （二）增强产业关联

数字经济不仅对各国产业进行全链条深度赋能，推动各国参与全球分
工，延长全球价值链长度，还通过增强各国产业关联深化价值链分工。里昂
惕夫的产业关联理论认为产业间以产品或技术、服务要素等为纽带建立产业
链上下游的关联，在跨国分工体系中这种上下游关联体现为中间贸易品在跨
国流转中因投入产出关系而引起需求的变化。为了衡量各国各部门间产业关
联程度，引入影响力系数和感应力系数来衡量前向关联效应和后向关联效
应，测算方法分别为：

$$F_{it(j)} = \sum_{i=1}^{n} b_{ij} \Big/ \frac{1}{n} \sum_{i=1}^{n} \sum_{j=1}^{n} b_{ij}$$

$$E_{jt(i)} = \sum_{j=1}^{n} b_{ij} \Big/ \frac{1}{n} \sum_{j=1}^{n} \sum_{i=1}^{n} b_{ij}$$

其中 $b_{ij}$ 为 $j$ 行业对 $i$ 行业的完全消耗系数。前向关联效应代表某部门增
加 1 个单位最终使用对其他部门的拉动作用，该值越大表明该部门发展对其
他部门发展的拉动作用越大。后向关联效应代表经济各部门增加 1 个单位最
终使用，推动的某部门的需求变化，该值越大表明该部门发展对其他部门发
展的支撑作用越大。

数字经济对全球价值链长度影响的产业关联机制检验结果如表 8-8 列
（2）和列（3）所示，数字经济对前向关联和后向关联的影响系数分别为
1.7672 和 0.9641，且均在 1%的水平上显著，表明数字经济能增强部门间的
前向关联和后向关联效应。

# 第五节　拓展分析：数字经济对全球价值链韧性的影响

全球价值链分工体系的建立是经济全球化的重要特征，参与垂直专业化
和国际分工为各国提供了经济发展的机遇。近年来，不确定性日益加剧推动
世界经济进入深刻调整期，对全球价值链提出解构、重构的挑战。伴随多边
贸易规则的弱化和双边、区域贸易规则的兴起，发达国家的"制造回流"
以及为了遏制中国崛起而实施的"脱钩"战略均加速单边主义的"逆全球
化"进程，冲击着全球价值链分工格局。叠加新冠疫情的全球性蔓延，跨
国生产、流通、消费等环节受阻，全球价值链面临收缩甚至断裂的风险，强
化区域价值链和全球价值链的稳定性成为重要议题。发展中国家以"代工
者"身份被锁定在价值链低端环节，在发展中国家俘获型全球价值链网络
中陷入"悲惨增长"。受人力资本、基础设施、本地市场规模和技术水平等
因素的制约，发展中国家在现有的全球价值链分工体系中被边缘化，发达国
家掌握关键工序片段从而阻碍分工多样化。全球化利益分配公平性缺失和分
工固化不利于全球价值链安全性增强。着力增强产业链供应链韧性是全球价
值链发展的重中之重。

全球价值链分工网络对经济主体的联结在一定程度上传导和放大各类内
生性和外生性风险冲击，凸显全球价值链脆弱性。数字技术推动下全球价值
链向平台化治理转变，借助数字平台强大的信息搜索、加工和分析能力，数
据成为价值链条上信息与知识的流通媒介，能提高各个环节的信息共享效
率，对冲击形成预警和快速响应机制从而降低价值链波动水平。数字技术应
用能提升全球价值链遭受冲击后的资源重组能力，大数据和云计算支持企业
对供需变化的灵活调整，自动化和人工智能快速重构生产线和物流通道，增

强全球价值链的稳定性（Ivanov，2022）。数字平台为发展中国家提供嵌入全球价值链的"入场券"，中小企业借助数字技术参与全球价值链分工，全球价值链组织结构加速由"蛇形"转变为"蛛形"，价值链多元化发展增强可替代性，降低企业对所需中间品的过度依赖程度，保证某一分工环节在因冲击而中断时全球价值链维持正常运转（Pasquali et al.，2021），增强全球价值链的安全性。

全球价值链韧性是一个多维的概念，本节从全球价值链的稳定性和安全性角度来刻画全球价值链韧性。

（1）稳定性：参考 John 等（2008）的做法，通过全球价值链长度的波动率来衡量全球价值链稳定性：

$$pl_{ijt} = plv\_gvc_{ijt} - \overline{plv\_gvc_t}$$

$$Vol\_pl_{ijt} = \left[ \frac{1}{T-1} \sum_{t=1}^{T} \left( pl_{ijt} - \frac{1}{T} \sum_{t=1}^{T} pl_{ijt} \right)^2 \right]^{1/2}$$

其中，将所有行业的平均价值链长度（$\overline{plv\_gvc_t}$）定义为系统性风险，$pl_{ijt}$ 则为剔除系统性风险后的 $i$ 国 $j$ 行业在 $t$ 年的全球价值链长度，$T$ 为观测窗口期，本节采用移动窗口期并将窗口期设定为 3 年，$Vol\_pl_{ijt}$ 表示 $i$ 国 $j$ 行业在 $t$ 年的全球价值链稳定性，数值越大表明全球价值链的波动程度越高，稳定性越差。

（2）安全性：全球价值链的安全性侧重于各国参与全球分工的机会平等和分工多样：一是各国能凭借比较优势嵌入全球价值链而不被边缘化，二是各国能够凭借比较优势嵌入价值链分工而实现价值链分工多元化。因此，采用全球价值链长度差距来衡量公平性：

$$gap\_pl_{ijt} = \max(plv\_gvc_{jt}) - plv\_gvc_{ijt}$$

其中，$gap\_pl_{ijt}$ 为 $i$ 国 $j$ 行业在 $t$ 年的全球价值链长度差距，数值越小表明各国全球价值链长度与贸易强国的差距越小，各国嵌入全球价值链的环节越多，全球价值链的安全性越强；$\max(plv\_gvc_{jt})$ 为 $j$ 行业在 $t$ 年的全球价值链长度的最大值。

为了验证数字经济对全球价值链韧性的作用效果，本节仍采用行业、年份和国家多维固定效应来进行实证检验，参考范鑫（2020）的做法，采用各国数字经济发展水平滞后一期作为解释变量代入模型进行回归，减轻反向因果带来的影响。数字经济对全球价值链韧性影响的回归结果如表 8-9 所示，数字经济能够提升全球价值链稳定性水平。数字经济通过数据要素连通供给侧和需求侧，减少由于信息不对称而引起的产品供应链波动。数字经济通过数字平台实现物流、资金流等生产要素的精准匹配，减轻各类冲击对全球贸易的消极影响。同时，数字经济有利于缩小全球价值链长度差距，数字经济发展消除参与全球价值链的空间制约，数字平台为发展中国家中小企业嵌入价值链提供机会，且数据要素在产业链流动中为发展中国家带来技术溢出，推动全球价值链多样性增加和多元化发展，从而增强全球价值链安全性。可见，数字经济能够通过增强价值链的稳定性和安全性实现全球价值链韧性增强。

**表 8-9　数字经济对全球价值链韧性影响的检验**

| 变量 | 稳定性 | | 安全性 | |
|---|---|---|---|---|
| | （1） | （2） | （3） | （4） |
| *DEI* | −0.0517 *** <br> （−3.53） | −0.0510 *** <br> （−3.47） | −0.8679 *** <br> （−6.11） | −0.8734 *** <br> （−6.20） |
| 控制变量 | 否 | 是 | 否 | 是 |
| 样本量 | 21350 | 21350 | 21329 | 21329 |
| 调整后 $R^2$ | 0.334 | 0.336 | 0.546 | 0.548 |

## 第六节　主要结论与对策建议

数字经济对全产业链的渗透和融合改变技术经济范式，重塑国际产业分工格局，加速全球价值链演进。多重不确定性因素引起全球价值链破坏性结构重构，韧性和安全更是全球价值链演进的重要方向。本章采用全球价值链长度刻画演进的"足迹"，将国家数字经济发展水平进一步细化到部门层面，识别数字经济渗透不同下"国家—行业"数字经济发展水平差异。构建"国家—行业—年份"三维面板数据，理论分析并实证检验数字经济对全球价值链长度的影响及其作用渠道，以考察数字经济何以赋能全球价值链演进，并进一步探讨数字经济对全球价值链韧性的影响。从整体来看，数字经济显著推动全球价值链长度的增加，深化全球价值链分工。从异质性来看，数字经济对生产性服务业、下游位置行业的全球价值链长度增加的促进作用更强；本国来源数字技术投入能够显著增加全球价值链长度，但外国来源数字技术投入则不然。从作用机制来看，降低贸易成本和增强产业关联是数字经济影响全球价值链长度的重要渠道。拓展分析表明，数字经济能够显著增强全球价值链稳定性和安全性，从而增强全球价值链韧性。

　　根据上述研究结论，提出如下对策建议。第一，以数字经济推动全球价值链演进。近年来，全球价值链发展遭遇逆潮，价值链分工网络呈现疲软增长甚至停滞化的态势，各国应抓住新一代科技革命和产业革命带来的机遇，加快数字经济发展，以数字经济赋能推动全球价值链深度延展和结构优化。合理引导数字新基建产业的发展，加快补齐数字经济基础设施短板；优化创新环境和强化制度保障，增加数字技术研发投入，加大知识产权保护力度，引导数字经济领域的投资。依托数字技术在全球价值链分工中深层次、多领域的应用，制定完善的数字贸易规制，打造数字贸易开放体系，破除各类贸易壁垒，加强产业上下游关联。在引入外国先进数字技术的同时，更要注重数字经济产业链核心技术的突破攻关，确保数字经济关键环节的自主可控。深化数字经济对全球价值链上游位置行业的赋能，加强数字技术在研发创新、品牌营销等领域的融合渗透，以数字化引领价值链升级。

　　第二，差异化引导各行业全球价值链分工嵌入的方式和方向。数字经济加速劳动密集型制造业全球价值链分工短链化，各国应加快人工智能、3D打印和工业互联网等数字技术在制造业中的应用，坚持在全球化的前提下顺应劳动密集型制造业全球价值链分工本土化和近岸化发展趋势，加快构建完善的国内产业体系，加强国内配套生产能力。数字经济下全球价值链演进的驱动力由成本向知识和创新转变，各国应推动资本密集型和知识密集型制造业嵌入全球价值链分工。推动服务业全球价值链分工网络的构建和扩张，进一步扩大服务贸易开放，破除各类数字服务贸易壁垒，以税收优惠、财政补贴等鼓励本国服务业企业依托数字技术开展跨国分工。对于我国来说，更应借助超大市场规模和完备产业链优势，利用数字经济发展深度嵌入全球价值链分工网络，向价值链高端环节攀升。

第三，以数字经济促进全球价值链韧性增强。世界经济进入动荡变革期，不确定性冲击频发凸显全球价值链脆弱性，增强全球价值链韧性成为构建安全可靠的全球价值链网络的必然要求。利用大数据的收集、整理、分析能力实现资金流、物流、信息流的高度匹配，建立互联互通的数字化共享系统，提升各国间信息流动速度和透明程度，缓解各国信息不对称问题。利用人工智能算法建立多边价值链风险预警机制，通过对价值链上下游风险的识别、评估、预警和解决方案的提供，增强全球价值链稳定性。利用区块链等数字技术的可追溯性加强对全球价值链中信息泄露、违约风险等的管理，利用数字平台构建多元化互补机制，增强全球价值链安全性。

# 参考文献

白俊红，刘宇英．2018. 对外直接投资能否改善中国的资源错配［J］. 中国工业经济，（1）：60-78.

柏培文，喻理．2021. 数字经济发展与企业价格加成：理论机制与经验事实［J］. 中国工业经济，（11）：59-77.

柏培文，张云．2021. 数字经济、人口红利下降与中低技能劳动者权益［J］. 经济研究，（5）：91-108.

包振山，徐振宇，谢安．2022. 技术创新、产业结构升级与流通业发展［J］. 统计与决策，（5）：101-105.

蔡乌赶，许凤茹．2021. 中国制造业产业链现代化水平的测度［J］. 统计与决策，37（21）：108-112.

蔡跃洲，牛新星．2021. 中国数字经济增加值规模测算及结构分析［J］. 中国社会科学，（11）：4-30+204.

陈国军，王国恩．2023. "盒马村"的"流空间"透视：数字农业经济驱动下的农业农村现代化发展重构［J］. 农业经济问题，（1）：88-107.

陈国亮，陈建军．2012. 产业关联、空间地理与二三产业共同集聚——来自中国 212 个城市的经验考察［J］. 管理世界，（4）：82-100.

陈涵，林晓冰，许思琪，等．2024. 数字经济、产业结构升级与农业高质量发展——基于福建省面板数据的实证分析［J］. 中国农业资源与区划（网络首发）：1-13.

陈建军，陈菁菁.2011.生产性服务业与制造业的协同定位研究——以浙江省69个城市和地区为例 [J].中国工业经济，(6)：141-150.

陈锦然，王家荣，杨雪萍.2022.流通业发展、国内市场一体化与国家价值链分工深化 [J].商业经济与管理，(8)：15-28.

陈景华，韩茹，徐金，等.2022.现代服务业高质量发展的测度、差异及演变——基于山东三大经济圈的视角 [J].山东财经大学学报，34 (2)：64-80.

陈景华，徐金.2021.中国现代服务业高质量发展的空间分异及趋势演进 [J].华东经济管理，35 (11)：61-76.

陈林，张玺文.2023.制造业数字化转型升级的机理研究 [J].暨南学报（哲学社会科学版），45 (3)：99-110.

陈楠，蔡跃洲.2021.数字技术对中国制造业增长速度及质量的影响——基于专利应用分类与行业异质性的实证分析 [J].产业经济评论，(6)：46-67.

陈清萍.2020.科技进步、协同创新与长三角制造业高质量发展 [J].江淮论坛，(2)：103-112.

陈树广，王东，陈胜利.2022.中国商贸流通业高质量发展的时空特征及区域差异 [J].统计与决策，(13)：5-10.

陈晓东，常皓亮.2023.数字经济可以增强产业链安全吗？——基于世界投入产出表的研究 [J].经济体制改革，(3)：15-24.

陈晓红，胡东滨，曹文治，等.2021.数字技术助推我国能源行业碳中和目标实现的路径探析 [J].中国科学院院刊，36 (9)：1019-1029.

陈晓红，李杨扬，宋丽洁.2022.数字经济理论体系与研究展望 [J].管理世界，38 (2)：208-224+13-16.

陈阳，唐晓华.2019.产业集聚对制造业效率的影响研究——基于区域互动的视角 [J].财经论丛，(2)：12-20.

陈宇峰，章武滨.2015.中国区域商贸流通效率的演进趋势与影响因素 [J].产业经济研究，(1)：53-60.

陈昭，刘映曼 .2019. 政府补贴、企业创新与制造业企业高质量发展［J］.
　　改革，(8)：140-151.

程文先，钱学锋 .2021. 数字经济与中国工业绿色全要素生产率增长［J］.
　　经济问题探索，(8)：124-140.

丛昊，张春雨 .2022. 数字技术与企业高质量创新［J］. 中南财经政法大学
　　学报，(4)：29-40.

崔宏桥，吴焕文，朱玉 .2022. 服务业高质量发展评价指标体系构建与实践
　　［J］. 税务与经济，(1)：85-91.

戴魁早 .2018. 技术市场发展对出口技术复杂度的影响及其作用机制［J］.
　　中国工业经济，(7)：117-135.

戴魁早，黄姿，王思曼 .2023. 数字经济促进了中国服务业结构升级吗？
　　［J］. 数量经济技术经济研究，40 (2)：90-112.

戴翔，杨双至 .2021. 扩大开放在畅通国内大循环中的作用——基于长三角
　　地区的经验分析［J］. 当代经济研究，(4)：75-86.

邓峰，任转转 .2020. 互联网对制造业高质量发展的影响研究［J］. 首都经
　　济贸易大学学报，22 (3)：57-67.

邓荣荣，张翱祥 .2022. 中国城市数字经济发展对环境污染的影响及机理研
　　究［J］. 南方经济，(2)：18-37.

丁仕潮，张飞扬 .2023. 数字技术创新与实体经济高质量发展的耦合协调评
　　价与动态演进［J］. 统计与决策，(14)：109-113.

丁守海，徐政 .2021. 新格局下数字经济促进产业结构升级：机理、堵点与
　　路径［J］. 理论学刊，(3)：68-76.

董丽，赵放 .2023. 数字经济驱动制造业产业链韧性提升的作用机理与实现
　　路径［J］. 福建师范大学学报（哲学社会科学版），(5)：33-42.

杜丹丽，简萧婕，赵丹 .2023. 中国数字技术创新与数字经济发展耦合协调
　　度研究［J］. 科技进步与对策，40 (22)：1-11.

杜丹清 .2017. 互联网助推消费升级的动力机制研究［J］. 经济学家，(3)：
　　48-54.

樊纲，王小鲁，马光荣 . 2011. 中国市场化进程对经济增长的贡献 ［J］. 经济研究，（9）：4-16.

范建红，王冰，闫乐，等 . 2022. 数字普惠金融对高技术制造业创新韧性的影响——基于系统 GMM 与门槛效应的检验 ［J］. 科技进步与对策，39（17）：51-61.

范鑫 . 2020. 数字经济发展、国际贸易效率与贸易不确定性 ［J］. 财贸经济，41（8）：145-160.

封志明，张丹，杨艳昭 . 2011. 中国分县地形起伏度及其与人口分布和经济发展的相关性 ［J］. 吉林大学社会科学学报，51（1）：146-151+160.

冯晓华，邱思远 . 2023. 中国城市国内国际双循环测度及影响因素 ［J］. 地理学报，78（8）：2019-2040.

傅京燕，李丽莎 . 2010. 环境规制、要素禀赋与产业国际竞争力的实证研究——基于中国制造业的面板数据 ［J］. 管理世界，（10）：87-98+187.

干春晖，满犇 . 2023. 双循环测度与国内大循环内生动力研究 ［J］. 系统工程理论与实践，43（11）：3090-3110.

葛阳琴，何晓风，谢建国 . 2024. 中国区域"国内国际双循环"：路径、特征与联动分析 ［J/OL］. 数量经济技术经济研究（网络首发），1-21.

耿景珠，杜明威，刘文革 . 2023. 企业数字赋能与全球价值链嵌入 ［J］. 当代财经，（8）：122-133.

龚新蜀，王曼，张洪振 . 2018. FDI、市场分割与区域生态效率：直接影响与溢出效应 ［J］. 中国人口·资源与环境，（8）：95-104.

桂琦寒，陈敏，陆铭，等 . 2006. 中国国内商品市场趋于分割还是整合：基于相对价格法的分析 ［J］. 世界经济，（2）：20-30.

郭东杰，周立宏，陈林 . 2022. 数字经济对产业升级与就业调整的影响 ［J］. 中国人口科学，（3）：99-110+128.

郭峰，陈凯 . 2020. 互联网技术、空间拥挤成本与制造业集聚选择——基于新经济地理模型及检验 ［J］. 工业技术经济，39（9）：71-79.

郭峰，王靖一，王芳，等．2020．测度中国数字普惠金融发展：指数编制与空间特征 [J]．经济学（季刊），19（4）：1401-1418.

郭然，原毅军．2022．互联网发展对产业协同集聚的影响及其机制研究 [J]．统计研究，39（6）：52-67.

郭旭，孙晓华，翟钰．2021．地区产业结构升级速度的测算及时空演变分析 [J]．数量经济技术经济研究，38（9）：98-116.

韩峰，阳立高．2020．生产性服务业集聚如何影响制造业结构升级？——一个集聚经济与熊彼特内生增长理论的综合框架 [J]．管理世界，36（2）：72-94+219.

韩沈超．2023．我国生产性服务业全球价值链参与度与嵌入位置测度、影响因素及攀升策略研究 [J]．科技进步与对策，40（6）：80-90.

韩兆安，赵景峰，吴海珍．2021．中国省际数字经济规模测算、非均衡性与地区差异研究 [J]．数量经济技术经济研究，（8）：164-181.

何雅兴，罗胜，谢迟．2021．中国区域双重价值链的测算与嵌入特征分析 [J]．数量经济技术经济研究，（10）：85-106.

何宗樾，宋旭光．2020．数字金融发展如何影响居民消费 [J]．财贸经济，（8）：65-79.

贺正楚，李玉洁，吴艳．2024．产业协同集聚、技术创新与制造业产业链韧性 [J]．科学学研究，42（3）：515-527.

洪俊杰，隋佳良．2023．立足国内大循环，推进高水平对外开放——基于全球价值链位置视角的研究 [J]．国际贸易问题，（1）：1-18.

洪群联．2021．中国服务业高质量发展评价和"十四五"着力点 [J]．经济纵横，（8）：61-73+137.

胡迟．2019．以创新驱动打造我国制造业高质量成长——基于70年制造业发展回顾与现状的考察 [J]．经济纵横，（10）：53-63.

胡海峰，宋肖肖，窦斌．2022．数字化在危机期间的价值：来自企业韧性的证据 [J]．财贸经济，43（7）：134-148.

胡汉辉，申杰．2022．数字金融能畅通国内国际双循环吗——基于国内大循环为主的效率提升视角［J］.财经科学，(4)：1-14.

胡甲滨，俞立平.2023.企业规模对高技术产业创新韧性的影响效应检验［J］.统计与决策，39(22)：168-172.

华岳，金敏，张勋.2022.数字基础设施与企业融资约束——来自"宽带中国"证据［J］.中国经济学，(1)：227-381.

华中昱，林万龙，徐娜.2022.数字鸿沟还是数字红利？——数字技术使用对农村低收入户收入的影响［J］.中国农业大学学报(社会科学版)，39(5)：133-154.

黄群慧，倪红福.2021.中国经济国内国际双循环的测度分析——兼论新发展格局的本质特征［J］.管理世界，37(12)：40-58.

黄群慧，余泳泽，张松林.2019.互联网发展与制造业生产率提升：内在机制与中国经验［J］.中国工业经济，(8)：5-23.

黄少安，孙璋.2023.自由贸易试验区建设是否优化了服务业资源配置？［J］.社会科学战线，(3)：80-94+281.

黄先海，王瀚迪，孙涌铭，等.2023.数字技术与企业出口质量升级——来自专利文本机器学习的证据［J］.数量经济技术经济研究，40(12)：69-89.

黄永春，宫尚俊，邹晨，等.2022.数字经济、要素配置效率与城乡融合发展［J］.中国人口·资源与环境，(10)：77-87.

黄雨婷，文雯.2019.流通业发展、空间互动与城市经济增长［J］.产业经济研究，(4)：75-87.

季书涵，朱英明，张鑫.2016.产业集聚对资源错配的改善效果研究［J］.中国工业经济，(6)：73-90.

贾洪文，张伍涛，盘业哲.2021.科技创新、产业结构升级与经济高质量发展［J］.上海经济研究，(5)：50-60.

贾利军，陈恒烜.2022.数字技术赋能制造业高质量发展的关键突破路径［J］.教学与研究，(9)：26-39.

江艇.2022.因果推断经验研究中的中介效应与调节效应［J］.中国工业经

济，（5）：100-120.

江小国，何建波，方蕾.2019.制造业高质量发展水平测度、区域差异与提升路径［J］.上海经济研究，（7）：70-78.

江小涓.2011.服务业增长：真实含义、多重影响和发展趋势［J］.经济研究，46（4）：4-14+79.

江小涓，罗立彬.2019.网络时代的服务全球化——新引擎、加速度和大国竞争力［J］.中国社会科学，（2）：68-91+205-206.

姜长云.2019.服务业高质量发展的内涵界定与推进策略［J］.改革，（6）：41-52.

蒋伏心，王竹君，白俊红.2013.环境规制对技术创新影响的双重效应——基于江苏制造业动态面板数据的实证研究［J］.中国工业经济，（7）：44-55.

金碚.2018.关于"高质量发展"的经济学研究［J］.中国工业经济，（4）：5-18.

金绍荣，任赞杰.2022.乡村数字化对农业绿色全要素生产率的影响［J］.改革，（12）：102-118.

金玉萍，李光勤，刘雪燕.2023.数字产品贸易如何影响全球价值链地位——基于ICT贸易网络结构的视角［J］.国际商务，（6）：22-40.

荆林波，袁平红.2019.全球价值链变化新趋势及中国对策［J］.管理世界，35（11）：72-79.

荆文君，孙宝文.2019.数字经济促进经济高质量发展：一个理论分析框架［J］.经济学家，（2）：66-73.

寇建平.2018.新时期推动我国农业高质量发展的对策建议［J］.农业科技管理，37（3）：1-4.

黎峰.2016.中国国内价值链是怎样形成的？［J］.数量经济技术经济研究，33（9）：76-94.

李本庆，岳宏志.2022.数字经济赋能农业高质量发展：理论逻辑与实证检验［J］.江西财经大学学报，（6）：95-107.

李朝鲜.2022."双循环"背景下数字技术如何赋能商贸流通企业高质量发展〔J〕.北京工商大学学报（社会科学版），（5）：59-70.

李慧泉，简兆权.2022.数字经济发展对技术企业的资源配置效应研究〔J〕.科学学研究，40（8）：1390-1400.

李金昌，史龙梅，徐蔼婷.2019.高质量发展评价指标体系探讨〔J〕.统计研究，36（1）：4-14.

李津，齐雅莎，刘恩专.2020.数字基础设施与全球价值链升级：机制与效用〔J〕.学习与探索，（10）：147-154.

李兰冰，刘瑞.2021.生产性服务业集聚与城市制造业韧性〔J〕.财经科学，（11）：64-79.

李磊，王小霞，包群.2021.机器人的就业效应：机制与中国经验〔J〕.管理世界，37（9）：104-119.

李蕾，刘荣增.2022.产业融合与制造业高质量发展：基于协同创新的中介效应〔J〕.经济经纬，39（2）：78-87.

李萌，何宇，潘家华.2022."双碳"目标、碳税政策与中国制造业产业链韧性〔J〕.中国人口·资源与环境，32（9）：22-34.

李明贤，贺佳斌.2023.数字经济赋能农业高质量发展研究——基于湖南省2012—2020年面板数据的分析〔J〕.湖南农业大学学报（社会科学版），（1）：14-23.

李帅娜.2021.数字技术赋能服务业生产率：理论机制与经验证据〔J〕.经济与管理研究，42（10）：51-67.

李天健，赵学军.2022.新中国保障产业链供应链安全的探索〔J〕.管理世界，38（9）：31-41.

李晓华.2021.数字技术推动下的服务型制造创新发展〔J〕.改革，（10）：72-83.

李晓华.2022.数字技术与服务业"成本病"的克服〔J〕.财经问题研究，（11）：16-26.

李雪松，党琳，赵宸宇.2022.数字化转型、融入全球创新网络与创新绩效

［J］.中国工业经济，（10）：43-61.

李燕萍，李乐.2022.人力资源服务业高质量发展评价指标体系及测度研究——基于 2012-2020 年中国数据的实证［J］.宏观质量研究，10（5）：1-14.

李勇坚.2012.高端服务业与流通产业价值链控制力——基于中国本土零售企业的研究［J］.中国流通经济，（8）：18-24.

李玉花，简泽.2021.从渐进式创新到颠覆式创新：一个技术突破的机制［J］.中国工业经济，（9）：5-24.

李玉梅，许晗，宋玉茹，等.2024.数字经济与产业链韧性提升：机制、难点与对策［J］.科学管理研究，42（2）：64-72.

李煜华，向子威，胡瑶瑛，等.2022.路径依赖视角下先进制造业数字化转型组态路径研究［J］.科技进步与对策，39（11）：74-83.

李治国，王杰.2021.数字经济发展、数据要素配置与制造业生产率提升［J］.经济学家，（10）：41-50.

李籽墨，余国新.2023.中国生产性服务业高质量发展水平的空间差异及分布动态演进［J］.统计与决策，39（3）：121-125.

连俊华.2022.数字金融发展、农村普惠金融与农业经济增长——来自中国县域数据的经验证据［J］.中国软科学，（5）：134-146.

梁经伟，文淑惠，袁明杨.2023.装备制造业数字要素投入能否提升全球分工地位？［J］.商业研究，（2）：1-8.

梁琳.2022.数字经济促进农业现代化发展路径研究［J］.经济纵横，（9）：113-120.

廖涵，谢靖.2018."性价比"与出口增长：中国出口奇迹的新解读［J］.世界经济，41（2）：95-120.

林双娇，王健.2021.中国物流业高质量发展水平测度及其收敛性研究［J］.统计与决策，（8）：9-14.

林毅夫.2011.新结构经济学——重构发展经济学的框架［J］.经济学（季刊），10（1）：1-32.

刘斌，顾聪．2019．互联网是否驱动了双边价值链关联［J］．中国工业经济，（11）：98-116.

刘斌，潘彤．2020．人工智能对制造业价值链分工的影响效应研究［J］．数量经济技术经济研究，37（10）：24-44.

刘诚，夏杰长．2023．线上市场、数字平台与资源配置效率：价格机制与数据机制的作用［J］．中国工业经济，（7）：84-102.

刘德学，吴旭梅．2021．信息通信技术与制造业全球价值链嵌入——基于信息通信技术发展数量和质量的研究［J］．国际经贸探索，37（10）：70-85.

刘国武，李君华，汤长安．2023．数字经济、服务业效率提升与中国经济高质量发展［J］．南方经济，（1）：80-98.

刘和东，纪然．2023．数字经济促进产业结构升级的机制与效应研究［J］．科技进步与对策，40（1）：61-70.

刘会政，朱光．2019．全球价值链嵌入对中国装备制造业出口技术复杂度的影响——基于进口中间品异质性的研究［J］．国际贸易问题，（8）：80-94.

刘江．2023．统一要素市场构建对国内大循环的影响［J］．北京社会科学，（7）：94-106.

刘瑞，张伟静．2021．空间集聚能否提升中国制造业韧性——基于产业适应性结构调整的视角［J］．当代财经，（11）：16-27.

刘汶荣．2021．要素市场扭曲对制造业高质量发展的影响［J］．经济问题，（9）：74-82.

刘夏，任声策，杜梅．2023．数字技术、融合创新对地区全要素生产率影响机理研究［J］．科学学与科学技术管理，44（11）：63-78.

刘向东，刘雨诗，陈成漳．2019．数字经济时代连锁零售商的空间扩张与竞争机制创新［J］．中国工业经济，（5）：80-98.

刘鑫鑫，韩先锋．2023．人工智能与制造业韧性：内在机制与实证检验［J］．经济管理，45（11）：48-67.

刘雅珍，刘志彪.2023.全国统一大市场：构建新发展格局的基础性架构[J].南京社会科学，(2)：35-42.

刘洋，陈晓东.2021.中国数字经济发展对产业结构升级的影响[J].经济与管理研究，42(8)：15-29.

刘宇英，盛斌.2023.数字经济与全球价值链国内链长[J].财经研究，49(4)：35-49.

刘元胜.2020.农业数字化转型的效能分析及应对策略[J].经济纵横，(7)：106-113.

刘忠宇，热孜燕·瓦卡斯.2021.中国农业高质量发展的地区差异及分布动态演进[J].数量经济技术经济研究，38(6)：28-44.

柳思维，周洪洋.2016.人口城镇化、土地城镇化对流通业产出效率影响的空间计量分析[J].经济地理，(12)：51-59.

卢福财，徐远彬.2019.互联网对制造业劳动生产率的影响研究[J].产业经济研究，(4)：1-11.

鲁飞宇，殷为华，刘楠楠.2021.长三角城市群工业韧性的时空演变及影响因素研究[J].世界地理研究，30(3)：589-600.

罗佳，张蛟蛟，李科.2023.数字技术创新如何驱动制造业企业全要素生产率？——来自上市公司专利数据的证据[J].财经研究，49(2)：95-109+124.

罗珉，李亮宇.2015.互联网时代的商业模式创新：价值创造视角[J].中国工业经济，(1)：95-107.

吕康银，梁孝成，贾利雯.2023.数字经济发展与企业劳动资源配置效率[J].商业研究，(6)：69-77.

吕铁，李载驰.2021.数字技术赋能制造业高质量发展——基于价值创造和价值获取的视角[J].学术月刊，53(4)：56-65+80.

吕越，包雅楠.2019.国内价值链长度与制造业企业创新——兼论中国制造的"低端锁定"破局[J].中南财经政法大学学报，(3)：118-127.

吕越，谷玮，尉亚宁，等.2023a.人工智能与全球价值链网络深化[J].

数量经济技术经济研究，40（1）：128-151.

吕越，陈泳昌，张昊天，等．2023b．电商平台与制造业企业创新——兼论数字经济和实体经济深度融合的创新驱动路径［J］．经济研究，58（8）：174-190.

马香品．2020．数字经济时代的居民消费变革：趋势、特征、机理与模式［J］．财经科学，（1）：120-132.

蒙天成，周利国．2021．"双循环"新发展格局下现代流通体系发展态势与高质量推进策略［J］．国际贸易，（8）：46-53.

倪红福，龚六堂，夏杰长．2016．生产分割的演进路径及其影响因素——基于生产阶段数的考察［J］．管理世界，（4）：10-23+187.

欧阳日辉．2024．激活数据要素价值发展新质生产力［J］．人民论坛，（11）：76-79.

潘建成．2018．产业融合是实现农业高质量发展的关键［N］．经济日报，08-16（8）.

庞瑞芝，李帅娜．2022．数字经济下的"服务业成本病"：中国的演绎逻辑［J］．财贸研究，33（1）：1-13

裴长洪，刘洪愧．2020．中国外贸高质量发展：基于习近平百年大变局重要论断的思考［J］．经济研究，55（5）：4-20.

彭晖，张嘉望，梁敬．2017．社会资本、交易成本与流通产业发展——基于中介效应模型的实证研究［J］．北京工商大学学报（社会科学版），（4）：45-56.

彭艳玲，周红利，苏岚岚．2022．数字经济参与增进了农民社会阶层认同吗？——基于宁、渝、川三省份调查数据的实证［J］．中国农村经济，（10）：59-81.

戚聿东，蔡呈伟．2020．数字化对制造业企业绩效的多重影响及其机理研究［J］．学习与探索，（7）：108-119.

齐俊妍，任奕达．2021．数字经济渗透对全球价值链分工地位的影响——基于行业异质性的跨国经验研究［J］．国际贸易问题，（9）：105-121.

齐文浩，张越杰．2021．以数字经济助推农村经济高质量发展［J］．理论探索，(3)：93-99.

曲立，王璐，季桓永．2021．中国区域制造业高质量发展测度分析［J］．数量经济技术经济研究，38（9）：45-61.

任保平，杜宇翔，裴昂．2022．数字经济背景下中国消费新变化：态势、特征及路径［J］．消费经济，(1)：3-10.

任保平，李培伟．2022．数字经济培育我国经济高质量发展新动能的机制与路径［J］．陕西师范大学学报（哲学社会科学版），51（1）：121-132.

任保显．2020．中国省域经济高质量发展水平测度及实现路径——基于使用价值的微观视角［J］．中国软科学，(10)：175-183.

尚杰，陈玺名．2022．全面推进乡村振兴背景下区块链与农业产业链融合［J］．理论探讨，(1)：159-164.

邵亦文，徐江．2015．城市韧性：基于国际文献综述的概念解析［J］．国际城市规划，30（2）：48-54.

佘群芝，吴柳．2022．数字经济发展的碳减排效应［J］．经济经纬，39（5）：14-24.

师博，张冰瑶．2019．全国地级以上城市经济高质量发展测度与分析［J］．社会科学研究，(3)：19-27.

施炳展，李建桐．2020．互联网是否促进了分工：来自中国制造业企业的证据［J］．管理世界，36（4）：130-149.

石明明，江舟，周小焱．2019．消费升级还是消费降级［J］．中国工业经济，(7)：42-60.

石喜爱，李廉水，程中华，等．2018．"互联网+"对中国制造业价值链攀升的影响分析［J］．科学学研究，36（8）：1384-1394.

宋德勇，朱文博，丁海．2022．企业数字化能否促进绿色技术创新？——基于重污染行业上市公司的考察［J］．财经研究，(4)：34-48.

宋洪远．2018．推进农业高质量发展［J］．中国发展观察，(23)：49-53.

宋敏，刘欣雨．2023．数字经济赋能农业韧性机制研究——基于人力资本的中介效应分析［J］．江苏社会科学，(1)：103-112.

苏丹妮，盛斌，邵朝对．2019．国内价值链、市场化程度与经济增长的溢出效应［J］．世界经济，(10)：143-168.

苏杭．2015．经济韧性问题研究进展［J］．经济学动态，(8)：144-151.

孙芳城，胡俊，钟廷勇．2023．数字化转型提升企业资本配置效率的机制研究［J］．西部论坛，33(4)：17-31.

孙红雪，朱金鹤．2023．自由贸易试验区设立能否增强中国产业链韧性？——基于多种创新要素集聚的中介机制检验［J］．现代经济探讨，(11)：72-84.

孙晋云，白俊红，王钺．2023．数字经济如何重塑我国区域创新格局？——基于研发要素流动的视角［J］．统计研究，40(8)：59-70.

孙黎，许唯聪．2021．数字经济对地区全球价值链嵌入的影响——基于空间溢出效应视角的分析［J］．经济管理，43(11)：16-34.

孙文婷，郭梦华．2023．数字技术畅通了中国国内大循环吗［J］．现代经济探讨，(4)：41-52.

孙先民，张国微．2022．智慧城市驱动商贸流通产业发展：理论机制、计量检验与政策含义［J］．商业研究，(4)：58-66.

谭洪波．2013．细分贸易成本对中国制造业和服务空间集聚影响的实证研究［J］．中国工业经济，(9)：147-159.

谭玉松，任保平，师博．2023．人工智能影响产业协同集聚的效应研究［J］．经济学家，(6)：66-77.

唐红祥，张祥祯，吴艳，等．2019．中国制造业发展质量与国际竞争力提升研究［J］．中国软科学，(2)：128-142.

唐文浩．2022．数字技术驱动农业农村高质量发展：理论阐释与实践路径［J］．南京农业大学学报（社会科学版），(2)：1-9.

唐晓华，孙元君．2020．环境规制对中国制造业高质量发展影响的传导机制研究——基于创新效应和能源效应的双重视角［J］．经济问题探索，

（7）：92-101.

唐要家，王钰，唐春晖.2022.数字经济、市场结构与创新绩效［J］.中国工业经济，（10）：62-80.

陶锋，朱盼，邱楚芝，等.2023.数字技术创新对企业市场价值的影响研究［J］.数量经济技术经济研究，40（5）：68-91.

田秀娟，李睿.2022.数字技术赋能实体经济转型发展——基于熊彼特内生增长理论的分析框架［J］.管理世界，（5）：56-74.

佟家栋，范龙飞.2022.知识产权保护与国内价值链网络深化升级［J］.经济学动态，（2）：18-34.

涂强楠，何宜庆，谢江林.2022.国内大循环与经济韧性关系研究——基于九大城市群数字经济发展背景［J］.江西社会科学，42（10）：74-85.

万长松.2022.政府补助、社会责任与流通企业效率［J］.商业经济与管理，（1）：19-31.

汪芳，潘毛毛.2015.产业融合、绩效提升与制造业成长——基于1998-2011年面板数据的实证［J］.科学学研究，33（4）：530-538+548.

汪芳，石鑫.2022.中国制造业高质量发展水平的测度及影响因素研究［J］.中国软科学，（2）：22-31.

王彬，高敬峰，宋玉洁.2023.数字经济对三重价值链协同发展的影响［J］.统计研究，（1）：18-32.

王丹，惠宁，许潇丹.2024.数字经济驱动中国传统产业创新发展研究［J］.统计与信息论坛，39（3）：29-39.

王冬梅，黄乾，方守林.2023.数字经济对人力资本技能结构影响与作用机制的实证检验［J］.统计与决策，39（9）：23-28.

王佳元.2022.数字经济赋能产业深度融合发展：作用机制、问题挑战及政策建议［J］.宏观经济研究，（5）：74-81.

王军，朱杰，罗茜.2021.中国数字经济发展水平及演变测度［J］.数量经济技术经济研究，（7）：26-42.

王开科，吴国兵，章贵军.2020.数字经济发展改善了生产效率吗［J］.经济学家，（10）：24-34.

王璐瑶，万淑贞，葛顺奇.2020.全球数字经济治理挑战及中国的参与路径［J］.国际贸易，（5）：21-27.

王欠欠，田野.2022.中国经济双循环的测度及增长结构分解［J］.经济学动态，（11）：58-74.

王如玉，梁琦，李广乾.2018.虚拟集聚：新一代信息技术与实体经济深度融合的空间组织新形态［J］.管理世界，34（2）：13-21.

王颂吉，李怡璇，高伊凡.2020.数据要素的产权界定与收入分配机制［J］.福建论坛（人文社会科学版），（12）：138-145.

王晓东，王诗桪.2016.中国商品流通效率及其影响因素测度——基于非线性流程的 DEA 模型改进［J］.财贸经济，（5）：119-130+159.

王晓东，谢莉娟.2020.社会再生产中的流通职能与劳动价值论［J］.中国社会科学，（6）：72-93+206.

王雪峰，荆林波.2021.构建"双循环"新格局 建设现代流通体系［J］.商业经济与管理，（2）：5-15.

王迎，史亚茹，于津平.2023.数字经济与国内价值链分工［J］.中南财经政法大学学报，（2）：118-130.

王月，程景民.2021.农业生产经营数字化与农户经济效益［J］.社会科学，（8）：80-90.

王直，魏尚进，祝坤福.2015.总贸易核算法：官方贸易统计与全球价值链的度量［J］.中国社会科学，（11）：108-127+205-206.

韦庄禹.2022.数字经济发展对制造业企业资源配置效率的影响研究［J］.数量经济技术经济研究，（3）：66-85.

卫彦琦.2023.数字金融对产业链韧性的影响［J］.中国流通经济，37（1）：71-82.

魏丽莉，侯宇琦.2022.数字经济对中国城市绿色发展的影响作用研究［J］.数量经济技术经济研究，（8）：60-79.

温军，邓沛东，张倩肖 .2020. 数字经济创新如何重塑高质量发展路径
　　[J]. 人文杂志，(11)：93-103.

温涛，陈一明 .2020. 数字经济与农业农村经济融合发展：实践模式、现实
　　障碍与突破路径 [J]. 农业经济问题，(7)：118-129.

文武，卢媛婷，吕建阳 .2024. 数字技术对 GVC 分工地位的影响——机制识
　　别与技术来源的差异效应 [J]. 南京审计大学学报，21（2）：
　　100-111.

邬爱其，宋迪 .2020. 制造企业的数字化转型：应用场景与主要策略 [J].
　　福建论坛（人文社会科学版），(11)：28-36.

吴画斌，许庆瑞，陈政融 .2019. 数字经济背景下创新人才培养模式及对策
　　研究 [J]. 科技管理研究，39（8）：116-121.

吴敬伟，江静 .2021. 生产性服务业集聚、产业融合与技术创新 [J]. 上海
　　经济研究，(7)：69-80.

吴思栩，李杰伟 .2024. "数字经济" 时代城市的未来——互联网对中国城
　　市生产性服务业集聚的影响研究 [J]. 经济学（季刊），24（2）：
　　431-447.

吴友群，毛莉，廖信林 .2022a. 数字经济对农业高质量发展的影响 [J].
　　河北农业大学学报（社会科学版），(1)：18-27.

吴友群，卢怀鑫，王立勇 .2022b. 制造业数字化投入对全球价值链分工的影
　　响——基于制造业行业的实证分析 [J]. 中国科技论坛，(9)：85-
　　94+117.

夏杰长，姚战琪，张雅俊 .2022. 服务业高质量发展助力共同富裕：基于浙
　　江省的经验 [J]. 中国流通经济，36（12）：9-26.

夏杰长，姚战琪 .2018. 中国服务业开放 40 年——渐进历程、开放度评估和
　　经验总结 [J]. 财经问题研究，(4)：3-14.

夏铭璐，张树山，谷城 .2023. 智慧物流对产业链韧性的影响 [J]. 中国流
　　通经济，37（9）：23-33.

夏显力，陈哲，张慧利，等 .2019. 农业高质量发展：数字赋能与实现路径

［J］．中国农村经济，（12）：2-15．

项松林．2020．人力资本错配对服务业生产率增长的影响——理论与行业经验［J］．经济问题探索，（9）：152-159．

肖磊，鲍张蓬，田毕飞．2018．我国服务业发展指数测度与空间收敛性分析［J］．数量经济技术经济研究，35（11）：111-127．

肖亮，王家玮．2022．现代流通体系畅通双循环的理论逻辑与内在机理研究［J］．商业经济与管理，（1）：5-18．

肖兴志，李少林．2022．大变局下的产业链韧性：生成逻辑、实践关切与政策取向［J］．改革，（11）：1-14．

谢呈阳，刘梦，胡汉辉．2021．消费升级、市场规模与制造业价值链攀升［J］．财经论丛，（4）：12-22．

谢伏瞻，刘伟，王国刚，等．2020．奋进新时代开启新征程——学习贯彻党的十九届五中全会精神笔谈（上）［J］．经济研究，55（12）：4-45．

谢莉娟，王晓东．2021．马克思的流通经济理论及其中国化启示［J］．经济研究，（5）：20-39．

谢莉娟，王晓东．2020．数字化零售的政治经济学分析［J］．马克思主义研究，（2）：100-110．

谢莉娟．2015．互联网时代的流通组织重构——供应链逆向整合视角［J］．中国工业经济，（4）：44-56．

谢乔昕，张宇．2021．绿色信贷政策、扶持之手与企业创新转型［J］．科研管理，42（1）：124-134．

谢伟丽，石军伟，张起帆．2023．人工智能、要素禀赋与制造业高质量发展——来自中国208个城市的经验证据［J］．经济与管理研究，44（4）：21-38．

徐维祥，周建平，刘程军．2022．数字经济发展对城市碳排放影响的空间效应［J］．地理研究，（1）：111-129．

徐伟呈，范爱军．2022．数字金融、产业结构调整与经济高质量发展——基于南北差距视角的研究［J］．财经科学，（11）：27-42．

徐晓慧，涂成程，黄先海.2023. 企业数字化转型与全球价值链嵌入度：理论与实证 [J].浙江大学学报（人文社会科学版），53（10）：51-68.

许恒，张一林，曹雨佳.2020.数字经济、技术溢出与动态竞合政策 [J].管理世界，（11）：63-84.

许宪春，张美慧.2020.中国数字经济规模测算研究——基于国际比较的视角 [J].中国工业经济，（5）：23-41.

杨慧梅，江璐.2021.数字经济、空间效应与全要素生产率 [J].统计研究，38（4）：3-15.

杨军鸽，王琴梅.2023.数字技术与农业高质量发展——基于数字生产力的视角 [J].山西财经大学学报，45（4）：47-63.

杨仁发.2013.产业集聚与地区工资差距——基于我国 269 个城市的实证研究 [J].管理世界，（8）：41-52.

杨仁发，郑媛媛.2020.环境规制、技术创新与制造业高质量发展 [J].统计与信息论坛，35（8）：73-81.

杨仁发，郑媛媛.2023.数字经济发展对全球价值链分工演进及韧性影响研究 [J].数量经济技术经济研究，40（8）：69-89.

杨昕，赵守国.2022.数字经济赋能区域绿色发展的低碳减排效应 [J].经济与管理研究，43（12）：85-100.

姚常成，宋冬林.2023.数字经济与产业空间布局重塑：均衡还是极化 [J].财贸经济，（6）：69-87.

姚毓春，李冰.2023.数字经济赋能农业高质量发展：机理分析与实证检验 [J].东南大学学报（哲学社会科学版），25（5）：53-63+147.

易恩文，王军，朱杰.2023.数字经济、资源配置效率与农业高质量发展 [J].现代财经（天津财经大学学报），43（12）：20-37.

易行健，周利.2018.数字普惠金融发展是否显著影响了居民消费——来自中国家庭的微观证据 [J].金融研究，（11）：47-67.

于飞，刘明霞，王凌峰，等.2019.知识耦合对制造企业绿色创新的影响机理——冗余资源的调节作用 [J].南开管理评论，22（3）：54-

65+76.

余典范, 杨翘楚, 陈磊. 2022. 互联网联系对地区间贸易成本的非对称影响
[J]. 财贸经济, (8): 150-167.

余东华, 王爱爱. 2023. 数字技术与实体经济融合推进实体经济发展——兼
论对技术进步偏向性的影响 [J]. 上海经济研究, (10): 74-91.

余东华, 王梅娟. 2022. 数字经济、企业家精神与制造业高质量发展 [J].
改革, (7): 61-81.

余东华, 燕玉婷. 2022. 环境规制、技术创新与制造业绿色全要素生产率
[J]. 城市与环境研究, (2): 58-79.

余丽丽, 彭水军. 2021. 国内价值链分工位置、增加值收益及产业链分解
[J]. 经济科学, (3): 96-107.

余泳泽, 张少辉. 2017. 城市房价、限购政策与技术创新 [J]. 中国工业经
济, (6): 98-116.

余泳泽, 胡鹏. 2023. 新基建畅通国内大循环的理论逻辑与实践路径 [J].
改革, (10): 14-29.

俞彤晖, 陈斐. 2020. 数字经济时代的流通智慧化转型: 特征、动力与实现
路径 [J]. 中国流通经济, 34 (11): 33-43.

袁瀚坤, 韩民春. 2023. 数字经济发展与贸易结构转型升级——来自中国微
观企业层面的经验证据 [J]. 国际经贸探索, 39 (8): 21-39.

袁航, 夏杰长. 2023. 贸易便利化与中国区域经济发展差距——基于中欧班
列的准自然实验 [J]. 经济科学, (3): 65-81.

原毅军, 郭然. 2018. 生产性服务业集聚、制造业集聚与技术创新——基于
省级面板数据的实证研究 [J]. 经济学家, (5): 23-31.

曾亿武, 宋逸香, 林夏珍, 等. 2021. 中国数字乡村建设若干问题刍议
[J]. 中国农村经济, (4): 21-35.

张车伟, 王博雅, 高文书. 2017. 创新经济对就业的冲击与应对研究 [J].
中国人口科学, (5): 2-11+126.

张玲, 冯海洋, 解晶, 等. 2024. 劳动要素配置视角下按需服务平台数字化

转型与企业高质量发展研究［J］.管理学报,21（2）:169-180.

张露,罗必良.2020.中国农业的高质量发展:本质规定与策略选择［J］.天津社会科学,（5）:84-92.

张涛.2020.高质量发展的理论阐释及测度方法研究［J］.数量经济技术经济研究,37（5）:23-43.

张伟,李航宇,张婷.2023.中国制造业产业链韧性测度及其时空分异特征［J］.经济地理,43（4）:134-143.

张务锋.2018.坚持以高质量发展为目标加快建设粮食产业强国［J］.人民论坛,（25）:6-9.

张玺,李光勤.2022.工业智能化与城市全球价值链嵌入程度［J］.科学学研究,40（9）:1598-1607.

张昕蔚.2019.数字经济条件下的创新模式演化研究［J］.经济学家,（7）:32-39.

张鑫宇,张明志.2022.要素错配、自主创新与制造业高质量发展［J］.科学学研究,40（6）:1117-1127.

张艳萍,凌丹,刘慧岭.2022.数字经济是否促进中国制造业全球价值链升级?［J］.科学学研究,40（1）:57-68.

张云,柏培文.2023.数智化如何影响双循环参与度与收入差距——基于省级—行业层面数据［J］.管理世界,39（10）:58-83.

张云,曹啸.2022.服务开放、技术创新与城市服务业效率［J］.统计与决策,38（3）:119-123.

张宗新,张帅.2022.数字金融提升我国资本要素配置效率研究［J］.社会科学,（11）:129-139.

赵宸宇.2021.数字化发展与服务化转型——来自制造业上市公司的经验证据［J］.南开管理评论,24（2）:149-163.

赵宸宇,王文春,李雪松.2021.数字化转型如何影响企业全要素生产率［J］.财贸经济,（7）:114-129.

赵放,李文婷,马婉莹.2024.数字经济视域下地理集聚与虚拟集聚的演化

特征及耦合关系 [J]. 吉林大学社会科学学报, 64（1）: 117-132+238.

赵剑波, 史丹, 邓洲. 2019. 高质量发展的内涵研究 [J]. 经济与管理研究, 40（11）: 15-31.

赵立斌, 张梦雪. 2023. 数字技术创新溢出对全球价值链结构性权力的影响——兼论中国的应对策略 [J]. 经济学家, （11）: 89-99.

赵卿, 曾海舰. 2020. 产业政策推动制造业高质量发展了吗？[J]. 经济体制改革, （4）: 180-186.

赵瑞, 申玉铭. 2020. 黄河流域服务业高质量发展探析 [J]. 经济地理, 40（6）: 21-29.

赵涛, 张智, 梁上坤. 2020. 数字经济、创业活跃度与高质量发展——来自中国城市的经验证据 [J]. 管理世界, （10）: 65-76.

赵源. 2023. 数字技术创新、租金分享与企业内部收入不平等 [J]. 南开经济研究, （5）: 74-92.

郑涛, 杨如雪. 2022. 高技术制造业的技术创新、产业升级与产业韧性 [J]. 技术经济, 41（2）: 1-14.

钟钰. 2018. 向高质量发展阶段迈进的农业发展导向 [J]. 中州学刊, （5）: 40-44.

钟粤俊, 奚锡灿, 陆铭. 2023. 在集聚中减碳：畅通国内大循环的环境效应 [J]. 世界经济, 46（10）: 64-90.

钟真, 蒋维扬, 李丁. 2021. 社会化服务能推动农业高质量发展吗？——来自第三次全国农业普查中粮食生产的证据 [J]. 中国农村经济, （12）: 109-113.

钟真, 刘育权. 2021. 数据生产要素何以赋能农业现代化 [J]. 教学与研究, （12）: 53-67.

周洺竹, 綦建红, 张志彤. 2022. 人工智能对全球价值链分工位置的双重影响 [J]. 财经研究, 48（10）: 34-48+93.

周清香, 李仙娥. 2022. 数字经济与农业高质量发展：内在机理与实证分析

［J］．经济体制改革，（6）：82-89．

周少甫，陈亚辉．2022．数字经济对经济高质量发展的影响研究——基于服务业结构升级的视角［J］．工业技术经济，41（5）：111-121．

周卫民，李猛，董哲昱．2022．知识溢出、技术进步与现代服务业劳动生产率增长［J］．软科学，36（4）：44-52．

周泽红，郭劲廷．2022．数字经济发展促进共同富裕的理路探析［J］．上海经济研究，（6）：5-16．

周正，王搏．2023．数字经济推动制造业高质量发展路径研究——以居民消费为中介效应的实证检验［J］．学习与探索，（5）：113-121．

朱丽萍，王国峰，李新刚．2022．"一带一路"倡议对中国沿线省份流通业发展水平的影响——机制分析与实证检验［J］．财经科学，（10）：91-106．

朱秋博，白军飞，彭超，等．2019．信息化提升了农业生产率吗？［J］．中国农村经济，（4）：22-40．

诸竹君，袁逸铭，焦嘉嘉．2022．工业自动化与制造业创新行为［J］．中国工业经济，（7）：84-102．

祝合良．2022．双循环新格局下"十四五"我国现代流通体系高质量发展［J］．中国流通经济，（2）：3-10．

Acemoglu D, Restrepo P. 2018. The race between man and machine: Implications of technology for growth, factor shares, and employment［J］. *American Economic Review*, 108（6）：1488-1542.

Akerman A, Leuven E, Mogstad M. 2022. Information frictions, Internet, and the relationship between distance and trader［J］. *American Economic Journal: Applied Economics*, 14（1）：133-163.

Antràs P, Chor D, Fally T, et al. 2012. Measuring the upstreamness of production and trade flows［J］. *American Economic Review*, 102（3）：412-416.

Arnold J M, Javorcik B, Lipscomb M, et al. 2016. Services reform and manufacturing performance: Evidence from India [J]. *The Economic Journal*, 126: 1-39.

Baqaee D R, Farhi E. 2020. Productivity and misallocation in general equilibrium [J]. *The Quarterly Journal of Economics*, 135 (1): 105-163.

Barefoot K, Curtis D, Jolliff W, et al. 2018. Defining and measuring the digital economy [R]. US Department of Commerce Bureau of Economic Analysis, Washington, DC.

Beverelli C, Fiorini M, Hoekman B. 2017. Services trade policy and manufacturing productivity: The role of institutions [J]. *Journal of International Economics*, 104: 166-182.

Calvino F, Criscuolo C, Marcolin L, et al. 2018. A taxonomy of digital intensive sectors [R]. OECD Science, Technology and Industry Working Paper.

Dietzenbacher E, Luna I R, Bosma N S. 2005. Using average propagation lengths to identify production chains in the Andalusian economy [J]. *Estudios de Economía Aplicada*, 23 (2): 405-422.

Ding Y K, Jin M Z, Li S, et al. 2020. Smart logistics based on the Internet of things technology: An overview [J]. *International Journal of Logistics Research and Applications*, (4): 323-345.

Ellison G, Glaeser E L, Kerr W R. 2010. What causes industry agglomeration? Evidence from coagglomeration patterns [J]. *The American Economic Review*, 100 (3): 1195-1213.

Fally T. 2011. On the fragmentation of production in the US [R]. University of Colorado-Boulder Working Paper.

Feng H, Wang F, Song G, et al. 2022. Digital transformation on enterprise green innovation: Effect and transmission mechanism [J]. *International Journal of Environmental Research and Public Health*, 19 (17): 10614.

Foster C, Graham M, Mann L, et al. 2018. Digital control in value chains: Challenges of connectivity for East African firms [J]. *Economic Geography*,

94 (1): 68-86.

Gnangnon S K, Iyer H. 2018. Does bridging the Internet access divide contribute to enhancing countries' integration into the global trade in services markets? [J]. *Telecommunications Policy*, 42 (1): 61-77.

Goldfare A, Tucker C E. 2019. Digital economics [J]. *Journal of Economic Literature*, 57 (1): 3-43.

Gregory V. 2019. Understanding digital transformation: A review and a research agenda [J]. *Journal of Strategic Information Systems*, 28 (2): 118-144.

Hsieh C T, Klenow P J. 2009. Misallocation and manufacturing TFP in China and India [J]. *Quarterly Journal of Economics*, 124 (4): 1403-1448.

Hummels D L, Ishii J, Yi K M. 2001. The nature of growth of vertical specialization in world trade [J]. *Journal of International Economics*, 54 (1): 75-96.

Inomata S. 2008. A new measurement for international fragmentation of the production process [R]. IDE Paper, No. 175.

Ivanov D. 2022. Viable supply chain model: Integrating agility, resilience and sustainability perspectives—Lessons from and thinking beyond the COVID-19 Pandemic [J]. *Annals of Operations Research*, 319 (1): 1411-1431.

John K, Litov L, Yeung B. 2008. Corporate governance and risk-taking [J]. *The Journal of Finance*, 63 (4): 1679-1728.

Ke S, Yu Y. 2014. The pathways from industrial agglomeration to TFP growth: The experience of Chinese cities for 2001-2010 [J]. *Journal of the Asia Pacific Economy*, 19 (2): 310-332.

Koopman R, Powers W, Wang Z, et al. 2010. Give credit where credit is due: Tracing value added in global production chains [R]. National Bureau of Economic Research.

Koopman R, Wang Z, Wei S J. 2014. Tracing value-added and double counting in gross exports [J]. *American Economic Review*, 104 (2): 459-494.

Labaye E, Remes J. 2015. Digital technologies and the global economy's productivity imperative [J]. *Communications & Strategies*, 1: 47-64.

Lendle A, Olarreaga M, Schropp S, et al. 2016. There does gravity: eBay and the death of distance [J]. *The Economic Journal*, 126: 406-441.

Liu Y Z, Mao J. 2019. How do tax incentives affect investment and productivity? Firm - level evidence from China [J]. *American Economic Journal: Economic Policy*, 11 (3): 261-291.

Lodefalk M. 2014. The role of services for manufacturing firm exports [J]. *Review of World Economics*, 150 (1): 59-82.

Lordan G, Neumark D. 2018. People versus machines: The impact of minimum wages on automatable jobs [J]. *Labour Economics*, 52: 40-53.

Loske D, Klumpp M. 2022. Verifying the effects of digitalisation in retail logistics: An efficiency - centred approach [J]. *International Journal of Logistics Research and Applications*, (2): 203-227.

Melitz M J. 2003. The impact of trade on intra - industry reallocations and aggregate industry productivity [J]. *Econometrica*, 71 (6): 1695-1725.

Meng H Y, Deng P D, Zhang J B. 2022. Nonlinear impact of circulation-industry intelligentization on the urban-rural income gap: Evidence from China [J]. *Sustainability*, (15): 1-26.

Miller R E, Temurshoev U. 2017. Output upstreamness and input downstreamness of industries / countries in world production [J]. *International Regional Science Review*, 40 (5): 443-475.

North D C. 1990. *Institutions, Institutional Change and Economic Performance* [M]. Cambridge University Press.

Novy D. 2013. Gravity redux: Measuring international trade costs with panel data [J]. *Economic Inquiry*, 51 (1): 101-121.

Nunn N, Qian N. 2014. US food aid and civil conflict [J]. *American Economic Review*, 104 (6): 1630-1666.

Pasquali G, Krishnan A, Alford M. 2021. Multichain strategies and economic upgrading in global value chains: Evidence from Kenyan horticulture [J]. *World Development*, 146: 105598.

Pato B S G, Freund A. 2016. Examination of ethical procurement through enterprise examples [J]. *Problems of Management in the 21st Century*, 11 (1): 29-42.

Pee L G. 2016. Customer co-creation in B2C e-commerce: Does it lead to better new products? [J]. *Electronic Commerce Research*, 16 (2): 217-243.

Pendall R, Foster K A, Cowell M. 2010. Resilience and regions: Building understanding of the metaphor [J]. *Cambridge Journal of Regions Economy & Society*, (1): 71-84.

Pike A, Dawley S, Tomaney J. 2010. Resilience adaptation and adaptability [J]. *Cambridge Journal of Regions, Economy and Society*, 3 (1): 59-70.

Porat M. 1977. *The Information Economy: Definition and Measurement* [M]. Washington, D. C: U. S. Department of Commerce.

Rodrik D. 2018. New technologies, global value chains, and developing economies [R]. National Bureau of Economic Research Working Papers, No. 25164.

Tapscott D. 1996. *The Digital Economy: Promise and Peril in the Age of Networked Intelligence* [M]. New York: McGraw-Hill.

Venables A J. 1996. Equilibrium locations of vertically linked industries [J]. *International Economic Review*, (2): 341-359.

Venables A J. 2001. Geography and international inequalities: The impact of new technologies [J]. *Journal of Industry, Competition and Trade*, 1 (2): 135-159.

Wang H, Guo J. 2022. Impacts of digital inclusive finance on $CO_2$ emissions from a spatial perspective: Evidence from 272 cities in China [J]. *Journal of Cleaner Production*, 355: 131618.

Wang Z, Wei S J, Yu X D, et al. 2017. Measures of participation in global value chains and global business cycles [R] . NBER Working Paper, No. 23222.

Wang Z, Wei S J, Zhu K. 2013. Quantifying international production sharing at the bilateral and sector levels [R] . NBER Working Paper, No. 19677.

Yin J, Li C. 2022. Data governance and green technological innovation performance: A curvilinear relationship [J] . *Journal of Cleaner Production*, 379: 134441.

Yoo Y, Henfridsson O, Lyytinen K. 2010. Research commentary—The new organizing logic of digital innovation: An agenda for information systems research [J] . *Information Systems Research*, 21 (4): 724 −735.

**图书在版编目（CIP）数据**

数字经济赋能产业高质量发展 / 杨仁发等著 .
北京：社会科学文献出版社，2024.12. --ISBN 978-7-
5228-4434-3

Ⅰ . F269.2

中国国家版本馆 CIP 数据核字第 2024JF6029 号

## 数字经济赋能产业高质量发展

著　　者 / 杨仁发　郑媛媛 等

出 版 人 / 冀祥德
责任编辑 / 田　康
责任印制 / 王京美

出　　版 / 社会科学文献出版社·经济与管理分社（010）59367226
　　　　　　地址：北京市北三环中路甲 29 号院华龙大厦　邮编：100029
　　　　　　网址：www.ssap.com.cn
发　　行 / 社会科学文献出版社（010）59367028
印　　装 / 三河市尚艺印装有限公司

规　　格 / 开　本：787mm×1092mm　1/16
　　　　　　印　张：15　字　数：229 千字
版　　次 / 2024 年 12 月第 1 版　2024 年 12 月第 1 次印刷
书　　号 / ISBN 978-7-5228-4434-3
定　　价 / 98.00 元

读者服务电话：4008918866

▲ 版权所有 翻印必究